权威·前沿·原创

皮书系列为
"十二五""十三五"国家重点图书出版规划项目

BLUE BOOK

智库成果出版与传播平台

祁连山生态绿皮书

GREEN BOOK OF QILIAN ECOSYSTEM

祁连山生态系统发展报告（2020）

ANNUAL REPORT ON DEVELOPMENT OF QILIAN
ECOSYSTEM (2020)

主　编／丁文广　勾晓华　李　育

社会科学文献出版社
SOCIAL SCIENCES ACADEMIC PRESS（CHINA）

图书在版编目（CIP）数据

祁连山生态系统发展报告 . 2020 ／ 丁文广，勾晓华，
李育主编 . —— 北京：社会科学文献出版社，2020. 12
（祁连山生态绿皮书）
ISBN 978 - 7 - 5201 - 7664 - 4

Ⅰ . ①祁⋯　Ⅱ . ①丁⋯ ②勾⋯ ③李⋯　Ⅲ . ①祁连山
– 生态系 – 自然资源开发 – 研究报告 – 2020　Ⅳ.
①F124. 5 – 66

中国版本图书馆 CIP 数据核字（2020）第 235126 号

祁连山生态绿皮书
祁连山生态系统发展报告（2020）

主　　编／丁文广　勾晓华　李　育

出 版 人／王利民
组稿编辑／邓泳红
责任编辑／吴　敏
文稿编辑／吴云苓

出　　版／社会科学文献出版社 · 皮书出版分社 （010）59367127
　　　　　　地址：北京市北三环中路甲 29 号院华龙大厦　邮编：100029
　　　　　　网址：www. ssap. com. cn
发　　行／市场营销中心（010）59367081　59367083
印　　装／三河市东方印刷有限公司

规　　格／开　本：787mm × 1092mm　1/16
　　　　　　印　张：18. 75　字　数：278 千字
版　　次／2020 年 12 月第 1 版　2020 年 12 月第 1 次印刷
书　　号／ISBN 978 - 7 - 5201 - 7664 - 4
定　　价／158. 00 元

本书如有印装质量问题，请与读者服务中心（010 – 59367028）联系

《祁连山生态系统发展报告（2020）》
编 委 会

主编简介

丁文广　兰州大学资源环境学院教授、博士生导师，甘肃省人民政府参事，主要从事环境社会学、国家公园管理等方面的跨学科研究，受邀兼任世界银行、亚洲开发银行等国际机构在中国实施项目的社会发展专家；在 *Renewable Energy*、*Environmental Science & Policy*、*Applied Energy*、《中国人口·资源与环境》等国内外学术期刊发表论文近百篇，在社会科学文献出版社、北京大学出版社、科学出版社、兰州大学出版社等出版专著（著作）14 部，先后荣获第五届全国道德模范提名奖、"感动甘肃·2015" 十大陇人骄子、甘肃省第十二届社会科学优秀成果一等奖、2017 年甘肃省级教学成果奖一等奖等 20 余项荣誉和奖项，多次受到中央和省上领导的接见，有关中央和省级媒体采访报道其事迹 500 多次；创建的甘肃一山一水环境与社会发展中心，是国内具有影响力的社会智库和发展机构，近年重点围绕西部生态环境、自然保护区保护等开展跨学科研究，如在白水江国家级自然保护区实施了 "社区共管" 实证研究，对祁连山国家级自然保护区的生态保护从环境善治层面研究并提出了创新性决策建议；向国家林草局、甘肃省委省政府提交的关于祁连山国家公园和自然保护区管理的相关谏言，引起省部级主要领导的关注、重视和批示，同时被祁连山国家公园建设方案采纳。

勾晓华　自然地理学博士；教育部 "长江学者" 特聘教授，博士生导师，兰州大学资源环境学院院长、祁连山研究院院长，西部环境教育部重点实验室主任，主要从事西北干旱半干旱地区山地树轮气候记录机制和生态响应方面的科研工作。在国内外核心刊物发表论文 140 余篇，其中在 SCI 收录的刊物上发表 90 余篇，发表在一区和二区的 SCI 论文 40 余篇。先后主持了中国科学院战略性先导科技专项（A类）子课题——祁连山生态系统变化归因与善治对策任务，第二次青藏高原综合科学考察——祁连山森林灌丛生态系统变化任务，五项国家自然科学基金项目，教育部"长江学者特聘教授支持计划"项目和国家自然科学基金委重点项目等。曾获"中国青年科技奖""中国青年女科学家奖""青藏高原青年科技奖""宝钢优秀教师奖""甘肃省科技进步一等奖""甘肃省自然科学二等奖"等多项省部级科技奖励。国家基金委"创新群体"先后三期骨干成员，兼任环境地学专业委员会副主任委员、未来地球中国国家委员会委员、教育部高等学校地理科学类专业教学指导委员会副主任委员等。

李　育　兰州大学资源环境学院教授、博士生导师、科研副院长、教育部高等学校地理科学类专业教学指导委员会常务副秘书长，主要从事气候及古生态学研究；以第一/通讯作者在 *Nature Geoscience*（*NG*）、*Earth-Science Reviews*、*Quaternary Science Reviews*（*QSR*）、*Climate Dynamics* 等国际知名期刊发表 SCI 论文 30 余篇，在科学出版社出版著作 2 部；先后多次到美国加州理工学院、科罗拉多学院、犹他大学、日本北海道大学、香港中文大学、NOAA、NCAR 等国际知名学术机构访问交流，开展了卓有成效的国际合作研究；发表在 *Nature Geoscience* 的论文被《科学美国人》等主流媒体报道，并被 *NG* 列为首页亮点论文，多篇论文被国内外多种高引用指标收录；担任国家自然科学基金委、国家留学基金委、甘肃省科技厅等多个学术部门评审，为 *QSR*、*Geology* 等 20 余种国际期刊通讯评议人，现主持 2 项国家自然科学基金面上项目，已结题 1 项青年基金项目。

序　言

　　祁连山位于青藏高原东北部，地跨甘肃、青海两省，是我国西部重要的生态安全屏障和重要水源产流地，也是我国重点生态功能区和生物多样性保护优先区域。祁连山阻止了腾格里、巴丹吉林、库姆塔格三大沙漠南侵，阻挡干热风暴直扑"中华水塔"三江源，扼守丝路咽喉，孕育了敦煌文化，是汉、藏、蒙古、哈萨克、裕固等多民族经济、文化交流的重要集聚地，是我国履行作为大国的国际责任，造福"一带一路"沿途国家和人民，实现共同发展、共享福祉的经济廊道。祁连山维系了西部地区脆弱的生态平衡和经济社会可持续发展，在全国生态文明建设和生态安全保护上发挥着重要的作用，可以说祁连山生态保护工作是惠及子孙后代的伟大事业。

　　生态文明建设是关系中华民族永续发展的根本大计。生态兴则文明兴，生态衰则文明衰。针对祁连山多年来的生态破坏问题，2017 年 3 月 13 日，中央经济体制和生态文明体制改革专项小组召开会议，决定以雪豹保护为切入点，结合祁连山生态环境问题整改工作，在祁连山开展国家公园体制试点。2017 年 6 月 26 日，《祁连山国家公园体制试点方案》审议通过，祁连山国家公园自此成为我国首批设立的 10 个国家公园体制试点之一。三年来，甘肃、青海两省省委、省政府高度重视祁连山国家公园体制试点各项工作的落实，通过建立健全协调推进机制、加快规划体制建设、着力提高自然资源信息化监测水平、加强生态系统恢复、建立健全管理机构和综合执法机构、积极强化科技支撑等建设举措，逐渐完成矿业权退出、生态保护与民生改善协调发展新模式构建、"天地空"一体化监测网络的形成、国家公园宣传平台的打造、祁连山生态环境修复等重点任务。当前，祁连山国家公园体制试点多项任务已基本完成。

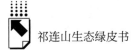

在祁连山国家公园建设和生态文明建设的关键时期，兰州大学依托祁连山研究院，由丁文广、勾晓华教授等组建跨学科研究团队，在祁连山生态环境、"山水林田湖草"生态修复、保护区民生福祉、国家公园管理机制等多个领域进行了系统全面的探索研究，为国家公园建设提供了理论依据。研究团队向国家林草局、甘肃省委省政府提交的关于祁连山国家公园和自然保护区管理的相关谏言，引起省部级主要领导的关注、重视和批示，同时被祁连山国家公园建设方案采纳。《祁连山生态绿皮书：祁连山生态系统发展报告（2020）》是在研究团队诸多子课题研究成果的基础上，总结编撰的集综合性、原创性、前瞻性于一体的研究报告，包含总报告、分报告、专题篇、政策篇、案例篇和附录等六个部分，对祁连山水源涵养、草地管理、生态系统功能评价、野生动植物保护、生态修复以及国家公园管理体制机制创新和发展态势进行了跨学科研究与分析，将为祁连山国家公园建设提供更多理论依据与方向指导。

这部绿皮书以习近平新时代中国特色社会主义思想为指导，强调人与自然和谐共生，其研究成果有利于祁连山地区生态保护与产业体系构建，助力祁连山地区实现绿色发展。希望本书客观、真实和专业的研究结果与建议，能为环保决策者和政府部门提供科学的智库支撑。

中国科学院院士

中国生态经济学会副理事长

2020 年 10 月 15 日

摘　要

《祁连山生态绿皮书：祁连山生态系统发展报告（2020）》是由兰州大学丁文广教授、勾晓华教授和李育教授组建的跨学科研究团队编撰的年度报告。

本书共设总报告、分报告、专题篇、政策篇、案例篇和附录六个部分，旨在科学总结 2019~2020 年祁连山生态系统功能现状，国家公园体制机制建设进展与成效，"统筹山水林田湖草系统治理"新技术、新理念的综合运用，并提出祁连山地区生态环境保护与社会经济协同、高质量发展的善治建议，向社会各界呈现祁连山的生态环境、人文历史和发展现状及趋势，并警示祁连山生态环境保护和治理的紧迫性和重要性。

"生态兴则文明兴，生态衰则文明衰。"作为黄河流域重要水源产流地的祁连山，是我国生物多样性保护优先区域，但曾经因过度开发，局部生态破坏问题十分突出。对祁连山生态破坏问题，习近平总书记也多次作出重要批示，要求"抓紧解决突出问题，抓好环境违法整治，推进祁连山环境保护与修复"。

近两年，祁连山地区地方政府高度重视祁连山国家公园体制试点工作落实，通过建立健全协调推进机制、加快规划体制建设、着力提高自然资源信息化监测水平、加强生态系统恢复、建立健全管理机构和综合执法机构、积极强化科技支撑等建设举措，逐渐完成矿业权退出、生态保护与民生改善协调发展新模式构建、"天地空"一体化监测网络的形成、国家公园宣传平台的打造、祁连山生态环境修复等重点任务。

本书通过对祁连山地区生态环境问题的深入剖析，对政府部门及社会公众各界人士在祁连山生态环境系统开展的工作和产生的影响进行系统性梳

理，对国家公园体制机制建设成效进行综合评价和研究，总结出下一步祁连山国家公园应当通过积极构建新型管理机制，推进"社区共管"与"生态民"治理模式，研究并启动生态旅游，建立健全生态补偿机制，创新绿色经营理念，建立祁连山国家公园可持续发展生态善治的长效机制，实现"绿水青山"向"金山银山"的转化，探索一条"在发展中保护、在保护中发展"的新道路。

"祁连山生态绿皮书"以公共利益视角记录、审视和思考祁连山生态环境破坏问题，以真实数据和事例呈现丛书的客观性、真实性和专业性，旨在为环保决策者提供科学的智库支撑。

关键词：祁连山　生态系统　功能评价　国家公园建设　可持续发展

目 录

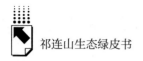

Ⅵ 附 录

总 报 告

General Report

G.1

祁连山国家公园建设：
祁连山生态系统发展的里程碑[*]

丁文广　张　毓　母金荣　姜　萍　吕泳洁[**]

摘　要：　甘、青两省省委、省政府高度重视祁连山国家公园体制试点
　　　　　各项工作落实，通过建立健全协调推进机制、加快规划体制
　　　　　建设、着力提高自然资源信息化监测水平、加强生态系统恢
　　　　　复、建立健全管理机构和综合执法机构、积极强化科技支撑
　　　　　等举措，逐渐完成矿业权退出、生态保护与民生改善协调发
　　　　　展新模式构建、"天地空"一体化监测网络的形成、国家公

　　*　本报告受课题"祁连山自然保护区评估、预警、监控技术体系与监督管理"（2019YFC
　　　0507405）资助。
　　**　丁文广，兰州大学资源环境学院教授、博士生导师，甘肃省人民政府参事；张毓，祁连山国
　　　家公园青海省管理局办公室副主任；母金荣，甘肃省林业和草原局国家公园管理处负责人；
　　　姜萍，兰州大学资源环境学院，在读博士研究生；吕泳洁，兰州大学资源环境学院。

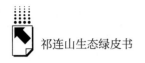

祁连山生态绿皮书

园宣传平台的打造、祁连山生态环境修复等重点任务。当前，祁连山国家公园甘肃省片区体制试点44项任务中已完成41项，青海省片区体制试点33项任务中已完成23项，10项任务正在加快推进完成。在未来发展中，建议祁连山国家公园能够通过积极构建新型管理机制，推进"社区共管"与"生态民"治理模式，研究并启动生态旅游，建立健全生态补偿机制，创新绿色经营理念，探索出符合祁连山国家公园体制保护需求的建设路径。

关键词： 祁连山国家公园　社区共管　生态民　生态补偿机制

祁连山是维护青藏高原生态平衡、维持河西走廊绿洲稳定、保障我国西部地区生态安全的天然屏障。为突出祁连山生态系统整体保护和系统修复，努力打造祁连生态建设"三大"高地，推进祁连山绿色转型发展，2017年6月26日，中央全面深化改革领导小组第三十六次会议审议通过《祁连山国家公园体制试点方案》，开启了以国家公园建设引领祁连山生态系统保护与综合治理的新局面。几年来，覆盖祁连山大部生态系统的祁连山国家公园的建设，为祁连山生态系统恢复和发展提供有利条件；祁连山国家公园体制机制的建立，成为实现自然生态保护领域治理体系和治理能力现代化的重要举措，对于推进祁连山自然资源科学保护和合理利用、促进人与自然和谐共生具有极其重要的意义。

2020年是祁连山国家公园体制试点的验收之年，今后祁连山国家公园的发展方向对祁连山生态系统的稳定、持续发展意义重大。全面认识祁连山国家公园建设的进展与成效，深入剖析其建设过程中存在的突出问题，积极破解祁连山国家公园体制机制试点中出现的问题，对于正确把握行动方向、促进祁连山生态系统保护与社会经济发展双赢局面的形成具有重要参考意义。

作为我国首批设立的 10 个国家公园体制试点之一，祁连山国家公园体制试点是以习近平新时代中国特色社会主义思想为指导，统筹推进"五位一体"总体布局和协调推进"四个全面"战略布局的重要举措，是践行"绿水青山就是金山银山"理念的具体行动。

祁连山国家公园的建立，意在使森林草地生态系统得到完整保护，湿地和水源涵养功能明显提升，生物多样性逐步恢复，自然资源资产实现全民共享、世代传承，不断创新生态保护与区域协调发展新模式，构筑国家西部重要生态安全屏障，实现人与自然和谐共生等目标。通过不断努力打造生态文明体制改革先行区域、水源涵养和生物多样性保护示范区域、生态系统修复样板区域，强化祁连山山水林田湖草系统保护与修复，促进生态保护与民生改善协调发展，形成人与自然和谐发展新格局。

一 祁连山国家公园建设进展与成效

2017 年 6 月 26 日，中央全面深化改革领导小组第三十六次会议审议通过了《祁连山国家公园体制试点方案》（以下简称《试点方案》），9 月 1 日，中共中央办公厅、国务院办公厅印发《试点方案》。祁连山国家公园总面积为 5.02 万平方公里，涉及甘肃、青海两省。其中，甘肃省片区面积为 3.44 万平方公里，占总面积的 68.5%，包括肃北蒙古族自治县、阿克塞哈萨克族自治县、肃南裕固族自治县、民乐县、永昌县、天祝藏族自治县、凉州区 7 县（区）及甘肃祁连山国家级自然保护区和盐池湾国家级自然保护区、中农发山丹马场、甘肃农垦集团（亚盛国营鱼儿红牧场和宝瓶河牧场）部分范围。青海省片区 1.58 万平方公里，占国家公园总面积的 31.5%，核心保护区和一般控制区分别为 0.94 万平方公里和 0.64 万平方公里，涉及海西州德令哈市、天峻县，海北州的祁连县、门源县的 20 个乡镇 119 个行政村（牧委会），整合了青海祁连山省级自然保护区、仙米国家森林公园、祁连黑河国家湿地公园 3 处自然保护地。祁连山国家公园内有 33 个乡镇 198 个行政村，当地居民现有 3.7 万人，其中核心区 2916 人。

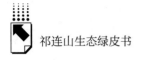

（一）甘肃省

甘肃省通过建立健全协调推进机制、有效落实《关于建立以国家公园为主体的自然保护地体系的指导意见》、建立健全管理机构和综合执法机构、推动落实国家公园调查规划、扎实推进重点工作任务、着力提高自然资源信息化监测水平、积极强化科技支撑等工作措施，逐项推进《祁连山国家公园体制试点方案》的落实。

1. "三种退出方式"健全矿业权退出机制

甘肃省坚持把祁连山生态环境问题整改作为重大政治任务和基础性底线性工作，对照《中共中央办公厅国务院办公厅关于甘肃祁连山国家级自然保护区生态环境问题督查处理情况及其教训的通报》、国务院《研究祁连山自然保护区生态环境问题督查和保护修复工作的会议纪要》，持续加大矿业权、水利水电设施、旅游开发等方面违法违规项目整治力度。通过制定《甘肃祁连山国家级自然保护区矿业权分类退出办法》《关于开展全省各级各类保护地内矿业权分类处置的意见》，配套财政资金，按照"共性问题统一尺度、个性问题一矿一策"的思路，引导矿权分类实施、有效退出。① 严格施行"三种退出方式"，对祁连山生态环境问题整改涉及的 144 宗矿业权，分类按照注销式、扣除式、补偿式退出方式实现全部退出，为全国类似问题解决提供了成功范例和有益借鉴。

2. "四个一"措施构建生态保护与民生改善协调发展新模式

通过制定《祁连山国家级自然保护区核心区农牧民群众生态搬迁工程建设及资金补偿方案》，引导农牧民易地搬迁、转产增收，创新实施祁连山国家公园核心区移民搬迁，采取"四个一"措施，即一户确定一名护林员、一户培训一名实用技能人员、一户扶持一项持续增收项目、一户享受到一整套惠民政策，实现张掖市核心区 149 户 484 名农牧民、武威市核心区 59 户

---

① 杨唯伟：《一年多来，甘肃围绕祁连山国家公园体制试点做了哪些？》，《甘肃日报》2018 年 12 月 19 日。

217 名农牧民的全部搬迁。

3. "垂直管理"构建生态保护管理新体制

着力构建"垂直管理"的生态保护管理新机制，解决祁连山保护区管理体制"两张皮"问题。在充分征求相关地方部门意见的基础上，对祁连山保护区管理局 22 个保护站及 18 个森林公安派出所的机构性质、建制、编制、类别、人员状况等进行了全面核实确认。2018 年 1 月，经甘肃省政府第 136 次常务会研究决定，将祁连山自然保护区 22 个保护站和 18 个森林公安派出所共计 1300 余人全部上划省林草局管理，全面完成人员编制、固定资产上划等工作。

4. "天地空"一体化监测网络初步形成

为实现对生态环境的发展趋势和潜在风险全面准确的判断，对环境质量、重点污染源、生态环境状况全覆盖式监测，以及对生态环境科学管理、风险预警和防控，甘肃省积极构建生态环境监管长效机制，加强祁连山国家公园重点生态区域的环境监管。通过与中国科学院兰州分院等单位合作，利用卫星遥感、航空遥感和地面监测等信息技术，以"一库八网三平台"为主要内容建设信息监测网络，实现对祁连山国家公园生态环境天地空一体化的监测。目前，张掖市 179 个问题点位的卫星遥感定位及对比监测系统已基本建立，重点污染源、机动车尾气监测、水质监测及空气自动监测实时数据接入智慧环保平台，现正在开展人类活动及环境变化比对分析和常态化监管。

5. "以点带面"打造国家公园宣传平台

甘肃省围绕祁连山国家公园体制试点，采取多种形式开展宣传活动，发布国家公园概况、生态环境状况、环境教育和服务信息，增强社会公众对国家公园的认识、打造国家公园生态文明体制改革先行区域形象。由国家林草局和甘肃省人民政府主办，甘肃省林业厅、兰州大学和甘肃一山一水环境与社会发展中心承办的"国家公园与生态文明建设"高端论坛于 2018 年第三届丝绸之路（敦煌）国际文化博览会期间成功举办，甘肃省省长唐仁健、国家林草局副局长张永利、南非驻华大使多拉娜·姆西曼等出席论坛开幕式

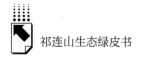

并致辞，来自15个国家及国际组织的使节、代表参会，10余位国内外专家进行了主题演讲，各级媒体记者应邀出席报道论坛盛况，今日头条通过抖音运用现场直播、图片和文字等多种形式进行多层次报道，国家公园体制试点工作受到社会各界广泛关注，产生了强烈的社会反响。

6. "多管齐下"推动祁连山生态环境修复

甘肃省全力推动祁连山生态保护修护、生态环境整治和修复，同步建设祁连山山水林田湖草生态保护修复试点项目，采用"多管齐下"的方式开展治理工作，恢复祁连山国家公园生态环境。2017～2019年，中央和省级财政部门拨付专项资金，积极支持祁连山生态环境整治和保护修复，实施黑河、石羊河流域林草植被恢复、矿山环境治理、防风固沙造林、水环境保护治理等山水林田湖草生态保护修复试点项目。目前，国家公园涉及的祁连山国家级自然保护区实现了森林面积和蓄积量的双增长，森林蓄积量较建区初期增长27.78%，森林覆盖率达到22.56%。

（二）青海省

体制试点以来，青海省以增强祁连山国家公园保护管理能力为目标，不断健全完善国家公园管理制度，严格保护措施，强化监督管控，扎实开展综合执法行动，加快保护管理能力建设，深入推行"村两委+"工作模式，积极有效调动社区群众参与国家公园建设，推动"村两委+"生态服务型经济研究，探寻生态保护与民生改善相融合的有效途径，力求国家公园"生态保护高地"建设取得实效。

1. 构建国家公园管理体系

2018年11月30日，祁连山国家公园青海省管理局挂牌成立，并设立祁连山国家公园青海省管理局办公室，核定行政编制10名，实行国家林草局与青海省人民政府双重领导、以青海省人民政府为主的管理体制，形成了以祁连山国家公园为代表的中央和省级政府共同管理模式，成为全国10个国家公园体制试点形成的中央直管、中央和省级政府共管以及中央委托省级政府管理三种管理模式之一。2019年3月，祁连山国家公园管理分局在德令哈市林草局、天峻县林草局、门源县自然资源局、祁连县自然资源局挂牌。

2. 加快规划体制建设

加快祁连山国家公园建设、管理的实用规程。2018 年顺利完成祁连山国家公园青海片区 1.58 万平方公里试点区范围落界、功能区划和现地核查工作；编制并上报《祁连山国家公园（青海片区）落界和功能区划方案》《祁连山国家公园总体规划》。2019 年争取省级资金 1680 万元实施祁连山国家公园青海片区界桩界碑及标识牌标准化项目。启动"1+8"青海片区规划编制工作，开展祁连山国家公园青海片区 1 个总体规划和 8 个专项规划编制工作。截至 2019 年底，片区总体规划、8 个专项规划已完成初稿，部分规划正在征求意见。

3. 强化执法管控体系建设

试点以来，祁连山国家公园青海省管理局遵循以地方政府为主体的综合执法检查和以多部门为主力的联合监督，围绕"多部门联动执法、跨区域联合执法、生态空间管控、巡查执法全覆盖、引导社会参与、强化舆论监督"等 6 个方面，深入开展生态保护综合执法和专项督查，有效管控各类人群和开发建设活动，严格落实执行生态保护制度，加快形成国家公园综合执法管控体系，以全面推进祁连山国家公园青海片区综合执法工作。截至2019 年底，已完成祁连山国家公园青海片区内所有矿业权实地核查、236 处人类活动定点核查、18 项违法违规建设项目全面查处，中央环保督查以及省级环保督查和执法检查行动中自查发现的各类环境问题基本完成整改整治工作。2019 年 6 月，获得国家林草局"保护森林和野生动植物资源先进集体"称号。

4. 健全完善基础设施

按照"统一外观、统一标识、统一食堂、统一卫生间、统一着装"的要求，① 打造国家公园标准化管护站，不断拓展管护站服务保障功能，提升

---

① 《祁连山国家公园体制试点 擘画海北生态文明建设新篇章》，《青海日报》2020 年 5 月 7 日。

综合管护能力。现已建成 40 个国家公园标准化管护站并陆续投入使用，成为集巡护管理、科研监测、宣传教育、社区共管等功能于一体的综合性管护平台。构建国家公园科研监测体系和管控数据平台，积极开展大数据应用研究，不断强化祁连山国家公园科技基础设施建设。建立祁连山国家公园管护员智能化巡护管理系统，通过配备完善巡护设施设备，对国家公园生态管护实现信息化巡护管理。

5. 加强生态系统恢复

为加强祁连山国家公园青海片区生态系统恢复，青海省委、省政府先后于 2017～2019 年投入资金 900 万元，保障实施了托勒河源、疏勒河、黑河（八宝河）流域湿地保护项目。通过项目实施，祁连山国家公园青海片区重要水源涵养区生态系统得到有效保护，植被恢复速度明显加快，沙化扩展趋势初步得到遏制，水源涵养功能进一步提升。①

6. 完善制度标准体系建设

积极推进立法创新实践，起草上报了《祁连山国家公园条例（初稿）》。国家公园管护体系已初步形成，网格化管护区统一划定，管护责任、管护面积得到落实。建立健全了国家公园管理制度，编制并出台了《祁连山国家公园青海片区管理制度（暂行）》，并建立管护站制度。进一步规范了国家公园管护队伍建设和管理，着力将管护员队伍打造成为国家公园最坚定、最有力的专业化综合管护队伍。制订并实施"村两委 +"生态管护员、宣传设置方案，组织开展社会监督举报制度、志愿者管理制度、公益岗位设置和管理办法等的编制工作。

7. 引导社会参与

探索建立以"村两委 +"为基础的社区参与共建共管共享机制，以"村两委"为支撑点，建立保护宣传工作机制，充分发挥"村两委"和党员的引导带领作用，创立生态课堂，逐步健全完善宣传基础设施，及时宣传国家相关政策和祁连山国家公园试点工作动态，着力为试点工作打牢群众基

---

① 贾泓：《祁连山国家公园：我国西部重要生态安全屏障》，《青海日报》2019 年 8 月 18 日。

础，切实增强国家公园保护管理力量。成立青海省祁连山自然保护协会，充分吸纳社会力量和相关专业人才参与祁连山国家公园宣传教育推广、生态文化研究展示以及相关平台建设。[①] 加强志愿服务体系建设，制定《祁连山国家公园志愿者服务管理办法》，实施《祁连山国家公园志愿者服务实施方案》，进一步加强志愿服务规范化管理，强化队伍建设，拓展服务领域，建立合作机制，引导更多社会力量参与国家公园生态保护与建设。

二 祁连山国家公园体制试点现实问题与对策建议

（一）祁连山国家公园体制试点现实问题

整体上，"一山""二望""三多"是祁连山国家公园体制试点最为突出的特殊性。[②] 考虑其在政策管理、治理意愿、牵涉范围等方面存在的复杂性，祁连山国家公园体制试点面临如下现实问题。

1. 认识不清，理解不透

国家公园是按照自然有序、人伦有序、相互包容的法则建设的保护地，意在推动人与自然和谐共生共长。祁连山国家公园体制试点自开启以来提出了大量的新观念、新方案、新模式和新内容，受目前宣传和教育方式、深度等限制，甘肃、青海两省广大干部群众对此普遍存在认识不清、理解不透的问题。

2. 管理体制不顺，国家公园管理分局无法有效行使管理职能

祁连山国家公园目前采用四级管理体制，即国家公园管理局（加挂于国家林草局）、祁连山国家公园管理局（加挂于国家林草局西安专员办）、甘肃和青海两省管理局、管理分局。在甘肃省，虽然公园范围内原有地方管理的保护站已全部上划省局垂直管理，但地方政府参与管理的体制机制没有

---

① 贾泓：《祁连山国家公园：我国西部重要生态安全屏障》，《青海日报》2019 年 8 月 18 日。

② 张壮、马洪波：《破解祁连山国家公园体制试点区现实问题》，中国社会科学网，2019 年 3 月 18 日。

实质性改变，四个分局的局长等主要领导均由原来保护区管理局的局长担任，地方政府领导没有兼任分局的领导职务，导致管理分局在与地方政府协调解决国家公园管理方面出现的问题时掣肘很多。另外，国家公园内基础设施建设、执法巡查、违法处置等也需要地方政府鼎力配合，缺乏地方政府的有力配合，管理分局对国家公园的管理职能和效果会大打折扣，造成政策失灵。

"政出多门，政策重叠"问题突出。各部门通常在管理职责、资源保护对象以及管理理念上存在不同，由此引起诸如管理权属不清、职能交叉、标准不一等现实问题。以门源和祁连两县为例，在划入祁连山国家公园过程中就有如下问题：一是省际共牧草场权属和使用问题上存在争议；二是部门之间存在政策重叠，如门源县县域面积的35%被划入国家公园，60%被划入生态红线范围，100%是全域旅游示范区域，然而交叉重叠区域管理目标不明确；三是存在土地多头管理问题，林业、农牧、国土部门共同管辖同一块土地，致使该土地同时具有多重属性、实施多个政策等，"一地两证"的问题在祁连山国家公园内广泛存在。

管理分局的编制属性导致其不能行使执法权。甘肃省所辖四个管理分局的编制为事业编制，事业编制的机构本身不具有行政执法权，只有在法律法规授权的情况下才能实施行政执法权。因此，目前的四个分局处于受托代表行政执法机构履行自然资源管理权力的状态。

3. 矿企众多，补偿困难

持续加大矿业权违法违规项目整治力度是祁连山国家公园试点的重要任务之一。经调查，初步划定的祁连山国家公园体制试点范围涉及矿业权100多处，矿点众多。这些项目的前期手续办理和后续施工必然会受到矿业权退出的影响，同时为制定合理补偿措施带来诸多困难。

4. 生态补偿机制尚不健全

祁连山国家公园的生态补偿机制尚未建立，上下游补偿、跨流域补偿、跨区域补偿问题尚未界定；生态补偿范围过窄，补偿标准难以量化；针对农牧民搬迁、矿企关闭后的合理补偿措施尚待完善；投融资渠道单一，难以持续推进生态保护与补偿工作。"加大财政支持力度，广泛引导社会资金多渠道投入"的制度设计还未真正落实。

5. 社区参与机制尚未建立

社区参与是推进国家公园可持续发展的关键途径。《建立国家公园体制总体方案》指出，建立国家公园保护管理的长效机制需要政府、企业、社会组织和公众的共同参与，要积极探索社会力量参与自然资源管理和生态保护的新模式。现实情况是社区参与仍然停留在政策层面。

6. 草原利用和牧民身份还未科学认知

学术界、管理层和当地社区对利用草原的认知不一，有禁牧、围栏、全舍饲、半舍饲、生态移民等观点，当地居民的生态智慧、传统游牧文化对草原可持续利用的贡献往往被忽视，甚至将牧民看作保护的对立面。缺乏科学的认知观，很容易导致国家公园的管理不能实现善治。

7. 对生态旅游缩手旁观

《建立国家公园体制总体方案》规定，国家公园坚持全民共享，着眼于提升生态系统服务功能，开展自然环境教育，为公众提供亲近自然、体验自然、了解自然以及作为国民福利的游憩机会。[①] 可见，国家公园不仅要保护，而且要在保护好的前提下合理利用。生态旅游完全符合总体方案的要求，但目前祁连山国家公园对实施生态旅游还处在观望阶段。

8. 后续产业支撑不足

虽然甘肃、青海片区已积极采取各类措施引导农牧民易地搬迁、转产增收，创新实施祁连山国家公园核心区移民搬迁，但面对涉及农牧区域广、区域经济总量小，农牧民众多、知识水平不高、劳动技能缺乏等现实问题，支撑农牧区农牧业群众长久发展的后续产业先天不足。

9. 民生工程落地难

受协调机制不完善、指标分解压力传导不够等原因影响，祁连山国家公园范围内、关系较多乡村民生的水电路、教育卫生以及危房改造等工程落地

---

① 张玉钧、张海霞：《国家公园的游憩利用规制》，《旅游学刊》2019 年第 3 期。

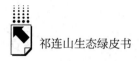

难，民生改善问题无法得到及时有效的解决。

10. 国家公园建设尚无专项经费预算

国家公园建设目前还没有设立专项经费预算，只是在文化旅游提升项目和转移支付两个渠道有一定的资金支持，但资金量比较小，在一定程度上限制了国家公园体制试点工作的推进。

（二）对策建议

1. 优化管理机构

一是理顺各部门关系，处理好管理者与经营者、国家公园与当地居民、管理机构与旅游者之间的关系，构建统一、规范、高效的祁连山国家公园管理机构。① 二是实现"多规合一"。秉持山水林田湖草是一个生命共同体的理念，探索在经济社会发展、土地利用、生态文明制度建设、自然生态保护规划之中适当整合国家公园和其他类型自然保护地的空间规划。三是实施"交叉任职"，积极构建由省级负责统一管理、相关方共同参与的体制机制，打破国家公园管理中的部门壁垒，使祁连山国家公园得到更好的适应性治理，并执行相关决策。

2. 多措并举，夯实矿业权退出

一是进一步做好调查摸底。全面查清祁连山国家公园区划内工矿企业项目底数，分门别类登记造册、建档立卡、建立台账，做好基础材料、影像资料留存，科学制订各类预案。二是抓紧清理违法违规项目。妥善解决历史遗留问题，遏制问题增量，消除问题存量。三是制定分类差别化补偿退出方案。按照"共性问题统一尺度、个性问题一事一策"的思路，分类实施，有序退出，对历史遗留问题制订方案，分步推动解决。四是建立政府、企业、社会多元化投入的资金保障机制。祁连山国家公园体制试点区域内工矿企业项目退出需要大量资金，在积极争取国家资金支持的同时，引进以

---

① 张壮、马洪波：《破解祁连山国家公园体制试点区现实问题》，中国社会科学网，2019 年 3 月 18 日。

"祁连山"为品牌的生态产业项目投资，并出台相关优惠政策，保障涉及的工矿企业项目分类分期有序退出。①

3. 推动社区共管，将牧民转化为"生态民"

社区共管是解决国家公园内生态保护与社区生计发展之间矛盾的有效机制，祁连山国家公园应积极探索和推进社区共管机制。同时，建议将保护区内的农牧民身份转化为生态保护的专岗，设立"生态民"，政府为"生态民"提供财政补贴，并积极倡导传承少数民族传统的生态自然观和游牧文化，推动农牧民与保护区合作管理自然资源，实现协同管理的目标。

4. 合理利用草原，实现生态善治

完全禁牧会导致草原资源浪费，且在冬春季容易引发火灾，草原也容易退化。建议适度利用国家公园内的草场，将游牧与半舍饲结合，设立放牧的"开放期"（每年两个月左右），并以当地居民的传统生态文化规范他们对草原的合理利用，探索一条社区文化与生态共同发展的机制，使草原恢复自身的造血能力。祁连山国家公园管理局应与科研机构、企业、环境社会组织等利益相关群体跨界合作，通过授予特许经营权、探索资源资产化生态产品价值、综合运用绿色金融手段、购买环境社会组织服务等措施，创新管理理念，推动祁连山国家公园管理机制的创新，实现生态善治，推动祁连山国家公园可持续发展。

5. 发展生态旅游，促进保护与旅游协同发展

通过评价祁连山旅游产业生态水平、规范生态旅游市场秩序、丰富生态旅游产品供给、树立生态旅游消费理念四个步骤确保生态旅游顺利启动，实现保护与旅游双赢的目标。激励试点地区居民参与当地生态旅游的发展和运营，有效解决地方社区发展与祁连山生态环境保护之间的矛盾。

6. 自上而下统筹民生工程

一是因地制宜，科学规划。高起点规划祁连山国家公园布局，因地制宜，科学合理分区。二是科学分区，规范运行。依据不同区域主导生态系统的服务功能及保护目标，按照从核心保护区到居住和游憩服务区，保护程度

逐渐降低，利用程度及公众可进入性逐渐增强的原则，列出禁止清单，不搞"一刀切"，统筹协调重点民生工程建设。对于核心保护区和生态修复区的水电路房和通信等基础设施项目进行全面深入排查，逐一复核评估，提出处理意见，对违法违规项目予以清理整治。对于传统利用区、居住和游憩服务区的一些水电路房等涉及民生的重要基础设施，按照规范管理、规范运行的要求，通过正常程序，依法依规科学有序进行建设。①

7. 打破核算瓶颈，建立健全生态补偿机制

祁连山国家公园建设应完善跨区域、跨流域的生态补偿机制，健全生态资源开发补偿制度，破解生态补偿核算的瓶颈，以生态资源确权工作为基础，完善生态保护补偿可持续融资机制，建立生态保护长效机制，推进森林、流域、矿产资源开发、草原及湿地耕地等多领域生态保护补偿。

总之，现阶段祁连山国家公园体制建设首先需立足青海省和甘肃省实际，做好体制转换过程中与国家有关部门的沟通与汇报，以及两省之间的衔接协调工作。其次，立足祁连山特色，借鉴国内外经验，重点学习和借鉴三江源等国家公园体制试点区的经验与做法，解决问题、弥补不足。最后，可将国家公园体制试点与绿色"一带一路"建设巧妙融合，大胆创新，将祁连山国家公园打造为绿色"一带一路"的亮丽名片，确保祁连山国家公园体制试点区在生态文明建设试点示范方面走在全国前列，努力为国家探索创造可借鉴、可复制、可推广的经验和做法。

三 祁连山国家公园体制机制未来发展趋势

祁连山国家公园体制试点工作是党中央交给甘肃和青海两省的一项重大政治任务。祁连山具有独特的自然资源、地理位置以及重要的生态价值，祁连山国家公园体制的建设，需要在借鉴国内外较为成熟的国家公园管理经验

---

① 张壮、马洪波：《破解祁连山国家公园体制试点区现实问题》，中国社会科学网，2019 年 3 月 18 日。

的基础上因地制宜、推陈出新，探索出符合其自身需求的建设路径。

1. 构建协同治理模式

建立祁连山国家公园管理长效机制的首要任务，是要破解祁连山自然保护区相关监管部门存在的职责交叉、多头管理的局面。可以充分参考和借鉴发达国家在国家公园管理中的成功模式，基于我国国情及经济发展基础，构建政府、市场（企业）、环境社会组织、社区和公众（包括当地居民）"五位一体"的协同治理模式，打破长期受条块分割、政出多门、"九龙治水"模式及权威性不足等因素制约的困境，充分发挥各相关部门职能和作用，以提高管理的专业性；同时，建立国家部门或省政府的垂直管理体系，将祁连山国家公园体制试点区域内权限整合统一。[①]

2. 立足社区共管共建

社区共管有助于解决国家财政无力支付全部自然保护区和国家公园产权购买经费以及自然保护区、国家公园与社区村民之间矛盾等问题，通过提倡共同决策、共同规划、共同利用、共同治理和共同保护等，实现对保护区的全面、民主治理。未来祁连山国家公园建设应充分发挥社区力量，通过完善社区共管制度、强化社区共管意识、拓宽社区共建渠道、营造社区共管氛围、引导共管社区进行产业结构调整等健全和完善、保护社区共管共建关系。

3. 推进"生态民"治理模式

倡导"社区共管"、"生态民"、恢复传统的游牧制度、生态扶贫、优化产业结构等是建立国家公园内生态保护长效机制的有效途径。在祁连山国家公园生态治理中，应注重构建人与自然和谐共处的"生态民"治理模式，在保护区实施"社区共管"机制，建立保护区内农牧民与保护区共同管理自然资源的模式；施行合理政策措施，最大限度地引导保护区内的当地居民向"生态民"转化；积极探索游牧制度与围栏保护的中间模式，实现传统

---

① 王毅、王菲凤、王学福：《祁连山国家公园体制试点建设路径探析》，《甘肃科技》2018年第22期。

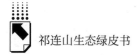
游牧制度的适度恢复；实施生态扶贫，将生态保护与扶贫发展有效结合，实现对祁连山国家公园的可持续保护。

4. 健全生态补偿机制

现行生态保护补偿制度面临如下困难：①"谁补偿谁"的问题模糊不清；②投融资渠道单一，难以保障生态保护与补偿的持续推进；③生态补偿范围过窄，生态补偿标准偏低，难以实现生态效益与经济效益并行。为此，祁连山国家公园建设应立足国内生态补偿案例，完善跨区域、跨流域的生态补偿机制，健全生态资源开发补偿制度，以生态资源确权工作为基础，以生态价值核算为突破口，完善生态保护补偿可持续融资机制，建立当前保护与长远受益的多元化、市场化长效生态补偿机制，推进森林、流域、矿产资源开发、草原及湿地耕地等多领域生态保护补偿。

5. 发展生态旅游

生态旅游是生态文明建设的重要载体。祁连山国家公园管理与建设中应充分发挥生态旅游潜力，明确以生态旅游促进生态保护，以生态保护促进生态旅游的良性循环发展理念，通过评价旅游产业生态水平、规范生态旅游市场秩序、丰富生态旅游产品供给、树立生态旅游消费理念四个步骤确保生态旅游顺利启动，通过创新驱动，实现生态旅游、传统文化、生态产品和社区发展协同推进，探索差异化、区域化、特色化的生态旅游模式。

6. 创新经营理念

除以国家财政支持作为重要的资金来源外，祁连山国家公园建设还应广泛吸收科研机构、企业、民间团体等非政府组织的社会资本，解决国家公园经营管理中的资金不足问题。[①] 应寻求建立符合地方绿色发展需要的绿色金融政策体系，综合运用绿色金融手段，放大资金效应，实现生态环境资本的绿色增值。在符合可持续发展原则下适当、适度发展生态旅游，防止生态退化的同时提供一定的经济创收用于国家公园的管理之中。鼓励祁连山国家公

---

① 王毅、王菲凤、王学福：《祁连山国家公园体制试点建设路径探析》，《甘肃科技》2018 年第 22 期。

园试点地区居民参与当地生态旅游发展和运营，有效解决地方社区与祁连山生态环境保护之间的冲突问题。[①]

7. 提升生态产品价值

充分借鉴"丽水经验"，发挥祁连山区生态系统供给功能，不断挖掘优质特色生态产品，如雪域羊肉、高山细毛羊、牦牛、马鹿茸、葡萄、冰川雪提等，积极探索资源资产化的生态产品价值实现机制，推动祁连山国家公园管理机制的创新。

综上所述，作为我国西部重要的生态安全屏障，祁连山扼守丝路咽喉，孕育了敦煌文化，是汉、藏、蒙、哈萨克、裕固等多民族经济、文化交流的重要集聚地，是我国履行大国国际责任，造福"一带一路"沿途国家和人民，实现共同发展、共享福祉的生态安全屏障。祁连山的生态保护工作是惠及子孙后代的伟大事业。

祁连山国家公园建设将遵照人与自然生命共同体理念，坚持绿色发展，统筹跨区域生态保护与建设，创新建立体制机制，解决跨地区、跨部门的体制性问题，对国家重要自然资源资产实行最严格的保护，强化山水林田湖草系统保护与修复，实现自然资源资产管理与国土空间用途管制的"两个统一行使"，促进生态保护与民生改善协同联动，形成人与自然和谐发展的新格局。

---

① Siavash Ghoddousi, Pedro Pintassilgo, Júlio Mendes, et al., "Tourism and Nature Conservation: A Case Study in Golestan National Park, Iran", *Tourism Management Perspectives* 2018（26）: 20 – 27.

分 报 告

Sub-Reports

G.2

祁连山生态系统水源涵养
功能评估及对策建议

王佩 吴秀臣 胡霞 李小雁*

摘 要： 在全球气候变化背景下，深入理解祁连山典型生态系统水分
收支及水源涵养功能，对于祁连山生态保护及构建我国西部
重要生态安全屏障具有重要意义。基于祁连山区典型生态系
统多年涡度相关与水文气象观测数据，本报告重点选取了青
海湖流域与黑河流域作为研究区，分析了不同环境梯度下典
型生态系统（高寒草甸、高寒沼泽草甸、嵩草草甸、金露梅灌

---

* 王佩，北京师范大学地理科学学部副教授，主要从事植被数据模拟研究；吴秀臣，北京师范
大学地理科学学部副教授，主要从事全球变化与陆地生态系统响应、气候变化及区域粮食安
全研究；胡霞，北京师范大学地理科学学部教授，主要从事土壤物理及其生态功能、土壤结
构特征及其形成的微观机制研究；李小雁，北京师范大学地理科学学部教授、博士生导师，
主要从事生态水文学、水文土壤学研究。

丛、紫花针茅草原、芨芨草草原、荒漠、农田、柽柳灌丛、胡杨疏林）的水分收支及变化特征，辨析了生物和非生物因素对水分收支的影响。结果表明：青海湖流域不同生态系统水分收支的年内变化明显，生长季各生态系统的降水量均大于蒸散发量，多表现为水分盈余，非生长季与之相反。2014～2015 年，青海湖流域不同生态系统的年平均蒸发比（ET/P）表现为嵩草草甸（0.83）＜金露梅灌丛（0.97）＜芨芨草草原（1.02），即随海拔的升高呈现减小趋势。黑河流域典型生态系统水分收支差异明显，均呈现不同程度的水分亏缺，但是不同生态系统亏缺量的补给来源和补给量各不相同。上游高寒草甸在湿润年份，水分收支基本平衡，在干旱年份亏缺量约为134mm，高寒沼泽草甸三年的亏缺量在83～204mm，上游生态系统亏缺的水分主要来自系统外的补给（冰川积雪融水、壤中流等补给）。农田生态系统水分亏缺主要由灌溉补给，2014～2016 年灌溉补给量分别为512mm、554mm 和560mm；地下水和深层土壤水是中游荒漠、下游胡杨疏林和柽柳灌丛生态系统水分亏缺的补给源。低海拔干旱指数（$DI = ET_0/P$）和蒸发比（$EI = ET/P$）均较高，蒸散发主要受水分限制，径流量占降水量的比重很小；随海拔升高 DI 逐渐减小，EI 沿 Budyko 曲线快速降低，蒸散发由水分限制逐渐转变为温度限制，径流量占降水量的比重迅速增加，且随海拔升高迅速增大，进而使高海拔地区成为流域的重要产流区。首先，大力保护海拔在 3600m 以上的高寒草甸生态系统，减少过度放牧，防止破坏草毡层，提高产水能力，保护流域水源涵养功能；其次，通过封育等措施修复退化的河谷湿地水柏枝灌丛，减少土壤侵蚀，提高水土保持功能；最后，以"山水林田湖草"生命共同体为理念，结合祁连山国家公园建设，优化湿地在山水林田湖草系统中的

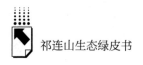
健康格局和利用方式。

关键词： 祁连山区　典型生态系统　水分收支　黑河流域　青海湖流域

一　祁连山地区典型生态系统及水源涵养功能

　　水源涵养功能是祁连山山地生态系统价值的重要组成部分，是水与独特的山地环境相互作用在生态系统服务领域的体现。目前对生态系统的水源涵养功能还没有统一和公认的定义。一般来讲，是指山地独特的气候—植被—土壤拦蓄降水、调节径流的能力。广义而言，则体现在山地生态系统与水文过程在多时空尺度（如土壤微结构、坡面、流域或区域）中的相互综合作用。量化典型生态系多时间尺度（季节及年际）水分收支特征是刻画祁连山地区典型生态系统及水源涵养功能的基础。青海湖流域和黑河流域是祁连山区的重要组成部分，建立了流域尺度网络化观测系统，积累了较多的观测数据。本报告基于实地观测资料，分析了典型生态系统的水分收支关系，并结合模型对其水分收支过程进行了模拟研究，对深入认识祁连山典型生态系统的水源涵养功能具有重要的意义。本报告基于青海湖流域和黑河流域典型生态系统的降水量、蒸散发量、土壤贮水量等一手观测数据，结合水量平衡原理，量化了典型生态系统季节和年际的多尺度水分收支特征，为评价高寒生态系统的水源涵养功能提供科学依据。

二　祁连山地区典型生态系统水分收支特征及动态

（一）青海湖流域典型生态系统水分收支的时间变化特征

　　基于青海湖流域典型生态系统（嵩草草甸、金露梅灌丛、芨芨草草原、紫花针茅草原和农田）的长期定位观测，获取了各生态系统2014～2016年的降水、蒸散发、土壤水水文要素数据集，对以上生态系统的月尺度及年尺度的水分收支特征进行了分析，并总结了不同水热条件下的分布规律及主控因素。

1. 月尺度变化特征

嵩草草甸生态系统水文各要素在 2014 ~ 2015 年的月变化如图 1 所示。2014 年 6 ~ 8 月及 2015 年 5 ~ 9 月，由于降水量高于蒸散发量与土壤贮水量变化之和（即 $P > ET + \Delta W$），因此在此期间产生径流。并且于 2014 年 8 月至最大值 101.97mm，形成最高径流量；在每年 10 月至次年 4 月，$P < ET +$

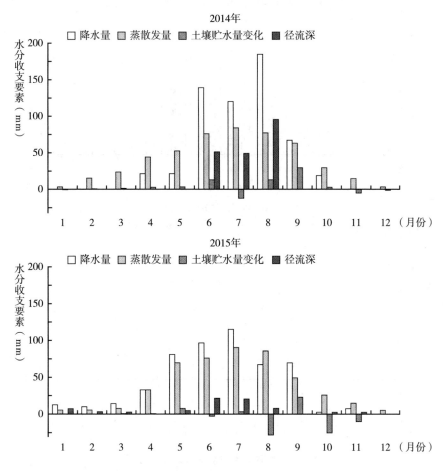

图1 2014 年、2015 年嵩草草甸生态系统水分收支月变化

资料来源：本报告图表如无特殊说明，均由作者整理。

ΔW，在此期间无产流。[1] 在水文循环各要素中，蒸散发和降水是主导因素。土壤贮水量的变化主要受降水和蒸散发的支配，收入项降水量大于蒸散发量时，土壤贮水量增加；反之，土壤贮水量下降。观测期间，嵩草草甸生态系统土壤贮水量基本保持稳定，不存在明显的月变化。

金露梅灌丛生态系统水分收支月变化如图2所示。每年10月至次年5月，$P < ET + \Delta W$，表现为水分亏缺。$P - ET$ 的最小值在2014年出现在5

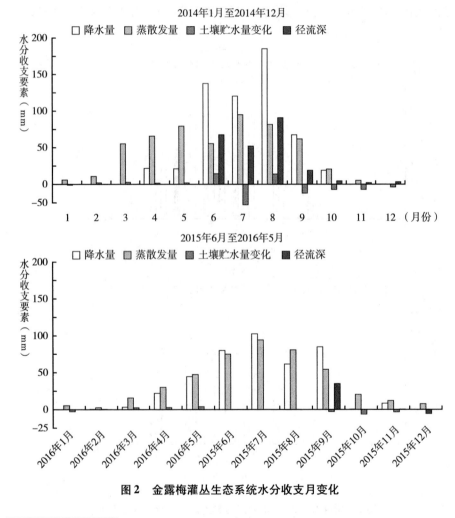

图2　金露梅灌丛生态系统水分收支月变化

①　刘磊：《青海湖流域典型生态系统水分收支研究》，北京师范大学硕士学位论文，2014。

月，为 -58.28mm。$P-ET$ 的最小值在 2015 年 6 月至 2016 年 5 月出现在 2015 年 10 月，最小值为 -20.18mm，较少的降水量（0.70mm）是导致生态系统水分亏缺的直接原因。在每年的生长季（5~9 月）生态系统多表现为水分盈余，有径流生成。产流高峰（93.79mm）及土壤贮水量增加（14.87mm）主要出现在 2014 年 8 月。在 2015 年 6 月至 2016 年 5 月生成径流量为 34.29mm。

2014~2015 年芨芨草草原生态系统水分收支月变化如图 3 所示。芨芨草草原生态系统在非生长季表现为水分亏缺，这期间无径流生成。$P-ET$

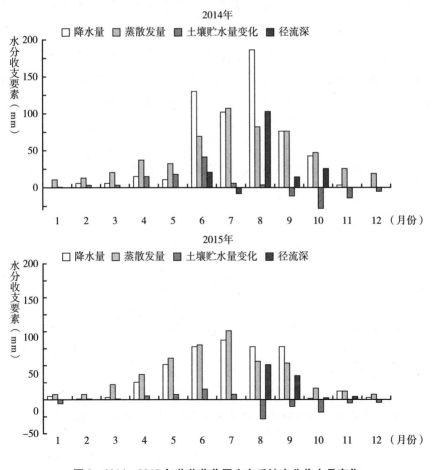

图 3 2014~2015 年芨芨草草原生态系统水分收支月变化

年内最小值（–22.84mm 和 –18.68mm）出现在 2014 年 11 月和 2015 年 3 月。生长季期间表现为水分盈余，$P-ET$ 最大值出现在 2014 年 8 月和 2015 年 9 月，分别为 105.12mm 和 25.12mm。[①] 紫花针茅草原生态系统水分收支各要素月变化如图 4 所示。紫花针茅草原水分盈余时期出现在 2016 年 5 月、7~9 月，其最大值（$P-ET$，80.69mm）出现在 2016 年 7 月，这期间对土壤贮水量的补给达到最大（34.55mm），并且产流最多（46.13mm）；干旱期（$P-ET$，–20.90mm）发生在 2016 年 10 月，导致了土壤贮水量的锐减（–14.98mm）。图 5 展示了农田生态系统水分收支月变化。在生长季（5~9 月）雨季生态系统表现为水分盈余，最大值（$P-ET$，83.51mm）出现在（2014 年 8 月）；非生长季，生态系统表现为水分支出或水分收支相当，最小值（$P-ET$，–38.59mm）出现在 2015 年 4 月。在 4 月，农田生态系统表现为加大的水分亏缺（蒸散发量远超降水量），人为灌溉补充了大量的水分。9 月由于农作物收割，表现为蒸散发明显降低，生态系统贮水增加。

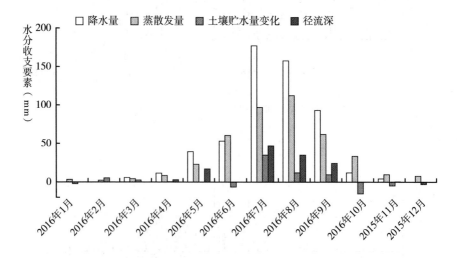

图 4　2015 年 11 月至 2016 年 10 月紫花针茅草原生态系统水分收支月变化

---

① 刘磊：《青海湖流域典型生态系统水分收支研究》，北京师范大学硕士学位论文，2014。

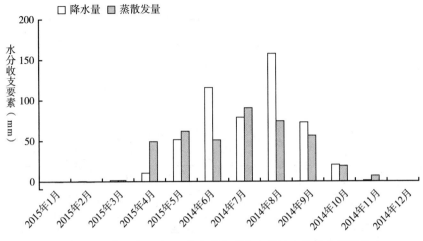

图5　2014年6月至2015年5月农田生态系统水分收支月变化

以上典型生态系统水分收支表明，降水和蒸散发主导了生态系统的水分盈余和亏缺的情况。为进一步分析各生态系统水分收支的年内变化规律，可直接对比降水和蒸散发在年内变化。典型生态系统不同年份累计降水与蒸散发变化，如图6所示。从年内变化看，各生态系统1月降水量与蒸散发均较小，WB基本为0；金露梅灌丛和芨芨草草原生态系统蒸散发的增加要比其他生态系统更早，2月累计蒸散发开始逐渐大于累计降水量，WB值为负并不断减小，其他生态系统4月后累计降水和累计蒸散发才开始逐渐增大。2014年各生态系统生长季前期累计蒸散发均大于累计降水量，WB值不断减小，至6月1日左右降至最低值，其后随降水量的增加WB值开始不断增大，并于7~8月转为正值（图6中P与ET的交点）。至10月1日左右各生态系统WB值不再增加，之后则维持在全年最高水平或略有降低。到年末时各生态系统水分收支均有所盈余，并以嵩草草甸生态系统的水分盈余量最大。以上分析表明，青海湖流域典型生态系统的水分盈余和亏缺在年内存在较大波动，大多表现为生长季初期水分盈亏，其后逐渐转变为水分盈余，但也有可能因降水量较小出现水分基本平衡甚至亏缺的情况。

2. 水分收支的年际变化特征

各典型生态系统水分收支要素的比较，如表1所示。2014年嵩草草甸

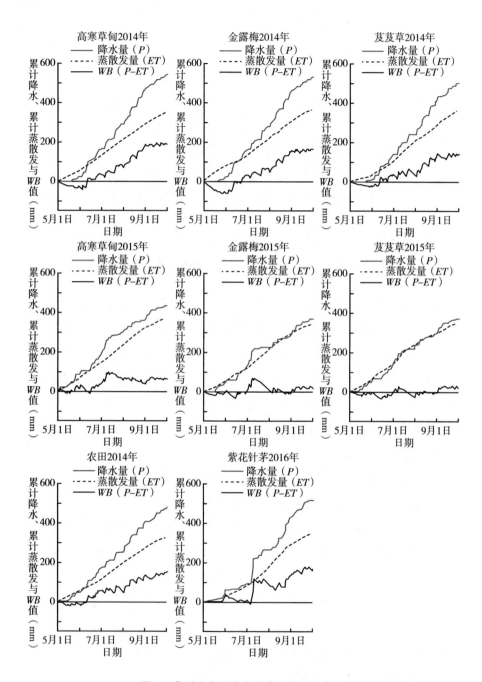

图 6　典型生态系统水分收支的年内变化

生态系统水分盈余,并形成径流(126.47mm)。2015年也较为类似,其年产流为66.25mm。虽然2014年和2015年降水量有较大差异(143.40mm),两年均表现为水分盈余并产流。该生态系统年径流量主要受降水量控制,土壤贮水量变化受降水量差异影响较大(2014年土壤贮水量有所增加;2015年土壤贮水量降低)。金露梅灌丛生态系统水分收支状况年度差异显著。2014年整体表现为盈余伴随着产流,而2015年表现为整体水分亏缺。芨芨草草原生态系统水分收支状况年度差异显著。2014年表现为水分盈余,导致大量径流形成,同时增加了土壤水分。而2015年整体表现为生态系统水分亏缺,消减了先前土壤贮水量。2014年,芨芨草草原生态系统由于丰富的降水,蒸散发量要远大于2015年。芨芨草草原生态系统由于相对较为干燥的生态环境,蒸散发量对降水量的年际变化十分敏感,表明降水量是限制其蒸散发量的主要因素。紫花针茅草原生态系统无显著年际波动,全年均表现为水分盈余,体现为土壤贮水量的增加和大量径流产生。其最大值出现在2016年7月、8月,也贡献了最多的年径流量。农田生态系统水分有所盈余,无显著年际差异。[①]

表1 生长季与非生长季的降水量(P)和蒸散发量(ET)及生长季、
非生长季及全年的蒸发比(ET/P)

单位:mm

生态系统	年份	全年		生长季		非生长季		
		ET/P	P	ET	ET/P	P	ET	ET/P
嵩草草甸	2014	0.738	576.30	350.10	0.607	82.7	136.57	1.651
	2015	0.922	432.90	372.61	0.861	81.48	101.87	1.250
金露梅灌丛	2014	0.929	531.20	366.22	0.689	41.8	165.97	3.971
	2015	1.011	400.50	367.81	0.918	34.1	90.78	2.662
芨芨草草原	2014	0.932	502.50	363.86	0.724	69.4	169.18	2.438
	2015	1.099	374.30	352.51	0.942	48.8	112.62	2.308
紫花针茅草原	2016	0.763	520.20	353.77	0.680	32.4	67.76	2.091
农田	2014	0.807	423.60	277.08	0.654	31.6	72.33	2.289

---

① 刘磊:《青海湖流域典型生态系统水分收支研究》,北京师范大学硕士学位论文,2014。

同一生态系统在不同年份降水量和蒸散发量均有较大变化，并由此导致了生态系统水分收支的年际变化。为便于分析降水量和蒸散发量年际变化的相对大小，作不同生态系统各年份的蒸发比（ET/P），结果如图 7 所示。可见，2014~2015 年各生态系统的降水量均有所减小，而蒸发比均有较大增加，且以嵩草草甸生态系统的增加量最大（0.184），其次分别为芨芨草草原和金露梅灌丛生态系统。进一步对比各生态系统蒸发比与 1 的大小关系可见，嵩草草甸生态系统的蒸发比虽然增加最大，但仍小于 1；金露梅灌丛和芨芨草草原生态系统均由 2014 年的小于 1 变为 2015 年的大于 1，即生态系统水分收支由盈余变为亏缺。由此可见，2015 年降水减少时各生态系统蒸发比均显著增大，并使部分生态系统的蒸发比由小于 1 增加为大于 1，进而导致生态系统水分盈亏状态的转变。

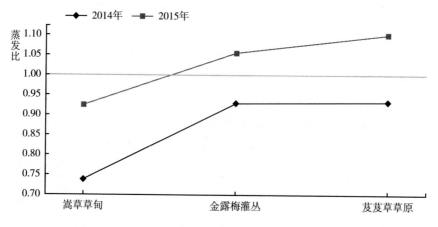

图 7 嵩草草甸、金露梅灌丛和芨芨草草原生态系统蒸发比（ET/P）的年际变化

（二）黑河流域典型生态系统水分收支的时间变化特征

基于 2013~2016 年黑河流域水文气象观测数据和水量平衡理论，本报告研究了不同水热梯度下黑河流域典型生态系统（高寒草甸、高寒沼泽草甸、荒漠、农田、柽柳灌丛、胡杨疏林）的时间尺度水分收支特征，辨析了生物和非生物因素对水分收支的影响。

1. 月尺度水分收支特征

高寒草甸及沼泽草甸生态系统 2014～2016 年的降水、蒸散发、土壤贮水量的月变化如图 8 所示。在非生长季（10 月至次年 4 月），观测到的蒸散发和降水很少，但是蒸散发大于降水，生态系统呈现水分亏缺。在高寒草甸生态系统，在降水较多的 2014 年和 2016 年生长季（6～9 月），降水量大于蒸散发量与土壤贮水量变化之和，生态系统水分有盈余，有地表径流产生，且最大

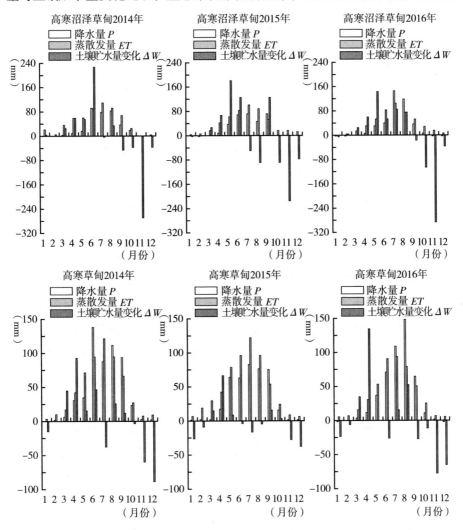

图 8　黑河上游高寒草甸和高寒沼泽草甸生态系统 2014～2016 年水分收支要素的月变化

值在每年的 9 月，分别为 16mm 和 41mm。在降水量较少的年份 2015 年，除在生长季末期的 9 月，生态系统水分有盈余外，其他月份蒸散发量大于降水量，生态系统水分亏缺，但是土壤贮水量的变化小于蒸散发量与降水量的差值，表明在生态系统有外界水源补充土壤水分。在高寒沼泽草甸生态系统，通过对比各水分收支项发现，土壤贮水量的月变化最大，土壤贮水量变化 ΔW 分别为土壤其变化受降水量和蒸散发量的影响较小。2014 年 6 月和 8 月分别有 21mm 和 6mm 的降水量补充土壤水分，2015 年 9 月有 18mm 的降水储存在土壤中，2016 年降水量较多，在 7 月、8 月分别有 42mm 和 41mm 的降水补充土壤水分，使土壤贮水量增大，尽管在这些月份降水量大于蒸散发量，但是 P 与 ET 的差值小于土壤贮水量变化，无产流，表明土壤贮水量除了受到降水的补给，还受到其他水分来源（如壤中流）的补给。

图 9 所示为黑河中游生态系统各水分收支项的月变化。对于中游农田生态系统，灌溉是可靠的水分收入来源，在中游荒漠生态系统，蒸散发消耗主要来源于降水和地下水。农田生态系统 2014~2016 年每月的蒸散发量均大于降水量，生态系统水分亏缺，每年的 9 月至次年的 5 月，蒸散发消耗的额外水源来自储存在土壤中的水分，每年的 6~8 月蒸散发强烈，月蒸散发量最大可达 160mm，尽管该时段的降水量占全年降水量的 81%，每月的蒸散发量远大于降水量，蒸散发消耗的额外的水源来自灌溉，每年的 6~8 月，正值玉米生长旺期，蒸散发耗水量大，2014~2016 年的灌溉量约为 438mm、334mm 和 387mm。9 月灌溉结束，但蒸散发降低缓慢，土壤贮水量补充蒸散发消耗，因此 9 月土壤贮水量减少。荒漠生态系统在观测时段内均呈现水分亏缺，亏缺量受地下水的补给，受降水和蒸散发的影响，补给量的月变化在不同年份不同，并无明显的规律，11 月、12 月蒸散发消耗的是浅层土壤水分（0~58cm），其他月份蒸散发消耗深层土壤水和地下水，4~10 月水分亏缺量较大，且月份间的波动较小，3 年来最大亏缺量与最小亏缺量间分别相差 19mm、28mm、8mm。[①]

① 童雅琴：《黑河流域典型生态系统水分收支及水分利用效率研究》，北京师范大学硕士学位论文，2019。

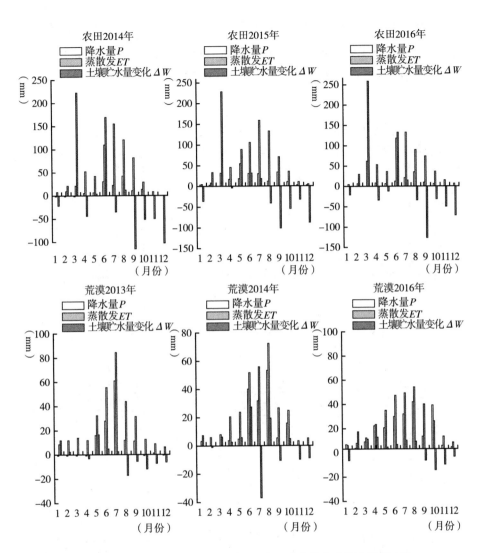

图9 黑河中游农田和盐爪爪荒漠生态系统水分收支要素的月变化

黑河下游河岸生态系统水分收支组分的月变化，如图10所示。月降水量极少，地下水和深层土壤水是生态系统水分消耗的主要来源。在下游每年的4~10月，生态系统的蒸散发量大于土壤贮水量的减少量与降水量之和，该时段生态系统主要依靠地下水维持，6~8月地下水的消耗增大，7月达到全年最大，胡杨疏林生态系统地下水的最大月消耗为133~151mm，柽柳灌丛生态系统为 124～143mm，柽柳灌丛生态系统的地下水月消耗普遍低于胡杨疏林生态系统。11 月至次年的 3 月，蒸散发量大于降水量，蒸散发量小于土壤贮水量的减小，该时段生态系统蒸散发主要消耗储存在土壤中的水分。

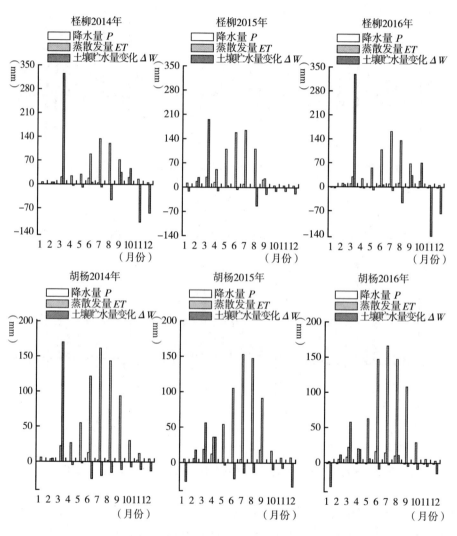

图 10　黑河下游柽柳灌丛和胡杨疏林生态系统水分收支要素月变化

2. 水分收支的年际变化

在年尺度上黑河上游生态系统水分收支，如表 2 所示。黑河上游高寒草甸生态系统连续 4 年的平均降水量为 444mm，其中 6～9 月平均降水为 364mm，约占全年降水量的 82%；年平均蒸散发为 508mm，其中植被蒸腾为 259mm，土壤蒸发为 250mm；6～9 月蒸散发为 334mm，约为全年的 66%。土壤贮水量的变化是深层土壤水分入渗累积的结果，连续 4 年平均土壤贮水量的变化为 2mm，在生长季平均存储量共增加了 23mm。根据水量平衡理论，高寒草甸生态系统在年尺度上存在水分亏缺，连续 4 年的亏缺量约为 66mm。在不同年份存在不同程度的亏缺，在降水较多的湿润年份（2014年和 2016 年），亏缺量分别为 18 mm 和 17 mm，考虑观测误差的话，总体上水分收支接近平衡。但是在降水较少的 2013 年和 2015 年，亏缺量分别为 94 mm 和 134 mm。考虑到冬季降水观测误差可能带来分析误差，本报告分析了生长季（6～9 月）高寒草甸生态系统的水分收支情况，发现在湿润年份（2014 年和 2016 年）生态系统水分盈余，分别盈余 42mm 和 33mm，生态系统有径流形成，径流系数为 9.8% 和 8.3%；在降水较少的干旱年份生长季，高寒草甸生态系统呈现水分亏缺，2013 年和 2015 年的亏缺量分别为 17mm 和 26mm。更高海拔处的高寒沼泽草甸生态系统，2014～2016 年的年平均降水量为 341mm，生长季平均降水为 295mm，占全年降水量的 87%，3 年平均蒸散发为 482mm，其中植被蒸腾为 215mm，土壤蒸发为 267mm，3 年平均土壤贮水量变化约为 2mm。根据水量平衡原理，高寒沼泽草甸生态系统连续三年均呈现水分亏缺，亏缺量分别为 142mm、204mm 和 83mm。生长季土壤贮水量急剧增加，土壤贮水量变化远大于降水量与蒸散发量的差值。生态系统呈现水分亏缺，其亏缺补给来源于积雪融水或者高山冰雪融水，即生态系统为非闭合生态系统，存在外界补给水源。黑河上游草甸生态系统均呈现不同程度的水分亏缺，对径流的贡献极小，降水不能满足蒸散发消耗，外界补给是生态系统水分消耗的重要来源，且高海拔的高寒沼泽草甸生态系统，外界补给量远大于低海拔的高寒草甸生态系统。陈仁升等[1]的研

---

[1] 陈仁升、阳勇、韩春坛等：《高寒区典型下垫面水文功能小流域观测试验研究》，《地球科学进展》2014 年第 4 期。

究表明，黑河上游高寒草甸生态系统径流贡献极小，其水源涵养功能大于水分功能，平缓地形下的高寒草甸具有较强的水源涵养功能。

表2　高寒草甸及沼泽草甸生态系统水分收支组分

单位：mm

生态系统		年份	降水量 P	蒸散发量 ET			土壤贮水量变化	亏缺/盈余
				ET	T	E	ΔW	
高寒草甸	全年	2013	392	492	241	251	−6	−94
		2014	520	518	275	243	21	−18
		2015	401	551	292	259	−16	−134
		2016	464	471	226	245	10	−17
		平均	444	508	259	250	2	−66
	6~9月	2013	323	330	274	56	10	−17
		2014	427	342	287	55	43	42
		2015	314	349	290	60	−9	−26
		2016	393	314	245	69	46	33
		平均	364	334	274	60	23	8
高寒沼泽草甸	全年	2014	325	472	212	260	−5	−142
		2015	310	505	232	273	9	−204
		2016	388	470	202	268	1	−83
		平均	341	482	215	267	2	−143
	6~9月	2014	284	286	149	137	207	−209
		2015	260	282	164	118	112	−134
		2016	341	316	218	98	189	−164
		平均	295	295	177	118	169	−169

　　表3为黑河中下游生态系统年水分收支状况。在荒漠生态系统，2013年、2014年和2016年平均降水量为150mm，占生态系统水分消耗的51%，平均蒸散发为251mm，其中植被蒸腾111mm、土壤蒸发140mm，蒸散发是生态系统最大的水分支出项，土壤贮水量的变化较小，但呈现增加的趋势。在荒漠生态系统，蒸散发量大于降水量，生态系统水分亏缺，蒸散发不仅消耗到达生

态系统的全部降水，还消耗深层土壤水和地下水。其地下水消耗量在不同的年份间存在明显的差异，在降水较多的 2016 年，地下水消耗量为 88mm，在降水较少的 2013 年和 2014 年，地下水消耗量分别为 122mm 和 106mm，地下水是荒漠生态系统水分稳定水源，其量占生态系统耗水的 50% 左右。Zhao 等[1]对黑河中游沙拐枣荒漠生态系统的研究表明，地下水是荒漠灌丛生态系统的主要水源，生长季蒸散发消耗的地下水占总的蒸散发消耗的 61%。

黑河中游农田生态系统 2013～2016 年蒸腾为 346 mm，土壤蒸发为 315mm，平均土壤贮水量增加 27mm，蒸散发量远大于降水量，灌溉是生态系统水分的主要收入项，维持生态系统水量平衡，连续四年的灌溉量在 512～597mm，平均灌溉量约为 556mm，提供了生态系统水分消耗 80% 的水量。Yang D W[2] 研究表明，2012 年张掖市大满农田灌溉量约为 540mm，周剑等[3]由各灌区水管所灌溉期间的渠系测流数据整理得出，2012 年大满灌区的灌溉深度为 601mm，以上的研究结果相近，其差距可能由年际灌溉量的差距所致。黑河下游为极端干旱环境，2014～2016 年连续三年平均降水量为 33mm，但是平均蒸散发量在柽柳灌丛生态系统约为 605mm，胡杨疏林生态系统约为 694mm，蒸散发量远大于降水量。柽柳灌丛生态系统的连续三年平均年土壤蒸发和植被蒸腾分别为 283mm 和 322mm，胡杨疏林生态系统则分别为 350mm 和 344mm。深根系的胡杨疏林蒸散发量大于柽柳灌丛，因此该生态系统的地下水消耗量也大于柽柳灌丛生态系统。连续三年柽柳灌丛生态系统的地下水消耗分别为 639mm、606mm 和 532mm，胡杨疏林分别为 720mm、633mm 和 695mm。农田约消耗 80% 的上游来水，在农田生态系统，2013～2016 年平均降水量为 133mm，仅占生态系统水分消耗的 19%，平均蒸散发为 662mm。

---

[1] Zhao W., Liu B., Chang X., et al., "Evapotranspiration Partitioning, Stomatal Conductance, and Components of the Water Balance: A Special Case of a Desert Ecosystem in China", *Journal of Hydrology*, 2016, 538: 374 - 386.

[2] Yang D. W., Gao B., Jiao Y., et al., "A Distributed Scheme Developed for Eco-hydrological Modeling in the Upper Heihe River", *Science China*, 2015, 58 (1): 36 - 45.

[3] 周剑、吴雪娇、李红星等：《改进 SEBS 模型评价黑河中游灌溉水资源利用效率》，《水利学报》2014 年第 12 期。

表3　黑河中下游生态系统水分收支年变化

单位：mm

生态系统	年份	降水量	蒸散发量			土壤贮水量变化	灌溉/地下水消耗量
		P	ET	T	E	ΔW	I/Sd
荒漠	2013	129	247	127	120	3	122
	2014	137	233	125	108	10	106
	2016	182	272	82	190	2	88
农田	2013	136	703	373	330	30	597
	2014	134	640	333	307	6	512
	2015	161	665	366	299	50	554
	2016	101	638	313	325	23	560
柽柳灌丛	2014	25	547	252	295	117	639
	2015	42	650	312	338	−2	606
	2016	33	617	284	333	−52	532
胡杨疏林	2014	17	671	322	349	66	720
	2015	35	691	346	346	−17	633
	2016	49	720	382	338	31	695

（三）祁连山区典型生态系统水分收支的变化规律分析

1. 不同生态系统的水分收支差异及影响因素分析

蒸散发是各个生态系统中最主要的支出，其过程受气象条件、土壤水分、植被覆盖度等影响，且在不同生态系统，各因子对其影响程度也存在差异。本报告运用偏相关分析祁连山区不同生态系统环境因子（气象因子、土壤水分、植被叶面积指数）对蒸散发的影响。如表4所示，黑河流域上游高寒（沼泽）草甸生态系统蒸散发主要受能量的影响，净辐射（Rn）与蒸散发的相关系数最高，海拔越高，受能量的影响越显著；其次受植被叶面积指数的影响较大，高寒草甸和高寒沼泽草甸蒸散发与 Rn 的偏相关系数分别为 0.59 和 0.65，与植被叶面积指数的偏相关系数分别为 0.47 和 0.50。气温、饱和水汽压差、土壤水分及风速对蒸散发的影响相对较小，偏相关系数较低。已有研究运用结构方程模型揭示了青藏高原高寒草甸蒸散发主要受净辐射的控制，其后是植被叶面积指数和土壤水分，这与本报告的研究结果较为一致。上游高寒草甸生长季土壤水分含量较高,尤其是沼泽草甸,蒸散发受水分供给的影响较小;在非生长季,表层土壤冻结,土壤水分变化很小,对蒸散发的影响不显著。荒漠生态系统蒸散发主要受能量影响,其与 Rn 偏相关系数为 0.64,其后是饱和水汽压差(VPD),蒸散发与 VPD 呈负相关关系,偏相关系数为 -0.50,饱和水汽压差越大,蒸散发量越小,VPD 影响着植物气孔的闭合,从而控制着植物蒸腾、光合等生理过程。荒漠生态系统,植被稀疏。植被叶面积指数小,对蒸散发的影响不显著。针对黑河中游荒漠生态系统的研究指出,Rn 和 VPD 是决定 ET 的重要因素。在中游农田和下游荒漠河岸生态系统中,植被是影响蒸散发的主导因子,其后是净辐射,农田、胡杨疏林、柽柳灌丛与 LAI 的偏相关系数分别为 0.52、0.79 和 0.60。因此,祁连山区蒸散发主要受能量和植被的影响,在不同的水热条件下,植被和能量对其影响程度不同。青海湖流域各生态系统蒸散发系数(K)的年际变化与温度及太阳辐射的年际变化关系不显著,而与 VPD 和土壤含水量(SWC)显著相关。由此可见,蒸散发系数的年际变化与 VPD 呈负相关,而与土壤含水量(SWC)呈正相关关系,不同年份大气或土壤中水分含量的降低均会导致 K 值的减小进而引起蒸散发的年际变化。

表4 黑河流域典型生态系统蒸散发与环境因子间的偏相关系数

生态系统	LAI	VPD	Rn	SM	WS	Ta
高寒草甸	0.47 *	0.02	0.59 *	-0.01	0.21 *	0.06
高寒沼泽草甸	0.50 *	0.21 *	0.65 *	0.18 *	-0.12 *	-0.02
荒漠	0.18 *	-0.50 *	0.64 *	-0.28	-0.10 *	0.23 *
农田	0.52 *	-0.03	0.26 *	-0.02	0.02 *	0.22 *
胡杨疏林	0.79 *	0.41 *	0.42 *	0.14 *	0.13 *	-0.40 *
柽柳灌丛	0.60 *	0.17 *	0.31 *	-0.001	-0.01	0.02

注:LAI 为植被叶面积指数;VPD 为饱和水汽压差;Rn 为净辐射;SWC 为土壤含水量;WS 为风速;Ta 为气温;* 表示 $p < 0.05$。

生态系统的水分收支除存在一定时间变化外,不同生态系统间也存在差异。蒸发比(ET/P),作为重要的水分收支指标,在青海湖流域嵩草草甸生态系统小于金露梅灌丛,而芨芨草草原最大。该顺序与其海拔高度存在较好的相关性，随海拔高度的增加，ET/P 呈现为减小规律。ET/P 越小表明生态系统有更多的水分盈余，因此海拔高的地区意味着更多的产流。先前径流深观测也表明，从芨芨草草原，过渡到金露梅灌丛，再到嵩草草甸生态系统，海拔高度依次增加，其生态系统产流量也逐步增加。

2. 基于 Budyko 水热平衡假设的流域不同海拔水分收支规律

水热平衡假设因综合考虑了水分和能量对蒸散发的影响而被广泛应用于流域蒸散发估算及水量平衡研究中。Budyko 水热平衡假设由苏联气候学家 Budyko 提出，认为陆面长期平均蒸散发主要由大气对陆面的水分供给（降水 P）和潜在蒸散发（用参考蒸散发 ET_0 表示）之间的平衡决定，在极端干旱条件下，$ET_0/P \to \infty$，降水全部消耗于蒸散发，$ET/P \to 1$；在极端湿润的条件下，$ET_0/P \to 0$，可用能量全部转化为潜热（$ET/ET_0 \to 1$），$ET/P \to 0$；二者构成了 Budyko 水热平衡假设的边界条件。Budyko 水热平衡假设利用辐射干旱指数（$DI = ET_0/P$）和蒸发比（$EI = ET/P$）实现了对不同环境条件下蒸散发和径流变化规律的有效表征。DI 反映了大气的水分需求（ET_0）与水分供给（P）之间的相对关系，DI 小于 1 时表明大气水分供给充足，大于 1 时表明可能存在水分亏缺；EI 表示由蒸散发所消耗的降水的比例，（$1 - EI$）则可认为是径流量占降水的比重。Budyko 曲线存在两个基本边界（图 11 中虚线），其一是潜在蒸散发的限制边界（$ET = ET_0$），即实际蒸散发不能超

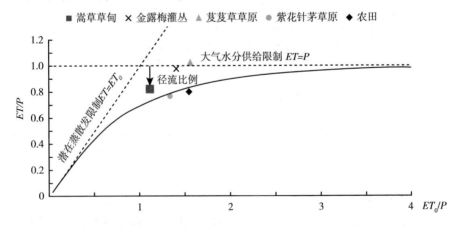

图 11　不同生态系统在 Budyko 曲线上的分布

过潜在蒸散发；其二是大气水分供给的限制边界（$ET = P$），即实际蒸散发不能超过降水量。Budyko 曲线是对不同环境条件下 DI 与 EI 分布状况的拟合。

基于 Budyko 水热平衡假设，做典型生态系统的 Budyko 曲线分布如图 11 所示。图中嵩草草甸、金露梅灌丛和芨芨草草原生态系统为 2014 年和 2015 年的平均值，紫花针茅草原和农田生态系统分别为 2016 年和 2014 年数据。因不同生态系统的降水与蒸散发均存在较大的年际波动，因此这里仅对比同步观测的嵩草草甸、金露梅灌丛和芨芨草草原生态系统。由图 11 可知，由芨芨草草原生态系统到金露梅灌丛生态系统，再到嵩草草甸生态系统 ET/P 和 ET_0/P 均不断减小，ET/P 不断减小表明各生态系统蒸散发占降水量的比重逐渐降低，因此由水量平衡可知径流量占降水量的比重将逐渐增加，这与根据实测数据计算的不同生态系统的径流深变化相吻合；ET_0/P 不断减小，即各生态系统的辐射干旱指数逐渐降低，逐渐向更加湿润过渡。对比各生态系统在 Budyko 曲线上的分布与边界条件的关系可得：从大气水分供给限制看，由芨芨草草原到金露梅灌丛再到嵩草草甸生态系统，各观测点离 $ET = P$ 越来越远，表明水分供给限制逐渐越来越弱；从潜在蒸散发限制看，由芨芨草草原到金露梅灌丛再到嵩草草甸生态系统，各观测点离 $ET = ET_0$ 越来越近，表明潜在蒸散发限制越来越强。由 ET_0 的计算公式可知，ET_0 主要受温度（T）、有效能量（$AE = Rn-G$）、风速（WS）和水分（用相对湿度 RH 表示）条件影响，流域不同生态系统间参考蒸散发的变化主要受温度变化的影响，而风速、有效能量及相对湿度的影响不显著，且参考蒸散发与温度呈显著正相关（$R^2 = 0.6798$）。因此流域内潜在蒸散发限制可等价为温度的限制，即由芨芨草草原到金露梅灌丛再到嵩草草甸生态系统，低温对三者蒸散发的限制越来越强。同时，由图 11 可知，各生态系统虽然与 Budyko 曲线有所偏离，但其变化基本遵循 Budyko 曲线的变化趋势，且所有观测点基本分布于 Budyko 水热平衡假设的边界范围内，表明 Budyko 水热平衡假设可以应用于青海湖流域的水分收支研究中。此外，芨芨草草原生态系统的观测点超出了大气水分供给限制边界（见图 11），这主要因为 Budyko 水热平

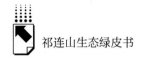

衡假设是建立在多年平均的水平上，本报告的观测时间相对较短，会引入一定的不确定性；同时Budyko水热平衡假设忽略土壤贮水量变化及深层土壤水分补给等因素的影响，仅考虑了降水、蒸散发与径流的关系，由讨论可知，芨芨草草原生态系统的土壤贮水量在观测时段内确实存在一定的年内及年际波动，由此导致芨芨草草原观测点与Budyko水热平衡假设有一定的偏离。由芨芨草草原到金露梅灌丛再到嵩草草甸生态系统，海拔逐渐升高，年平均降水量逐渐增大，年平均温度逐渐降低，参考蒸散发逐渐减小（分别为772.10mm、683.92mm和651.454mm）；结合三者在Budyko曲线中的分布可知，随海拔的升高，三者蒸发比（ET/P）不断减小，干旱指数（ET_0/P）逐渐降低，蒸散发的水分供给限制越来越弱，而潜在蒸散发限制越来越强，即低温的限制越来越强。由此可见，三者所处海拔水热条件的不同对其水分收支产生了重要影响。

3. 流域不同海拔水分收支规律

基于水分收支的数据分析了青海湖流域不同海拔水分收支主控要素的分布规律。伴随海拔高度上升，2015年和2014年的蒸散发均呈现先增加再减少的趋势，最高值分别出现在3600～3650m和3650～3700m范围（见图12）。结合太阳辐射、气温、土壤含水量的空间分布可知：太阳辐射在3800m以下较为稳定，在3800m以上伴随海拔高度上升不断减小，不同海拔下2015年的太阳辐射均高于2014年；气温伴随海拔高度上升持续下降，土壤含水量则呈现相反趋势，低海拔地区2015年的气温和土壤含水量均高于2014年，高海拔地区2015年的气温和土壤含水量均低于2014年，表明两年间水热条件呈现不同的空间分布格局。总体而言，3600～3700m地区水热组合最佳、蒸散发最大，低于该海拔地区蒸散发主要受水分条件限制，高于该海拔地区蒸散发主要受能量条件限制。

为了进一步定量刻画水分条件和能量条件对青海湖流域蒸散发的限制程度，分别对比不同海拔高度的实际蒸散发和参考蒸散发，结果表明（见图13）：3300～4700m范围内，低海拔地区2014年和2015年水分条件限制的

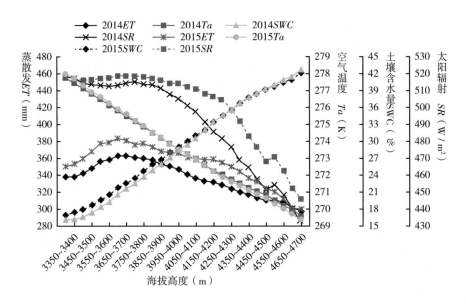

图12 青海湖流域不同海拔高度蒸散发和气象要素变化

资料来源：李小雁、马育军、黄永梅等：《青海湖流域生态水文过程与水分收支研究》，科学出版社，2017。

最大比例分别为11.20%和10.13%，高海拔地区2014年和2015年能量条件限制的最大比例分别为24.45%和29.80%，因此青海湖流域蒸散发主要受能量条件限制。[1] 在黑河流域也存在同样的分布规律，基于Gao等[2] 1981~2010年的水文气象资料利用分布式生态水文模型对我国黑河流域上游不同海拔的水文过程进行了研究，发现流域内降水与径流量随海拔升高而不断增大，蒸散发在海拔3200m以下地区随海拔升高不断增大，该海拔范围内蒸散发及植被生长主要受水分条件限制；海拔3400m以上地区蒸散发及植被生长受温度或能量供给限制，蒸散发随海拔升高不断减小。

---

[1] 李小雁、马育军、黄永梅等：《青海湖流域生态水文过程与水分收支研究》，科学出版社，2017。

[2] Gao B., Qin Y., Wang Y., et al., "Modeling Ecohydrological Processes and Spatial Patterns in the Upper Heihe Basin in China", *Forests*, 2016, 7 (1): 10.

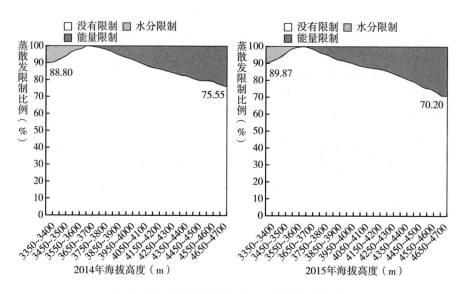

图 13   青海湖流域不同海拔高度蒸散发限制比例

资料来源：李小雁、马育军、黄永梅等：《青海湖流域生态水文过程与水分收支研究》，科学出版社，2017。

三   祁连山生态系统水源涵养功能保护对策建议

青海湖流域和黑河流域实验监测结果表明，土壤水分垂直分布与土壤结构密切相关，显热是陆地能量支出的主要部分，土壤冻结和解冻过程中分别有更多的净辐射转化为显热和潜热，确定了影响高寒生态系统蒸散发的主要因素是能量收支和温度，而土壤水分是控制芨芨草草原蒸散发的重要因素。确定了高山嵩草草甸是流域重要的产流区，而芨芨草草原则主要是径流消耗区，因此，系统开展祁连山生态系统水源涵养功能保护：第一，要大力保护海拔在 3600m 以上的高寒草甸生态系统，减少过度放牧，防止破坏草毡层，提高产水能力，保护流域水源涵养功能；第二，通过封育等措施修复退化的河谷湿地水柏枝灌丛，减少土壤侵蚀，增强水土保持功能；第三，以"山水林田湖草"生命共同体为理念，结合祁连山国家公园建设，优化湿地在山水林田湖草系统中的健康格局和利用方式。

　　然而，目前的研究还是以观测数据为主，把各个生态系统的水分收支特征进行了量化与分析，后期需要进一步把祁连山森林、草甸、草原、农田、沙地、河流和湖泊各生态系统作为一个整体，定量分析不同生态系统植被、土壤、水分三维空间结构与水储量格局关系，解析不同生态系统结构对水循环和能量分配的影响，探讨山水林田湖草的景观配置结构、相互作用及其对水分的协同响应关系，进而揭示祁连山多生态系统协同变化的涵养水源机理。随着气候变化及人类活动的影响，需要进一步评估祁连山水源涵养功能变化及其对区域水资源的影响，以期为祁连山生态恢复及善治对策的制定提供基础理论支撑。

G.3
祁连山国家公园草地管理的困境和出路[*]

侯扶江　彭泽晨　张育文　阿的鲁骥　宁娇　马周文　胡安　李国藩　李岚
王榛　石立媛[**]

摘　要：　祁连山草原类型多样，以高山草甸类面积最大、分布最广。
　　　　　近几十年来草原状况总体稳定，然而局部恶化的趋势尚未根
　　　　　本扭转。在全球气候变化较为有利的情况下，退化草原的生
　　　　　态恢复仍然面临较大压力。本报告梳理了祁连山国家公园草
　　　　　原现状及面临的问题，以构建祁连山草原生态科学合理的安
　　　　　全格局为原则，以维护区域草原生态系统和乔灌草耦合生态
　　　　　系统的稳定为核心，提出祁连山国家公园草原生态保护与修
　　　　　复的策略与建议。

关键词：　生态恢复　草原健康　草原类型　生态安全

一　祁连山国家公园草地利用概况

（一）祁连山国家公园概况

祁连山地处青藏高原、内蒙古高原、西北内陆干旱区、黄土高原、秦巴

---

* 本报告受中国科学院战略性先导科技专项（XDA2010010203）资助。
** 侯扶江，兰州大学草地农业科技学院教授，研究领域为草地—家畜系统调控；彭泽晨，兰州
大学草地农业科技学院讲师，研究领域为理论生态学和草畜互作；张育文、阿的鲁骥、宁娇、
马周文、胡安、李国藩、李岚、王榛、石立媛，兰州大学草地农业科技学院研究生。

山区的交会处，是我国重要的生态安全屏障，被誉为"草原之门户，西北之屏风"。祁连山历来为"丝绸之路"的屏障。[①] 祁连山国家公园是中国首批设立的 10 个国家公园体制试点之一，总面积 5.02 万 km²，其中甘肃省 3.44 万 km²，占 68.5%；青海省 1.58 万 km²，占 31.5%。

1987 年，经甘肃省人民政府批准，甘肃祁连山自然保护区建立，1988 年国务院批准晋升为国家级自然保护区。我国 1996 年开始探索国家公园的建设，2002 年祁连山自然保护区纳入国家退耕还林还草工程，2004 年列入国家退牧还草、草原生态保护补助奖励机制等生态工程，使祁连山自然保护区生态环境得到较好的保护与恢复。2013 年底，中共十八届三中全会正式提出建设国家公园体制；2014 年，祁连山自然保护区明确划分了范围和功能区，并实地立标。2015 年，发改委等 13 个部门联合印发了《建立国家公园体制试点方案》，计划在 9 个省份开展"国家公园体制试点"工作。2017 年，中央全面深化改革领导小组第三十六次会议审议通过了《祁连山国家公园体制试点方案》。作为我国第一批设立的 10 个国家公园体制试点之一，祁连山国家公园将为我国国家公园建设积攒经验、提供模板、树立典范。加强对祁连山自然资源的科学保护、合理利用、有效管理，既可以加强对我国现有自然保护区域的系统性整合，又能够进一步提高保护效率，更好地兼顾保护与开发，最终实现人与自然和谐共生、和睦共处。[②]

（二）祁连山国家公园的草原类型和分布

1. 祁连山国家公园草原分布

祁连山气候类型丰富，因此具有多样的植被类型。草原类型主要有高寒灌丛、高寒草甸、高寒典型草原、高寒荒漠草原、荒漠、盐渍化草甸。在祁

---

① 王逸晨、杨晓晨：《祁连山国家公园制度建设的探讨》，《现代商贸工业》2020 年第 23 期；赵海鹏：《浅谈祁连山国家公园发展路径》，《现代园艺》2020 年第 15 期；孙博：《祁连山国家公园发展路径探讨》，《农村经济与科技》2020 年第 12 期。

② 王逸晨、杨晓晨：《祁连山国家公园制度建设的探讨》，《现代商贸工业》2020 年第 23 期；汪有奎、郭生祥、王零、王善举、马世贵、袁虹：《祁连山国家级自然保护区生态治理进展及国家公园建设对策》，《林业科技通讯》2020 年第 6 期。

连山地区，温度、降水与海拔是影响草原分布与生产力、生物多样性的关键因素。① 祁连山地区海拔自东南向西北逐渐增高，年均降水量呈现东高西低的趋势，年平均温度则东南、西北较高而中部较低。因此，祁连山草原的分布区域，东段南侧多雨、热量相对较多，东侧北段多雨、热量中等，中段南侧多雨、热量较少，中段北侧多雨、热量中等，西段南侧少雨、热量中等，西段北侧少雨、热量丰富。

2. 祁连山国家公园草地分布格局

祁连山国家公园可用于放牧的草原面积约为 2.96 万 km²（见表 1），其中草原与灌丛面积为 2.84 万 km²，林缘和林下草原面积为 1263.7km²。祁连山东段南侧、东段北侧、中段南侧、中段北侧、西段南侧、西段北侧草原面积分别为 2030.7km²、4706.1km²、5673.4km²、5909.1km²、6000.4km² 和 5310.2km²。

祁连山东段南侧主要分布了 6 种草原类型：寒冷潮湿多雨冻原、高山草甸类面积为 571.6km²，寒温潮湿寒温性针叶林类 660.4km²，寒温湿润山地草甸类 381km²，微温微润草甸草原类 222.3km²，微温湿润森林草原、落叶阔叶林类面积为 100.1km²，微温微干温带典型草原类 95.3km²。

祁连山东段北侧主要分布 5 种草原类型：寒冷潮湿多雨冻原、高山草甸类 3373.7km²，寒温潮湿寒温性针叶林类 294.4km²，寒温湿润山地草甸类 519.0km²，微温微干温带典型草原类 311.4km²，微温微润草甸草原类 207.6km²。

祁连山中段南侧主要分布了 5 种草原类型：寒冷潮湿多雨冻原、高山草甸类 4567.2km²，寒温潮湿寒温性针叶林类 110.7km²，寒温湿润山地草甸类 409.9km²，寒温微干山地草原类 527.0km²，寒温微润山地草甸草原类 58.6km²。

祁连山中段北侧主要分布了 5 种草原类型：寒冷潮湿多雨冻原、高山草甸类 5493.7km²，寒温微干山地草原类 191.1km²，寒温湿润山地草甸类 125.4km²，寒温潮湿寒温性针叶林类 45.2km²，微温微干温带典型草原类 53.7km²。

① 何美悦等：《祁连山草原地上生物量和物种丰富度的空间格局》，《草业科学》2020 年第 10 期。

表1 祁连山国家公园草原分布

单位：km^2

分区	草原类型	草原面积
祁连山东段南侧	寒冷潮湿多雨冻原、高山草甸类	571.6
	寒温潮湿寒温性针叶林类	660.4
	寒温湿润山地草甸类	381.0
	微温微润草甸草原类	222.3
	微温湿润森林草原、落叶阔叶林类	100.1
	微温微干温带典型草原类	95.3
祁连山东段北侧	寒冷潮湿多雨冻原、高山草甸类	3373.7
	寒温潮湿寒温性针叶林类	294.4
	寒温湿润山地草甸类	519.0
	微温微干温带典型草原类	311.4
	微温微润草甸草原类	207.6
祁连山中段南侧	寒冷潮湿多雨冻原、高山草甸类	4567.2
	寒温潮湿寒温性针叶林类	110.7
	寒温湿润山地草甸类	409.9
	寒温微干山地草原类	527.0
	寒温微润山地草甸草原类	58.6
祁连山中段北侧	寒冷潮湿多雨冻原、高山草甸类	5493.7
	寒温微干山地草原类	191.1
	寒温湿润山地草甸类	125.4
	寒温潮湿寒温性针叶林类	45.2
	微温微干温带典型草原类	53.7
祁连山西段南侧	寒冷潮湿多雨冻原、高山草甸	3294.1
	寒冷湿润冻原、高山草甸类	359.4
	寒冷微润少雨冻原、高山草甸草原类	479.2
	寒冷微干干燥冻原、高山草原类	658.8
	暖热湿润常绿—落叶阔叶林类	52.9
	寒温干旱山地半荒漠类	1078.1
	寒温微干山地草原类	77.9
祁连山西段北侧	寒冷潮湿多雨冻原、高山草甸	2655.1
	寒冷湿润冻原、高山草甸类	318.6
	寒冷微润少雨冻原、高山草甸草原类	345.2
	寒温微干山地草原类	419.5
	寒温干旱山地半荒漠类	589.4
	寒温微润山地草甸草原类	106.2
	微温干旱温带半荒漠类	876.2
总计	—	29629.9

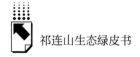

祁连山西段南侧主要分布 7 种草原类型：寒冷潮湿多雨冻原、高山草甸 3294.1km²，寒冷湿润冻原、高山草甸类 359.4km²，寒冷微润少雨冻原、高山草甸草原类 479.2km²，寒冷微干干燥冻原、高山草原类 658.8km²，暖热湿润常绿—落叶阔叶林类 52.9km²，寒温干旱山地半荒漠类 1078.1km²，寒温微干山地草原类 77.9km²。

祁连山西段北侧主要分布 7 种草原类型：寒冷潮湿多雨冻原、高山草甸 2655.1km²，寒冷湿润冻原、高山草甸类 318.6km²，寒冷微润少雨冻原、高山草甸草原类 345.2km²，寒温微干山地草原类 419.5km²，寒温干旱山地半荒漠类 589.4km²，寒温微润山地草甸草原类 106.2km²，微温干旱温带半荒漠类 876.2km²。

二 祁连山国家公园草地利用面临的问题

（一）祁连山国家公园草地退化现状

祁连山草原面积占区域总面积的 77.4% 左右，加上灌丛，占比超过 88.0%。近几十年来祁连山的草原面积呈递增趋势，相比 1992 年，2015 年的草原面积增加了约 3.3%。根据草原产草量的变化，年际变化小于 10kg/km² 的稳定区面积占总面积的 89.8%，轻度变化区年际变化在 10kg/km² ~50kg/km²，其中恢复区占 7.28%，退化区占 2.94%（见图 1）；监测点草原生物多样性与产草量 20 年间变化不显著，但是沿祁连山南坡零星散布一些区域，草原 NDVI 呈下降趋势。可见，祁连山草原总体稳定，局部恶化的趋势得到遏制，但尚未根本扭转，在气候条件对草原有利的情况下生态恢复仍然面临较大压力。

2000~2012 年，祁连山植被指数 NDVI 整体上呈增加趋势，春季植被改善最明显，夏季植被增加的面积最多，达到 91669km²，占总面积的 48.7%，春季次之，秋季植被的变化面积不大，冬季植被减少的面积最多。[1] 2000~

---

① 武正丽、贾文雄、赵珍等：《2000~2012 年祁连山植被覆盖变化及其与气候因子的相关性》，《干旱区地理》2015 年第 6 期。

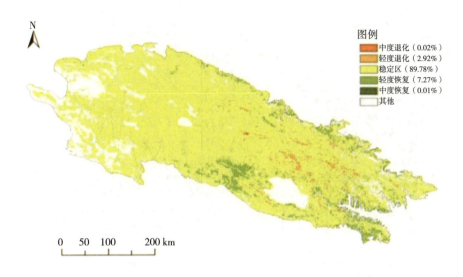

图例
中度退化（0.02%）
轻度退化（2.92%）
稳定区（89.78%）
轻度恢复（7.27%）
中度恢复（0.01%）
其他

0　50　100　　200 km

图1　祁连山草地退化状况

2010年，祁连山NDVI增加了2.4%，植被改善、无变化和退化的面积分别占总面积的26.32%、66.42%和7.26%。其中，荒漠、荒漠草原、高寒草甸NDVI呈快速增加趋势，高寒草原、高山灌丛和高寒草甸NDVI亦呈增加趋势，[①] 植被指数NDVI以荒漠草原的增加速率最大，其次是高寒草原（见图2）。[②] 1982～2014年，祁连山植被指数NDVI增加的面积比减少的面积大，集中在中西部和高海拔地区，植被指数NDVI降低的区域集中在东部的河谷和前山地带。[③] 生长季最大NDVI改善区域占总面积的40.04%，退化区域占3.95%；春季退化区域面积最大，占5.54%；夏季改善区域面积最大，占41.93%；秋季改善区域次于夏季。[④]

① 徐浩杰、杨太保、曾彪：《2000～2010年祁连山植被MODIS NDVI的时空变化及影响因素》，《干旱区资源与环境》2012年第26期。

② 宋伟宏、王莉娜、张金龙：《甘肃祁连山自然保护区草地时空变化及其对气候的响应》，《草业科学》2019年第36期。

③ 贾文雄、陈京华：《1982～2014年祁连山植被生长季NDVI变化及其对气候的响应》，《水土保持研究》2018年第2期。

④ 邱丽莎、张立峰、何毅等：《2000—2017年祁连山植被动态变化遥感监测》，《遥感信息》2019年第4期。

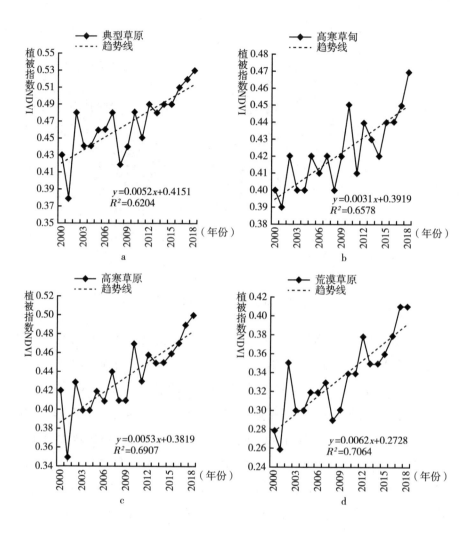

图 2　2000～2018 年祁连山自然保护区不同草原类型 NDVI 的变化趋势

2000～2015 年，祁连山灌丛和高寒稀疏草甸面积呈先增后减趋势，山地森林草原和高寒草甸面积都呈增加趋势，荒漠草原和山地草原面积变化趋势相似（见图 3）。[①]

① 蒋友严、杜文涛、黄进等：《2000～2015 年祁连山植被变化分析》，《冰川冻土》2017 年第 5 期。

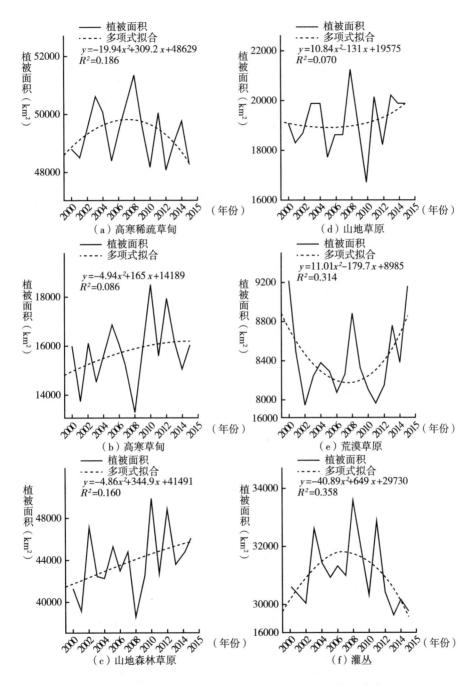

图3　2000～2015年祁连山不同植被区域面积的年际变化

（二）祁连山草原需要合理放牧

1. 合理放牧促进草原健康

物质能量的循环是草原生态系统健康和可持续利用的基础。其中家畜是草原生态系统中营养循环链的重要节点，物质能量流动失调导致草原元素衰竭，是草原退化的直接原因。[1] 草原放牧使绝大多数物质留存于牧草，只有少部分被家畜同化为畜产品。此外，牧草刈割利用会中断家畜向草地的元素返还，导致草地元素向外流失。[2] 从生态系统物质平衡的角度来看，合理放牧是草原健康和可持续利用的重要方式。

家畜在草原上游走能够均匀地将排泄物施于草原，每年草原上最多会有20%的面积被家畜的尿覆盖，有5%的面积被粪覆盖。[3] 一般家畜采食牧草，75%～95%的氮元素随粪便返还草地。家畜返还的尿对草地的作用是即时的，一般会持续数月；家畜的粪对草原的效应要半年后才能逐渐发挥功效。适度放牧增加草原一年生物种和多年生物种，一年生物种更明显。[4]

2. 放牧是草原最经济的利用方式

放牧在机械、畜圈、道路、人力、能源、运输等方面投入较低，是利用草原较为经济的方式。[5] 草原放牧利用产草量和能量转化效率较低，但其投入更低，因此具有更高的生态可持续性。[6]

3. 放牧生产优质畜产品

放牧家畜体质强壮，兽药用量极少，可产出营养、安全、保健的畜产

① 侯扶江、杨中艺：《放牧对草地的作用》，《生态学报》2006年第1期。

② JADCZUK E. , Transport of Mineral Elements from Grassed Alleyways to Herbicide Strips as a Result of Grass Mowing, http：//International Symposium on Diagnosis of Nutritional Status of Deciduous Fruit Orchards 274. 1989：201 – 206.

③ 任继周：《农业结构必须适应食物结构的转型》，《科技导报》2014年第3期。

④ MCINTYRE S. , HEARD K. M. , MARTIN T. G. , "The Relative Importance of Cattle Grazing in Subtropical Grasslands：Does it Reduce or Enhance Plant Biodiversity", *Journal of Applied Ecology*, 2003, 40（3）：445 – 457.

⑤ REIJS J. W. , DAATSELAAR C. H. G. , HELMING J. F. M. , "Grazing Dairy Cows in Northwest Europe", *LEI Report*, 2013, 1.

⑥ BAKER M. J. , *Grasslands for our World*, 1993.

品。牛奶中所含的共轭亚油酸、异油酸和瘤胃酸具有提高人体抗肿瘤、抑制脂肪沉积等保健作用，不同家畜管理方式下，奶牛所产牛奶中上述三种物质含量放牧＞放牧＋舍饲＞舍饲。[①] 通过对牛肉中不饱和脂肪酸和脂溶性维生素的含量检测发现，放牧牛中的含量显著高于饲喂谷物的牛。[②]

4. 对绿洲农业的作用

祁连山发育的河流孕育了周边一系列绿洲，草业系统类型以作物—家畜综合生产系统为主。其中，放牧能够保持土壤水分、抑制毒害草、促进作物分蘖、控制病虫害、削弱他感抑制效应等，是作物稳产、增产、增效的关键。祁连山草原放牧系统优化后，可与绿洲作物—家畜综合系统进一步发生系统耦合，提升祁连山及其周边区域生态系统的稳定性。

5. 对森林的作用

家畜生产是农林牧系统或林牧系统早期收益的主要来源，在林地放牧不仅可以改善养分循环、提高土壤含水量，还会降低林草之间的养分竞争，促进树木的生长。[③] 放牧会显著降低森林中矮灌木和地衣的生物量，并显著增加地衣、树、灌木的含碳量。

6. 对文化传承的作用

草原是草原文化的自然立地条件，放牧是草原文化衍发的基本途径，它驱动草原文化与农耕文化和工业文化的碰撞，推动人类文明的崛起，在人类历史上形成一座又一座的文化高峰。历史上，祁连山及其周边地区是各种人类文明融合发展的"反应灶"，是华夏文明起源、发展和传播的"枢纽"，而放牧为其提供了关键"动力"。

---

① 塔娜、桂荣、魏日华等：《放牧对家畜及畜产品的影响》，《畜牧与饲料科学》2009 年第 2 期。

② DUCKETT S. K., NEEL J. P. S., LEWIS R. M., "Effects of Forage Species or Concentrate Finishing on Animal Performance, Carcass and Meat Quality", *Journal of Animal Science*, 2013, 91 (3): 1454 – 1467.

③ 童碧泉、吴克谦：《林、草、畜生态系统生物生产力及其相互关系》，《家畜生态学报》1993 年第 3 期。

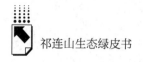

（三）祁连山草原文化的传承

1. 祁连山少数民族游牧文化的历史

草原文化的本质是"道法自然，日新又新"，强调了人、自然和社会的辩证统一。古代草业生产"逐水草而居"，就是遵循自然规律，按生态系统的食物链开展生产活动。① 失去祁连山草原安全屏障，就会令人民"无颜色"、民族"不蕃息"。

2. 祁连山草原文化的创新发展

祁连山地区依托草业生产，打造了草原文化新业态，这是华夏文明在祁连山地区的时代内涵。具体表现为：以草原文化的创意打造祁连山文化旅游品牌，草原文化与旅游、休闲、康养产业链要素融为一体，在草原建立休闲、度假、商务、会展、娱乐、购物等牧区产业振兴综合体，加强政府生态调控和管理人才的培养。②

祁连山草原文化自古就融入中华民族多元一体格局，增加了华夏文明多样性。新时代，对祁连山区草原文化进一步提炼和传承，可为祁连山农牧区乡村振兴和生态文明建设提供精神支撑，放牧是其中承重的骨架。

三　祁连山国家公园草原管理的对策建议

（一）进行草原生态功能评价

草地生态系统是其土壤子系统、植被子系统、动物子系统与人居子系统通过系统耦合形成的草地农业生态系统，该系统的结构与功能具有可持续性。在新时代的视角下，祁连山草原健康是动植物的数量及质量保持长期稳

---

① 南文渊：《藏族传统文化与青藏高原环境保护和社会发展》，国藏学出版社，2008，第20～30页。

② 张政：《内蒙古呼和浩特市文化旅游开发研究》，《赤峰学院学报》（哲学社会科学版）2015年第11期。

定或有所提升的基础，是人类生态经济活动调控下土壤—植被—家畜三个子系统发生系统耦合同时克服系统相悖的必然结果。[①]

根据祁连山国家公园草原类型，有针对性地建立 CVOR 指数健康评价方法，其中关键是确定草原健康的参照系和基况评价指标。

1. 荒漠化草原

（1）选定参照区域

任何一个已知健康的生态系统都可以作为参照系。一般生态系统评价把完全健康的生态系统作为对照。

（2）CVOR 指数的测算模型和方法

基况（C）评价用以下模型：

$$C = \frac{SOC_X}{SOC_{CK}}$$

SOC_X 为评价对象 X 的有机碳密度，SOC_{CK} 是某一特定气候（降水）区域的正常有机碳含量，作为对照。

草原土壤有机碳既体现了草原的发生与发展，一定程度上又展示了草原的发展趋势。草原土壤有机碳密度与气候、植被和土壤其他指标有简单而密切的定量关系（见表2），可以相互校正，在草原退化或者健康梯度上具有稳定的变化趋势，一定程度上 SOC 可以指示其他参数的动态。因此，将 SOC 作为草原基况的重要指标。

表2　土壤有机碳密度与气候、植被和土壤其他理化性质的相关系数

项目	土层		
	0~20cm	20~40cm	40~60cm
年降水量	0.954	0.885	0.882
年均温	-0.97	-0.917	-0.882
植被盖度	0.994	0.961	0.814
地上生物量	0.943	0.992	0.843

---

① 侯扶江、李广、常生华：《放牧草地健康管理的生理指标》，《应用生态学报》2002 年第 8 期。

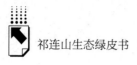

续表

项目	土层		
	0~20cm	20~40cm	40~60cm
土壤含水量	0.963	0.807	0.714
<0.05mm 黏粒含量	0.898	0.847	0.919
土壤容重	−0.85	—	—
土壤 pH	−0.896	—	—
土壤全氮	0.993	—	—
土壤全磷	0.944	—	—
土壤速效氮	0.699	—	—
土壤速效磷	0.929	—	—

资料来源：侯扶江、于应文、傅华、朱宗元、刘钟龄：《阿拉善草地健康评价的 CVOR 指数》，《草业学报》2004 年第 4 期。

活力（V）评价模型为：

$$V = \frac{AGB_X}{AGB_{CK}}$$

AGB_X 是评价对象 X 的地上生物量，AGB_{CK} 是草原的气候生产力，主要根据水热因子确定。

组织力（O）评价生产力的种间分布格局，即多少种类（%）占有多少生物量（%）。

恢复力（R）模型为：

$$R = \frac{S_X}{S_{CK}}$$

$$S_X = \frac{\sum_{i=1}^{N} (L_i \times I_i) \times V}{P}$$

L_i 为物种 i 的寿命，I_i 为物种 i 的相对生物量，P 是物种数，$\dfrac{\sum_{I=1}^{N} (L_i \times I_i) \times V}{P}$ 体现了群落结构的恢复能力。对于健康草地，$S_{CK} = 400$。

草原植被健康评价的综合指数（VOR）为：

$$VOR = W_V \times V + W_O \times O + W_R \times R$$
$$W_V + W_O + W_R = 1$$

W_V、W_O、W_R是权重系数，反映各单项因素的重要性。对于草原利用与管理背景清晰的，取值$W_V = W_O = W_R = \dfrac{1}{3}$。

生态系统健康评价的综合指数（COVR）：

$$CVOR = VOR \times C$$

如果 C、V、O、$R \geqslant 1$，则取 C、V、O、R 等于1。即超健康状态属于健康。生态系统各单项指标和综合指标取值 $[0, 1]$。

$CVOR = [0.75, 1]$，草原健康。$CVOR = (0.5, 0.75]$，草原健康处于警戒水平。$CVOR = (0.25, 0.5]$，草原不健康。若 $CVOR < 0.25$，生态系统濒临崩溃，直至 $CVOR = 0$，该类草原演替到另一个类型。

表3　草地生态系统健康指数及健康等级

CVOR 健康指数	健康等级	CVOR 健康指数	健康等级
0.75 ~ 1.00	健康	0.25 ~ 0.50	不健康
0.50 ~ 0.75	警戒	0.00 ~ 0.25	崩溃

2. 高寒典型草原

（1）选定参照区域

将参照系统确定为利用程度很低的区域，如由于长期围封，植被生长状况较好，草原退化的指示物种很少，土壤整体状况较好的区域。

（2）CVOR 模型

基况（C），SOC 密度。

活力（V），地上生物量。

组织力（O），用生物多样性、物种分布频率、相对生物量、相对高度和群落稳定性等计算。

恢复力指数（R），可用多样性指数、R 测度法、可代表恢复程度物种

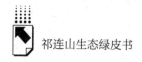

和表示退化程度物种的数量和地上生物量、*NPP* 和植被覆盖度等表征。

指标权重用熵值法来确定。

3. 高寒灌丛

参照系统为研究区域或其附近的利用程度很低的高寒灌丛。

基况（*C*），*SOC*，分为灌丛下和灌丛间 *SOC*。

活力（*V*），地上生物量，分为灌丛、灌丛间植被生物量。

组织力（*O*），物种多样性，分灌丛和灌丛间物种多样性。

恢复力（*R*），以植被覆盖度和灌丛盖度来衡量。

指标权重以熵值法确定。

4. 管理建议

CVOR 综合指数，体现出草原健康主要取决于草地管理水平，能够准确定量草地健康随管理方式的变化水平，可以比较祁连山国家公园各类型草原的健康状况，评价指数具有较大的适用范围。各类草原结构与功能各异，如果管理水平接近，也具有相似的健康状态。

CVOR 可确定祁连山草原适合的放牧强度，建立适宜的水平或垂直放牧系统。在牧场尺度上，无人机可快速、准确地观测草原生物量、盖度和家畜放牧行为等，NDVI 也与 CVOR 相关联，可提高草原健康评价效率。

（二）科学制订祁连山草原适度放牧的方案

划定祁连山国家公园草原生态保护红线，科学制订适度的放牧方案。

根据国家相关法律、法规和文件界定草原生态保护红线，根据草原承载力及其动态设定载畜量上限，运用草原监测数据制订草畜动态调整方案。禁牧区在禁牧时限内严格实施禁牧或季节性禁牧，同时强化防火、放牧利用等管理。建立和发展祁连山草原垂直游牧系统（见图4），以更好地保护性利用草原。

祁连山国家公园西部草原承载力小于 50 羊单位/km²，中部和中东部承载力在 50 ~ 150 羊单位/km²；东部和青海湖周围承载力大于 100 羊单位/km²。

为了维持祁连山国家公园草原生态功能的完整性，载畜量标准控制在

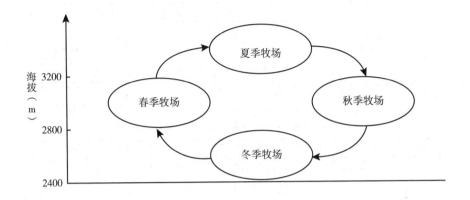

图4 祁连山垂直游牧系统

0.85 羊单位/吨干草，高寒草原载畜量约 0.8 羊单位/公顷，既维持家畜适宜生产水平、草原较高生产力和物种多样性，同时将草原鼠虫病和毒害草控制在危害阈值以下。祁连山 74.1% 的区域载畜量标准低于 0.5 羊/公顷，10.5% 的区域载畜量标准高于 1.5 羊/公顷。

（三）制定祁连山国家公园草原管理的长期规划

1. 构建保护与利用科学协调的生态安全格局[①]

针对祁连山国家公园生态保护修复提出长期策略与建议。主要以构建科学合理的生态安全格局、维护区域生态系统稳定为核心，全面制定祁连山国家公园长期生态保护与修复策略及建议（见图5），提出修复红线（生态保护红线、资源利用红线和环境承载阈值红线）和修复机制（水源涵养服务，生态廊道修复和生态补偿机制），以提升祁连山国家公园水源涵养服务功能，提高生物多样性保护能力以及生态环境监管能力。在祁连山国家公园生态修复稳定提升后，逐渐引导祁连山生态系统向自我恢复角度转变，提高祁连山自我恢复能力，筑牢祁连山生态安全屏障，从而实现西北地区和青藏高

---

① 马蓉蓉等：《祁连山山水林田湖草生态保护与修复的探索与实践》，《生态学报》2019 年第 23 期。

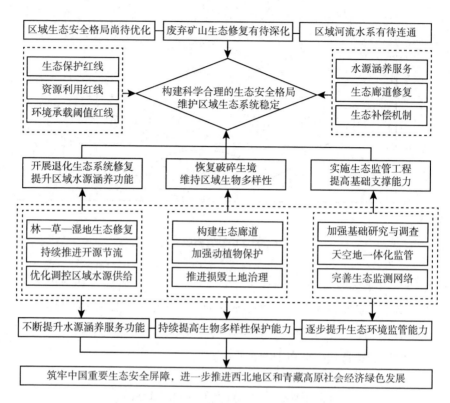

图5　祁连山国家公园草原生态修复策略与建议

原自然生态系统与社会经济系统相互协调、共同发展。

2. 祁连山国家公园草原生态系统保护建议

第一，强化草原管理。加强草原保护与加快退化草原恢复是保护区草原生态建设的当务之急。[①] 科学制定草原载畜量标准是实现祁连山国家公园草原生态恢复的重要基础。因此，要合理调整和优化畜种畜群结构，根据草原功能转变，划定祁连山草原生态红、黄、绿线区。红线区主要是祁连山国家公园的核心区，应严格管控，退化草原以近自然修复为主；生态黄线区是祁连山国家公园的缓冲区，以保护性利用为主，生态修复适度兼顾多功能性；

---

① 范可心、郭生祥、袁弘：《甘肃祁连山自然保护区草地资源调查与保护研究》，《甘肃林业科技》2015年第3期。

生态绿线主要是祁连山周边地区，对祁连山生态保护起支撑作用，保护优先，开展生态产业（见图6）。①

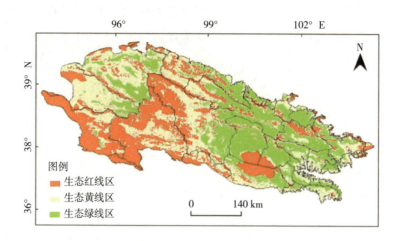

图6　祁连山国家公园生态红线、黄线、绿线分区

　　第二，加强草原生态修复技术应用。根据祁连山草原健康水平，通过促进环境—草原—家畜—人居的系统耦合，有针对性地开展草原生态修复。轻度退化草原以保护性放牧利用为主，中度退化草原以生育期休牧与综合培育措施并重为主，重度退化区域实行一定年限的封育，结合综合培育措施。同时，建立并应用祁连山国家公园草原病虫鼠害综合防控技术体系，包括监测预警。

　　第三，提高祁连山草原生态补偿标准。祁连山国家公园在国家实施各项重大草原生态工程以来，尤其是实施草原生态补奖机制以来，草原生态明显改善。在目前补偿标准较低，脱贫攻坚目标基本达成，乡村振兴方兴未艾的形势下，适时、适度地提高草原生态补偿标准，可以更加广泛地调动全民保护、修复祁连山草原生态的积极性。同时，动员全社会力量设立祁连山国家公园草原生态保护专项基金，支持相关科研、示范、推广、科普。②

---

①　李永格等：《基于生态红线划定的祁连山生态保护性开发研究》，《生态学报》2019 年第 7 期等。

②　王涛等：《祁连山生态保护与修复的现状问题与建议》，《冰川冻土》2017 年第 2 期。

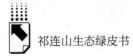
祁连山生态绿皮书

　　第四，加强草原管理队伍，完善配套措施。整合现有各类祁连山国家公园草原管理的法律、行政、科研、科技推广等力量，注重队伍一体化建设，补充、完善队伍，定期培训成员，提高业务水平。同时，完善祁连山国家公园草原管理的配套措施，主要是社会保障体系和科普教育体系。[①]

---

　　① 孙宁、彭小红、张茜雯：《山水林田湖修复项目组织实施模式——以青海祁连山生态修复为例》，《环境保护科学》2020 年第 4 期。

　　① 孙宁、彭小红、张茜雯：《山水林田湖修复项目组织实施模式——以青海祁连山生态修复为例》，《环境保护科学》2020 年第 4 期。

种子的扩散和更新能力对祁连山草地植物群落结构及物种多样性的影响*

彭泽晨　胡安**

摘　要： 本报告通过模型推导和计算机模拟相结合的方法，对种子的扩散能力、植物繁殖能力、自我更新能力和竞争能力之间的关系进行了研究。结果表明，植物群落结构和物种多样性不仅受到种子扩散能力的影响，还对其自我更新能力和种子数量比较敏感。因此提出了对祁连山未退化草地应适当放牧，以利于植物群落的动态平衡；对退化和有退化趋势的草地，应采取夏、秋封育，冬、春自由放牧的策略。

关键词： 种子扩散　群落结构　物种多样性　祁连山

在天然草地上，各种植物产生的种子，除部分被动物采食以外，其他都会扩散到距离母株或近或远的土壤中，这就是种子的空间扩散。而在植物群落的演替过程中，地上植被的种子雨或来自群落外种子的扩散，是形成和维持植物群落多样性的主要原因之一。① 对于局域群落而言，新物种进入会增

---

* 本报告受兰州大学中央高校基本科研业务费专项（lzujbky-2018-k15）资金资助。

** 彭泽晨，兰州大学草地农业科技学院讲师，研究领域为理论生态学和草畜互作；胡安，兰州大学草地农业科技学院研究生。

① Wandrag E. M., Dunham A. E., Duncan R. P., et al. Seed Dispersal Increases Local Species Richness and Reduces Spatial Turnover of Tropical Tree Seedlings. Proceedings of the National Academy of Sciences of the United States of America, 2017：201709584.

加群落植物的多样性，因此植物种子的扩散能力是影响局域群落多样性的首要因素。[①] 当然，集合群落中生境斑块化的加剧会限制局域群落之间种子的相互扩散。[②] 虽然物种间种子的扩散能力差异显著，但是随着生境的减少，越来越多的植物种子不能成功扩散，这会导致群落中一部分种群的灭绝，物种多样性减少。[③]

集合群落理论强调，局域群落物种多样性的维持，需要来自区域群落中物种种子的扩散。[④] 试验发现，如果限制种子扩散，会导致群落植物多样性的降低。[⑤] 在斯德哥尔摩群岛斑块化的草原上进行的试验展示了种子有效的空间扩散是如何维持群落多样性的。因此，在天然草地上，对于严重退化的草地来说，由于局域群落内优良牧草的物种消失，自然繁殖更新能力极低，单靠群落内已有物种难以恢复到初始状态，因此，来自区域群落扩散的种子对于群落多样性的恢复和维持尤为重要。

长期以来，国内外学者在种子的空间扩散对植物群落形成和多样性维持方面进行了详尽的研究，主要集中在种子的空间扩散能力存在的差异[⑥]及其对局域群落物种多样性的影响，但是，无论是物种的扩散能力，还是种子扩散过

① Myers J. A., Harms K. E., "Seed Arrival, Ecological filters, and Plant Species Richness: a Meta-analysis", *Ecology Letters*, 2009, 12 (11): 1250.

② Emer C., Galetti M., Pizo M. A., et al., "Seed-dispersal Interactions in Fragmented Landscapes a Metanetwork Approach", *Ecology Letters*, 2018.

③ Halley J. M., Monokrousos N., Mazaris A. D., et al., "Dynamics of Extinction Debt across Five Taxonomic Groups", *Nature Communications*, 2016, 7: 12283.

④ Coulson S. J., Bullock J. M., Stevenson M. J., et al., "Colonization of Grassland by Sown Species: Dispersal Versus Microsite Limitation in Responses to Management", *Journal of Applied Ecology*, 2001, 38 (1): 204–216; Cadotte M. W., "Dispersal and Species Diversity: A Meta-Analysis", *American Naturalist*, 2006, 167 (6): 913–924; 艾者协措：《生态位分化、扩散和集合群落空间构型对于群落可重复性、物种稀有性和物种配置的影响》，兰州大学博士学位论文，2013。

⑤ Vandvik V., Goldberg D., "Sources of Diversity in a Grassland Metacommunity: Quantifying the Contribution of Dispersal to Species Richness", *American Naturalist*, 2006, 168 (2): 157.

⑥ 李奇：《青藏高原东缘植物群落构建机制研究》，兰州大学博士学位论文，2011。

程和结果，都很难追踪和量化。① 基于此，本报告利用公式推导和计算机模拟的方法研究物种扩散能力、自我更新能力和竞争能力之间的关系，继而探索对群落多样性维持的影响，可为植物群落多样性维持和退化草地恢复提供理论支持。

一　理论分析——以两个物种共存模型为例

假设一个群落中只有两个物种存在，且每个物种都遵守严格的出生—死亡权衡的规则，即群落中所有的物种都有相同的出生率/死亡率（Fb_i/d_i），在这里 b_i 和 d_i 分别是物种 i 的出生率和死亡率，随机取值于 0~1；F 是固定参数，Fb_i 表示物种 i 一个个体的繁殖体数量即种子数。为了推导的简便性，又不失一般性，本报告将 b_i/d_i 设置为 1，即群落中所有物种的出生率和死亡率相等。为了从理论上和模拟上进行研究，这里将群落的空间进行网格化处理（见图1），扩散方式选择两种——近邻扩散（目标个体周围的8个斑块）和全局扩散（整个群落）。

（一）近邻扩散

1. 近邻扩散—自我更新

自我更新即某个斑块上个体的种子允许扩散到此斑块本身，具体推导过程如下。

在两物种的群落中，将物种 1 设为目标物种，目标物种增加一个个体的概率：

$$P_{j,j+1} = \left[\frac{(N-j)d_2}{d_1 j + (N-j)d_2}\right]\left[\frac{8Fb_1 j/(N-1)(1/9)}{8Fb_1 j/(N-1)(1/9) + 8Fb_2(N-1-j)/(N-1)(1/9) + Fb_2(1/9)}\right]$$

① Vandvik V., Goldberg D., "Sources of Diversity in a Grassland Metacommunity: Quantifying the Contribution of Dispersal to Species Richness", *American Naturalist*, 2006, 168 (2): 157; Saatkamp A., Affre L., Dutoit T., et al., "The Seed Bank Longevity Index Revisited: Limited Reliability Evident from a Burial Experiment and Database Analyses", *Annals of Botany*, 2009, 104 (4): 715.

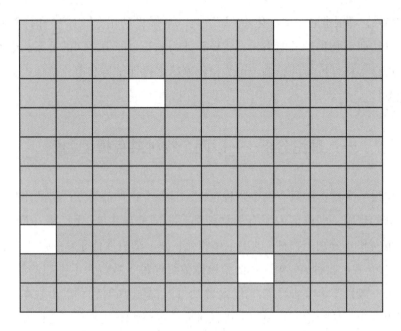

图1　群落空间网格化示意

注：灰色网格表示斑块中有物种存在，白色网格表示此斑块为空斑。

$$= \left[\frac{(N-j)d_2}{d_1j + (N-j)d_2}\right]\left[\frac{8b_1j/(N-1)}{8b_1j/(N-1) + 8b_2(N-1-j)/(N-1) + b_2}\right]$$

N 是群落的大小，j 是物种1的当前多度，$(N-j)$ 是物种2的当前多度，$(N-j)d_2$ 为物种2的死亡个体数，$d_1j + (N-j)d_2$ 为群落总死亡个体数，$\left[\frac{(N-j)d_2}{d_1j + (N-j)d_2}\right]$ 表示物种2有一个个体死亡的概率；$8Fb_1j/(N-1)(1/9)$ 为物种1的种子出现在物种2一个个体死亡留下空斑中的平均数量，$8Fb_1j/(N-1)(1/9) + 8Fb_2(N-1-j)/(N-1)(1/9) + Fb_2(1/9)$ 为此空斑上所有种子的数量，$\left[\frac{8Fb_1j/(N-1)(1/9)}{8Fb_1j/(N-1)(1/9) + 8Fb_2(N-1-j)/(N-1)(1/9) + Fb_2(1/9)}\right]$ 表示物种1占领此空斑的概率。

同理，目标物种减少一个个体的概率为：

$$P_{j,j-1} = \left[\frac{d_1j}{d_1j + (N-j)d_2}\right]\left[\frac{8Fb_2(N-j)/(N-1)(1/9)}{8Fb_1(j-1)/(N-1)(1/9) + 8Fb_2(N-j)/(N-1)(1/9) + Fb_1(1/9)}\right]$$

$$= \Big[\frac{d_1 j}{d_1 j + (N-j)d_2} \Big] \Big[\frac{8b_2(N-j)/(N-1)}{8b_1(j-1)/(N-1) + 8b_2(N-j)/(N-1) + b_1} \Big] \Big[\frac{d_1 j}{d_1 j + (N-j)d_2} \Big],$$ 表示物种 1 有一个个体死亡的概率；

$$\Big[\frac{8Fb_2(N-j)/(N-1)(1/9)}{8Fb_1(j-1)/(N-1)(1/9) + 8Fb_2(N-j)/(N-1)(1/9) + Fb_1(1/9)} \Big]$$ 表示物种 2 占领此空斑的概率。

由于 $b_1 = d_1$，$b_2 = d_2$，因此：

$$\frac{P_{j,j+1}}{P_{j,j-1}} = \frac{8b_1(j-1)/(N-1) + 8b_2(N-j)/(N-1) + b_1}{8b_1 j/(N-1) + 8b_2(N-1-j)/(N-1) + b_2}$$

$$= \frac{8b_1(j-1) + 8b_2(N-j) + (N-1)b_1}{8b_1 j + 8b_2(N-1-j) + (N-1)b_2} \qquad \text{（公式 1）}$$

$$= \frac{b_1 j + b_2(N-j) + (1/8)(N-9)b_1}{b_1 j + b_2(N-j) + (1/8)(N-9)b_2}$$

在 $N > 9$ 的情况下，当 $b_1 > b_2$，就可以得到 $P_{j,j+1} > P_{j,j-1}$，此模型结果显示当物种的扩散能力有限，个体死亡后留下的种子可以进行自我更新时，即地面无枯落物或较少时，物种的竞争能力与其繁殖率成正比。

2. 近邻扩散—非自我更新

当地面枯落物较多，物种个体虽然死亡但枯落物影响其繁殖体对自身空斑的扩散，这样物种就不能进行自我更新，两个物种的模型推导如下：

两个物种的群落中，目标物种增加一个个体的概率：

$$P_{j,j+1} = \Big[\frac{(N-j)d_2}{d_1 j + (N-j)d_2} \Big] \Big[\frac{8Fb_1 j/(N-1)(1/8)}{8Fb_1 j/(N-1)(1/8) + 8Fb_2(N-1-j)/(N-1)(1/8)} \Big]$$

$$= \Big[\frac{(N-j)d_2}{d_1 j + (N-j)d_2} \Big] \Big[\frac{b_1 j}{b_1 j + b_2(N-1-j)} \Big]$$

目标物种减少一个个体的概率：

$$P_{j,j-1} = \Big[\frac{d_1 j}{d_1 j + (N-j)d_2} \Big] \Big[\frac{8Fb_2(N-j)/(N-1)(1/8)}{8Fb_1/(j-1)/(N-1)(1/8) + 8Fb_2(N-j)/(N-1)(1/8)} \Big]$$

$$= \Big[\frac{d_1 j}{d_1 j + (N-j)d_2} \Big] \Big[\frac{b_2(N-j)}{b_1(j-1) + b_2(N-j)} \Big]$$

由于 $b_1 = d_1$，$b_2 = d_2$，因此：

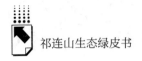

$$\frac{P_{j,j+1}}{P_{j,j-1}} = \frac{b_1(j-1) + b_2(N-j)}{b_1 j + b_2(N-1-j)}$$

$$= \frac{b_1 j + b_2(N-j) - b_1}{b_1 j + b_2(N-j) - b_2}$$

（公式2）

在 $N > 9$ 的情况下，只要 $b_1 < b_2$，就可以得到 $P_{j,j+1} > P_{j,j-1}$，此模型结果显示当物种的扩散能力有限，个体死亡后留下的种子不能进行自我更新时，即地面枯落物较多，物种的竞争能力与其繁殖率成反比。

（二）全局扩散

群落中的物种扩散能力有强有弱，除了考虑近邻扩散外，这里来考虑另外一种极端情况——全局扩散。

1. 全局扩散—自我更新

在有两个物种的群落中，目标物种增加一个个体的概率：

$$p_{j,j+1} = \left[\frac{(N-j)d_2}{d_1 j + (N-j)d_2}\right]\left[\frac{Fb_1 j/(N-1)}{Fb_1 j/(N-1) + Fb_2(N-j-1)/(N-1)}\right]$$

其中，$\left[\dfrac{(N-j)d_2}{d_1 j + (N-j)d_2}\right]$ 表示物种 2 死亡一个个体的概率，

$\left[\dfrac{Fb_1 j/(N-1)}{Fb_1 j/(N-1) + Fb_2(N-j-1)/(N-1)}\right]$ 表示物种 1 侵占空斑的概率。

目标物种减少一个个体的概率：

$$p_{j,j-1} = \left[\frac{d_1 j}{d_1 j + (N-j)d_2}\right]\left[\frac{Fb_2(N-j)/(N-1)}{Fb_1(j-1)/(N-1) + Fb_2(N-j)/(N-1)}\right]$$

整理得到：

$$\frac{p_{j,j+1}}{p_{j,j-1}} = \frac{b_1 j + b_2(N-j)}{b_1 j + b_2(N-j)} = 1$$

（公式3）

当所有物种的扩散能力很强，并且种子可以扩散到自身斑块的模型结果显示，物种的竞争能力不受其繁殖率能力的影响。

2. 全局扩散—非自我更新

在两个物种的群落中，目标物种增加一个个体的概率：

$$p_{j,j+1} = \left[\frac{(N-j)d_2}{d_1 j + (N-j)d_2} \right]\left[\frac{Fb_1 j/(N-1)}{Fb_1 j/(N-1) + Fb_2(N-j-1)/(N-1)} \right]$$

目标物种减少一个个体的概率：

$$p_{j,j-1} = \left[\frac{d_1 j}{d_1 j + (N-j)d_2} \right]\left[\frac{Fb_2(N-j)/(N-1)}{Fb_1(j-1)/(N-1) + Fb_2(N-j)/(N-1)} \right]$$

$$\frac{p_{j,j+1}}{p_{j,j-1}} = \frac{b_1 j + b_2(N-j) - b_1}{b_1 j + b_2(N-j) - b_2} \qquad (公式4)$$

种子不扩散到自身的全局扩散模型结果显示，物种的竞争能力与其繁殖率成反比。

通过两个物种共存模型的推导结果发现，物种的扩散能力和自我更新能力对其在群落中的竞争能力有直接影响。除了当物种的扩散能力极强并且能进行自我更新时，其繁殖率不影响其竞争能力。当物种的扩散能力较弱，如果可以进行自我更新，那么高繁殖率的物种在与同生态位的其他物种竞争时会占据优势，否则就会在竞争中处于劣势；当物种的扩散能力较强时，如果物种不能进行自我更新，低繁殖率物种反而具有竞争上的优势。

二　模型模拟结果

计算机模拟采用 Chesson 和 Warner 在 1981 年提出的彩票模型[①]（lottery model）来构建一个空间明晰的群落动态更替过程，以此来对群落中的动态竞争进行分析。在网格化的群落中，让右边界的网格和左边界的网格连接在一起，上边界和下边界连接在一起，以此来避免边界效应对结果的影响（见图2）。群落中每个个体的生命周期循环包括繁殖、种子扩散、个体死亡、更新，这个过程一直循环进行，直到群落达到随机平衡状态。在这里用计算机 Fortran 语言编程的方法，动态模拟这一过程（软件版本为 Intel Visual Fortran11）。

---

① Chesson, P. L., and R. R. Warner, "Environmental Variability Promotes Coexistence in Lottery Competitive Systems", *American Naturalist* 1981, 117: 923 - 943.

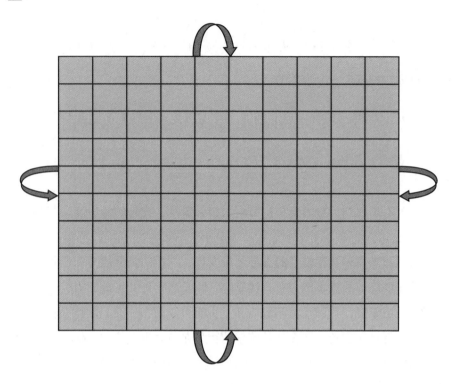

图 2　群落边界连接示意

注：边界的种子向外扩散直接扩散到另外一侧的斑块中。

　　每个世代的模拟循环过程从个体繁殖开始，每个植物个体的繁殖数服从均值为 Fb_i 的二项式分布 (F, b_i)，所有种子都有一个小概率 v 突变成一个新物种。个体的死亡紧随繁殖过程，每个个体都有 $d_i = b_i$ 的概率死亡，当代死亡的个体依然可以产生种子来竞争空斑，这里设置近邻扩散的方式和模型推导保持一致，一种是可以扩散到个体周围 8 个邻近斑块和自身斑块，另一种为仅可以扩散至周围 8 个邻近斑块。扩散和死亡过程之后是更新过程，对于个体死亡后留下来的空斑，空斑上某一扩散进来的种子可以成功存活，如果没有种子扩散进来，空斑则处于空的状态，各物种侵占空斑的概率为 $f_i / \sum_j f_j$，f_i 是空斑上物种 i 的多度。模拟分为两部分，具体如下。

　　第一种模拟为了对推导的结果进行评价，网格大小设置为 $J_m = 20 \times 20$，两个物种有相同的初始多度，死亡率随即从（0，1）中选择，循环过程如上所述，直至一个物种灭绝结束，进行1000次的模拟来评价目标种的灭绝概率。

在这里用R语言对模型推导结果进行可视化处理，并与计算机模拟的结果进行对比，如图3和图4所示。

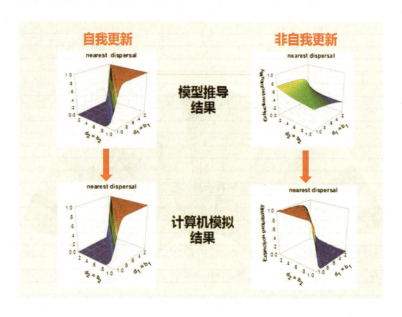

图3　两个物种近邻扩散模拟结果

注：x轴和y轴取值［0，1］，以0.05为间隔，纵轴为物种1在群落竞争中的灭绝概率。

通过对比图3中模型推导结果和模拟结果发现，如果物种可以进行自我更新，那么高繁殖率的物种就更可能在近邻扩散中占据优势，而且繁殖率的差距越大，高繁殖率的物种竞争排除低繁殖率物种的概率也就越高，这个结果与在模型推导和计算机模拟中得到的结果完全一致。当目标种1的繁殖率明显高于物种2时，经过多次模拟的结果表明目标种1在竞争中排除物种2的概率接近于1，也就是其死亡率接近于零；物种2因其高繁殖率在竞争中获得优势。

当物种不能进行自我更新时，计算机的模拟结果同样得到了和模型推导结果一致的趋势，即竞争能力和其繁殖率成反比。

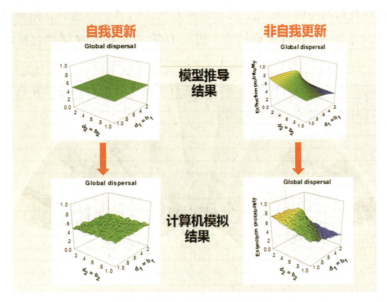

图 4　两物种全局扩散模拟结果

注：坐标同图 3。

图 4 的结果表明，繁殖率对全局扩散中能自我更新物种的竞争能力几乎没有影响，推导结果和模拟结果都显示不管物种 1 和物种 2 的繁殖率如何变化，目标种的死亡率都在 0.05 左右，同时验证了这一结果。如果物种不能进行自我更新，物种的竞争能力与其繁殖能力成反比，模型和模拟的结果同时说明了这一点。

为了更接近真实的群落，这里采用另一种模拟的方式，模拟多物种共存的群落动态，群落大小 $J_m = 128 \times 128$，群落初始状态根据 Hubbell 的算法[①]确定，种子突变成一个新物种后（突变率 v），设定它的死亡率是从 $(c, 1)$ 的正态分布中随机选取的，$c = 0.001$、0.01 和 0.1（其他的值不改变基本结果），每次模拟进行 100000 代，重复 20 次（100000 代足够群落达到一个动态平衡，20 次的重复模拟可以得到稳定的结果）。

---

① Hubbell SP, *The Unified Neutral Theory of Biodiversity and Biogeography*, Princeton, NJ: Princeton University Press. 2001.

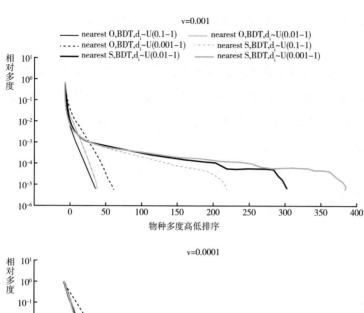

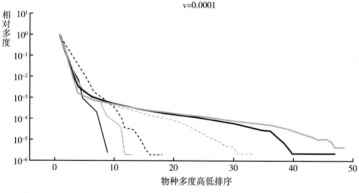

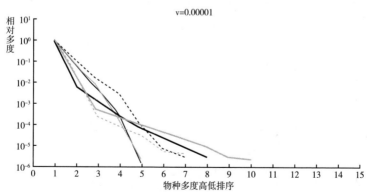

图 5　多物种近邻扩散结果

注：O 代表不能进行自我更新，S 代表可以自我更新。

图 5 的结果显示，在参数相同的情况下，突变率影响群落中物种多度，突变率越高，群落动态平衡时共存的物种也越多。当只有新物种的死亡率取值区间不同时，允许更低取值的群落中，存在的物种也会更多，相对较多的那一部分物种都是死亡率较低的，相比之下低死亡率的物种更不容易被其他物种竞争淘汰。同时通过物种能否可进行自我更新的结果对比发现，物种可以进行自我更新的群落中，可以共存的物种明显较多，而且群落中的优势物种的死亡率较高，不能进行自我更新的群落中优势物种的死亡率较低，这和两个物种的模型模拟结果一致。

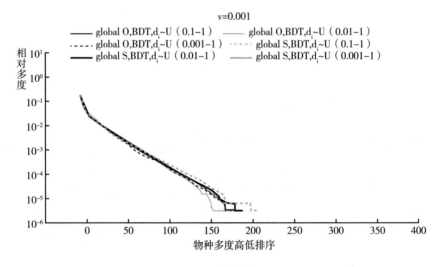

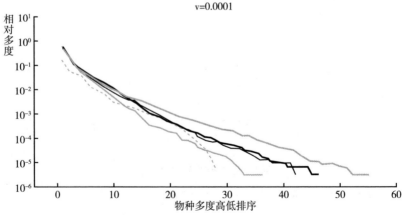

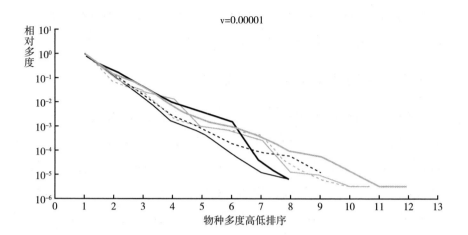

图6　多物种全局扩散结果

注：O 代表不能进行自我更新，S 代表可以自我更新。

全局扩散的多物种结果表明，物种的自我更新能力对群落中物种的多样性影响差异不显著，群落中优势物种的死亡率相对偏低，平均都在 0.5 以下，有可能是物种的全局扩散能力和群落中的不确定因素降低了物种自我更新能力对物种竞争能力的影响。

三　研究结论及对祁连山草地管理的建议

本报告通过模型推导和计算机模拟验证相结合，对物种的扩散能力、繁殖能力、自我更新能力和竞争能力之间的关系进行了研究，得出以下结论和相关建议。

（一）研究结论

计算机模拟得到了和模型预测趋势一致的结果，说明物种的扩散能力及其能否进行自我更新与物种的竞争能力存在密切的关系，具体结论如下。

第一，植物个体的种子如果能进行自我更新，扩散限制越增加，对高繁殖率物种越有利，全局扩散中不存在竞争差异。

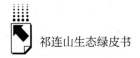

第二，植物个体的种子如果不能进行自我更新，较低繁殖率的物种会在竞争中取得优势，这个结果不受扩散限制的影响。

（二）对祁连山草地管理的建议

祁连山区分布多种草地类型，祁连山区东部主要分布有温性草原、高寒草甸、高寒灌丛草甸；中段以温性草原、亚高山草甸、高寒草原为主；西部主要分布有荒漠草原、山地草原等。草原生态系统是祁连山复合生态系统的重要组成部分，祁连山草原面积占区域总面积的 77.4% 左右，加上灌丛，超过 88.0%。草原是祁连山地区农牧民开展生产生活的主要地区，过去超载过牧导致天然草地退化加剧，近年来各级政府实行草地封育、退耕还草等政策与工程措施，有效地减缓了祁连山草地生态系统的退化，草原状况总体稳定。然而，草地封育在有利于天然草原恢复的同时，产生了一些不利影响：根据本报告的研究结果，枯落物的累积阻碍了物种的自我更新过程，长期的围封或禁牧策略会导致地面枯落物的累积，长此会改变植物群落物种结构。适当放牧可以增加物种的自我更新能力，有利于植物群落的动态平衡。

植物的有性繁殖是维持植物群落稳定的重要因素之一，种子的扩散是退化草地近自然恢复的有利方式。针对祁连山区不同类型、不同状态的草地，应该因地制宜、因草定策、以草定畜，制定有利于草地植物有性繁殖、维持天然群落动态平衡的措施。例如，对退化和有退化趋势的草地，应采取夏、秋封育，冬、春自由放牧的策略。夏、秋封育可以让植物群落有机会产生足够的繁殖体；冬、春放牧不仅可以为家畜提供牧草，而且有利于种子靠家畜传播，促进群落间物种的平衡。

G.5
祁连山生态系统功能及健康评价

陈 宁 隆耀成*

摘 要： 水源涵养功能作为干旱半干旱生态系统重要的功能，是支撑区域经济社会发展的基础。祁连山位于我国西北干旱半干旱区，处在青藏高原、黄土高原和蒙新高原的交会地带，物种多样性高，垂直带谱明显，属于典型的"山水林田湖草"生态系统体系。研究祁连山生态系统水源涵养功能对维持该区域生物多样性，进而建立国家西部生态安全屏障具有重要意义。本报告以祁连山垂直梯度上高山垫状植被、高寒草甸带、亚高山灌丛、暗针叶林、山地灌丛草原、山地荒漠草原、温带荒漠等七个类型为研究对象，测定不同深度的土壤含水量、田间持水量、土壤容重等指标，进而研究该区域生态系统水源涵养功能，并进行评价。研究发现，相较于其他生态系统类型，森林生态系统尤其是常绿暗针叶林的水源涵养能力最强，应该着力加强对常绿暗针叶林的保护。

关键词： 祁连山 水源涵养功能 土壤养分

一 祁连山生态系统功能及健康评价概述

生态系统作为人类生存的根本，不仅向人类供给生活必需的原材料，还

---

* 陈宁，兰州大学生命科学学院研究员，主要研究方向为生态系统生态学与生态水文学；隆耀成，兰州大学资源环境学院硕士研究生。

提供了气候调节、保持生物多样性等有益人类生存的非实物服务。① 随着工业生产的推进以及社会经济的不断发展，出现了诸如资源短缺、物种濒危甚至灭绝、土地沙化等一系列的问题，严重威胁着生态系统的多样性，也在明显地改变生态系统的功能和结构，而且影响生态系统适应环境改变而引起的变化，进而极大地影响到生态系统的服务功能，这样恶性循环的结果已经妨碍人类生产生活和可持续发展，生态系统的不断破坏引起其服务功能减弱甚至退化，这占到地球生态系统的60%以上。②

西北干旱区重要的水源涵养区是山地生态系统。③ 山地生态系统提供了陆地90%以上的淡水资源，具有水文调节和水源涵养、改善水质、防风固沙、调节气候等多种生态系统服务，④ 在人类社会生存与发展中具有重要的意义。目前，研究山地生态系统主要是重点关注有关森林生态系统的内容，集中于森林结构及类型、土壤性质和森林涵养能力等内容，但是山地生态系统不仅仅由森林植被组成，还有其他类型的植被，如灌丛、草甸等，它们和草原、荒漠及绿洲等共同组成完整的生态系统，是内陆河流域维持生态系统健康和流域内经济发展的"命脉"，对维持区域生态系统的平衡具有重要影响。⑤ 除此之外，山地生态系统也是最主要的碳汇库、资源库、营养库、基因库等。⑥

水源涵养功能一直是生态学与水文学研究的热点问题，也是生态系统的

---

① Núñez D., Nahuelhual L., Oyarzún C., "Forests and Water: The Value of Native Temperate Forests in Supplying Water for Human Consumption", *Ecological Economics*, 2006, 58 (3): 606 –616.

② Daily G. C., Polasky S., Goldstein J., et al., "Ecosystem Services in Decision Making: Time to Deliver", *Frontiers in Ecology & the Environment*, 2009, 7 (1): 21 –28.

③ 傅伯杰：《生态系统服务与生态安全》，高等教育出版社，2013。

④ 胡健、吕一河、张琨等：《祁连山排露沟流域典型植被类型的水源涵养功能差异》，《生态学报》2016年第11期。

⑤ 何志斌、杜军、陈龙飞等：《干旱区山地森林生态水文研究进展》，《地球科学进展》2016年第1期。

⑥ 赵金龙、王泺鑫、韩海荣等：《森林生态系统服务功能价值评估研究进展与趋势》，《生态学杂志》2013年第8期。

一项重要的生态服务功能。① 早在 20 世纪 50 年代，国外学者就提出了生态水文学（Ecohydrology）的概念，虽然不同领域和学科对生态水文学有不同的定义，但都将探究生态过程与水分循环之间的关系作为研究目标，探究水循环过程是怎样影响生态系统的物质循环和能量交换的。② 生态水文学是近几年出现并得以发展的一门由现代水文和生态科学交叉形成的学科，是两门科学发展过程中的一大亮点，它将生态系统过程中水文学原理和机制作为研究重点，把植物与水之间的关系视为研究基础，并将水文学机理以及研究基础融会到整个研究之中，其研究对象涉及森林、草原、湿地及山地生态系统等。③ 水源涵养功能的概念较广泛，内容包括降水、土壤水分入渗与贮存、地下水位的涵养、林地蒸散、气候状况、植被类型、林分结构等的相互关系等。④ 水分运输发生在生态系统的不同界层之间，土壤层作为界层之一，在运送水分时具有入渗及存蓄等功能，在降水资源的配置方面有很大的作用，很大程度上影响了其水分分布格局，而且土壤是地表水与地下水传输的必经之路。在生态系统水分循环时土壤储蓄着部分水分，直接对生态系统水分循环过程中的入渗、蒸发、散发以及流动产生影响。除此之外，土壤层所具有的含水量对气候与水循环动态变化之间的关系具有重要意义，而且可以从土壤含水量是否平衡及水分动态变化方面探究不同生态系统水循环过程的机理。⑤ 土壤也作为生态系统养分循环的介质，影响着大气、植被和土壤两两共三个界面之间的物质变化和能量交换，同时直接对土壤养分循环过程产生影响。

---

① 龚诗涵、肖洋、郑华等：《中国生态系统水源涵养空间特征及其影响因素》，《生态学报》2017 年第 7 期。
② 朱建刚：《北京山区典型森林生态系统 SVAT 水分动态非线性系统仿真研究》，北京林业大学，2010。
③ 余新晓：《森林生态水文研究进展与发展趋势》，《应用基础与工程科学学报》2013 年第 3 期。
④ 马维玲、石培礼、宗宁等：《太行山区主要森林生态系统水源涵养能力》，《中国生态农业学报》2017 年第 4 期。
⑤ 邵明安、上官周平：《控制水土流失促进黄土高原生态环境建设》，《中国基础科学》2000 年第 6 期。

一段时期以来，祁连山地区由于过度的人类经济活动，生态环境不断恶化，生态系统受到前所未有的破坏，加强祁连山生态环境保护刻不容缓，亟须对各生态系统健康状况进行评估和长期监测，为构筑祁连山生态屏障提供技术支撑。生态系统健康学，在国际生态系统健康学会上的解释是关于生态系统管理、生态系统特征以及人类与生态系统在健康方面联系的研究型科学。Kolb 等[①]学者研究发现，保持森林生态系统的健康需要能够维持自身生产繁衍的营养，有利于保持生态系统生物多样性以及支持演替过程，同时生态系统也应该具备自我恢复能力，以便在遇到灾难时能够及时恢复。生态系统健康可以通过活力（Vigorous）、组织结构（Organization）和恢复力（Resilience）等3个特征进行定义。对祁连山地区的生态系统进行健康评估，有助于掌握该地区生态系统健康动态，对完善"山水林田湖草"生态系统、推动人与自然和谐与共具有重要意义。

祁连山地处东亚大陆内地，我国青海省东北部与甘肃省西部边境，河西走廊南侧，同时也是青藏高原、黄土高原和蒙新高原的交会地带，由多条西北—东南走向的平行山脉和宽谷组成，是一个庞大山系（36°N～39°N，95°E～103°E），东西长 800km，南北宽 200～400km。祁连山区域生态系统属于西北半干旱干旱生态系统，以森林生态系统为主，该区域森林所需的水源来源于冰川和河川水系。祁连山森林生态系统对区域水源的调蓄和涵养有很大作用，与冰川、冻土以及湿地等共同形成了天然水库。[②] 祁连山大陆性气候特征显著，区域以东气候较为湿润，西边较为干燥，因此而形成的植被类型较为丰富，有森林、灌丛及草甸等，区域植被在垂直方向上的分布差异较为明显。祁连山东段北坡植被垂直带谱为：高山亚冰雪稀疏植被带—高山灌丛草甸带—山地森林草原带—山地草原带—荒漠带；东段南坡植被垂直带谱为：高山亚冰雪稀疏植被带—高山灌丛草甸带—山地森林草原带—草原

---

① Kolb T. E., Wagner M. R., Covington W. W., "Concepts of Forest Health-utilitarian and Ecosystem Perspectives", *Journal of Forestry*, 1994, 6: 10 – 15.

② 党宏忠、周泽福、赵雨森等：《祁连山水源涵养林土壤水文特征研究》，《林业科学研究》2006 年第 1 期。

带；西段北坡植被垂直带谱为：高山亚冰雪稀疏植被带—高山草原带—山地草原带—荒漠带；西段南坡植被垂直带谱为：高山亚冰雪稀疏植被带—高山草原带—荒漠带。

祁连山多样的气候条件形成了复杂的植被与土壤类型，祁连山同时为甘肃、内蒙古、青海部分地区提供水源，承担着该区域 500 余万人的大部分用水。系统研究祁连山不同植被类型的水源涵养功能，对恢复及修复生态系统植被有重要意义，是有待探究并攻克的基础性研究课题。更好地了解西北干旱区山地植被生态系统结构、功能及健康状况，阐明祁连山生态系统主要生态过程与环境变化的相互作用机理，有助于预测西北干旱区祁连山地区生态系统未来的演变方向，更有助于人类合理利用生态系统以支持可持续生产，最终实现可持续性管理和自然生态系统利用。[1]

二 祁连山生态系统功能及健康评价研究

1. 祁连山水源涵养及养分循环研究

水源涵养功能作为祁连山重要的生态系统服务功能，是将水分保持在生态系统的能力。水分对于植被的生长十分重要，同时对打造祁连山绿水青山有着重要的意义。而祁连山水源涵养能力受到生态系统类型、海拔、土壤、地形等多种因素的制约，为此要对影响祁连山不同海拔不同类型下水源涵养能力的因素进行评价分析，并以此明确保持祁连山水源涵养能力的主要方向。本报告主要测定不同海拔、不同生态系统 7 种植被类型的土壤含水量、田间持水量及土壤容重，并综合三种测定结果分析得出祁连山东段生态系统水源涵养能力方面的优势植被类型。植物生长发育所必需的营养物质是土壤养分，因此，本报告对不同植被类型的两种土壤元素氮、磷进行测定分析，可以明晰不同植被类型的养分情

---

① 黄桂林、赵峰侠、李仁强等：《生态系统服务功能评估研究现状挑战和趋势》，《林业资源管理》2012 年第 4 期。

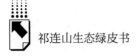

祁连山生态绿皮书

况，从而提供维护生态系统以及恢复生态植被的策略，提升区域生态系统水源涵养能力。

土壤结构与物理性质决定了水分在土壤层中的传输过程、途径和规律及土壤层水文作用与功能。同时，土壤含水量和土壤植被彼此作用，这在整体上对改善生态系统水文条件以及维持土壤养分的循环都具有指示作用。在干旱半干旱区域土壤水分成为影响地区植物生长的关键因素，直接对森林、草本植物甚至微生物的生长发育以及繁衍产生影响，进一步影响着物种群落的分布、组成和结构。并且在空间上不同植被类型的土壤含水量和土壤养分含量表现出差异性，这不仅仅体现在垂直方向上，水平方向上亦是如此。因此，探究祁连山地区不同生态系统与土壤含水量之间的关系及其相互作用机理，对揭示祁连山不同生态系统类型的稳定性及其水土保持要素具有重要意义，而且有助于预测气候变化对祁连山生态系统的影响。

2. 祁连山生态系统健康评价研究

健康的生态系统得益于一个良好的生态系统综合特性，同时保持生态系统健康也被作为管理环境的重要方法。生态系统具有的活力、结构稳定性和自调节能力被普遍认为是判断生态系统健康的依据。其中生态系统活力体现其功能性，包括维持生态系统本身的复杂功能和为人类服务的功能；结构稳定性判定即观察生态系统是否具有平衡的和完整的生物群落以及多样的生物种群；自我调节功能主要靠其正反馈和负反馈相互作用和转化，表现为在生态系统受到干扰时能够以最小的外界代价来实现自我修复并维持原有生态系统性能。作为人类生存的物质基础，健康的生态系统可提供更加良性的生态系统服务以满足人类的可持续发展。积极保持和维护生态系统结构和功能的稳定状态，增强受破坏生态系统自我调节和恢复能力，对于区域内构建生态文明具有重要的意义。

健康的生态系统对于打造良性的祁连山生态保护区是非常有利的，要维护生态系统健康，首先，要对某一区域的生态系统进行评价，通过评价生态系统的功能、生产力、生物多样性、生长范围、种群恢复时间以及化解干扰

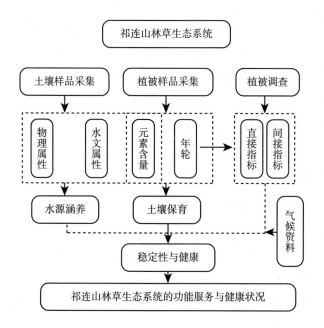

图 1　技术路线

资料来源：本章图表如无特殊说明，均由作者整理。

的能力，来综合评估该生态系统的健康状态。其次，根据评估结果对生态系统薄弱环节进行人工技术维护和调节，最终向构建健康的生态系统不断地完善和进步。

健康的生态系统具有维持其原有的组织结构、自我调节能力以及灾害的修复和恢复能力。通过对祁连山地区不同生态系统的活力指标体系、组织力指标体系和恢复力指标体系的综合调查，对该地区的生态系统进行综合的健康评估，可为"山水林田湖草"生态系统健康可持续发展状况提供适时评估。

三　祁连山生态系统功能及健康评价研究结果分析

本报告于 2018 年执行野外调查工作，获取土壤基础数据，包括水源涵养和养分循环两个方面。野外调查工作主要在祁连山东段的石羊河流域开展，选取石羊河的七条支流：西大河、东大河、西营河、金塔、杂木河、黄羊河、古浪河等。沿海拔梯度选取典型生态系统，从上而下分别为高山垫状植被、高寒草甸、亚高山灌丛、暗针叶林、山地灌丛草原、山地荒漠草原、温带荒漠等七个类型，取 10cm、20cm、30cm 三层土壤，测定土壤含水量、田间持水量、土壤容重、全氮、全磷、碱解氮、速效磷等指标，初步得到水源涵养和土壤养分两个方面的结果。

1. 水源涵养能力

本报告沿海拔梯度从上而下选取高山垫状植被、高寒草甸、亚高山灌丛、暗针叶林、山地灌丛草原、山地荒漠草原、温带荒漠等七个类型的典型生态系统，再分别取 10cm、20cm、30cm 深的土壤进行土壤含水量、土壤容重及田间持水量的测定。

土壤含水量是植被生态系统存在的物质基础，祁连山地区植被含水量受到气候和海拔的影响。

如图 2 所示，研究发现，祁连山东段地区主要植被类型 10cm 土壤含水量变化范围为 10% ~ 50%，其中高寒草甸 10cm 土壤含水量接近 50%，为最高，而山地荒漠草原和温带荒漠 10cm 土壤含水量最低，在 15% 以下。整体上，10cm 土壤含水量呈现下降趋势。祁连山东段地区主要植被类型 20cm 土壤含水量在 10% ~ 40%，相较 10cm 处的主要植被含水量，除高寒草甸含水量降低外，其余植被类型的含水量都略有增加。但是，高寒草甸的含水量在主要的植被类型中仍旧是最高的。祁连山东段地区主要植被类型 30cm 土壤含水量整体上呈下降趋势，最低为温带荒漠植被含水量，降至 5%。从 0 ~ 30cm 土壤主要植被含水量变化上看，高寒草甸的含水量在 40% 以上，为主要植被中最高的。最低的为山地荒漠草原和温带荒漠，含水量在 10% 左右。

从祁连山东段 7 种主要植被类型 0 ~ 30cm 土壤含水量数据可知，土壤含水量随海拔下降而下降，其中高寒草甸的土壤含水量整体最高，山地荒漠草原和温带荒漠含水量最低。同时发现在不同土壤层之间也存在差异，但总体趋势是保持一致的。

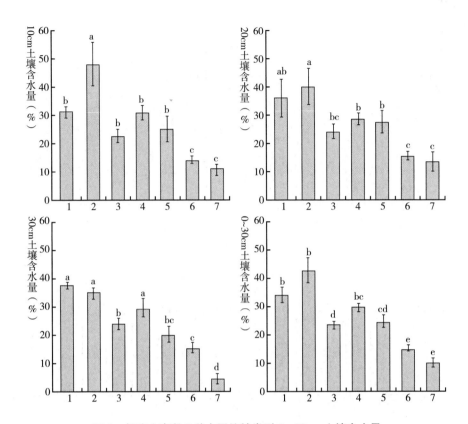

图2 祁连山东段7种主要植被类型0~30cm土壤含水量

注：1~7分别为高山垫状植被、高寒草甸、亚高山灌丛、暗针叶林、山地灌丛草原、山地荒漠草原、温带荒漠。

土壤板结会严重影响植被的生长发育，评价土壤板结程度可以通过测定土壤容重、紧实度和孔隙度来实现，尤其是土壤容重能直接反映土壤板结程度的高低，用一定容积的土壤烘干后质量与烘干前体积的比值，表达其与土壤板结的关系。土壤容重小，表明土壤的结构性好，孔隙多，土壤疏松；土壤容重大，表明结构性差，孔隙少，土壤板结。

祁连山东段7种主要植被类型0~30cm土壤容重数据如图3所示，土壤容重呈U形变化。暗针叶林在10cm、20cm及30cm土壤容重中都是最小的，其值约为0.6g/cm³。主要植被土壤容重整体变化趋势为先下降后上升，最低点为暗针叶林植被土壤容重。在0~30cm土壤容重中，高山垫状植被和

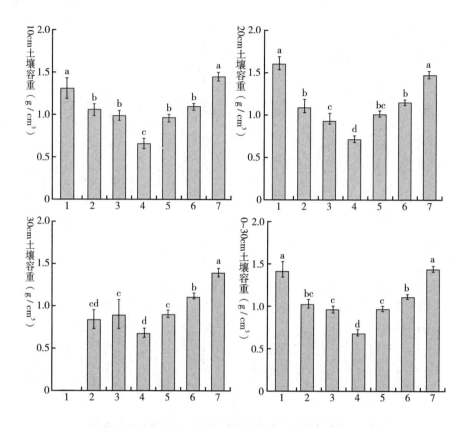

图3　祁连山东段7种主要植被类型0~30cm土壤容重

注：1~7分别为高山垫状植被、高寒草甸、亚高山灌丛、暗针叶林、山地灌丛草原、山地荒漠草原、温带荒漠。

温带荒漠最大，接近1.5g/cm³。

田间持水量是土壤所能稳定保持的最高土壤含水量，也是土壤中所能保持悬着水的最大量，是对植被有效的最高的土壤含水量，是衡量土壤保水性能的指标。田间持水量的大小和土壤的质地也有关，土壤颗粒越细，其表面积就越大，故而所形成的空隙就越小，从而田间持水量相对较高。

如图4所示，7种主要植被类型10cm土壤田间持水量呈现先升高后降低的趋势，其中暗针叶林的田间持水量最高，几乎达到100%，最低的是高

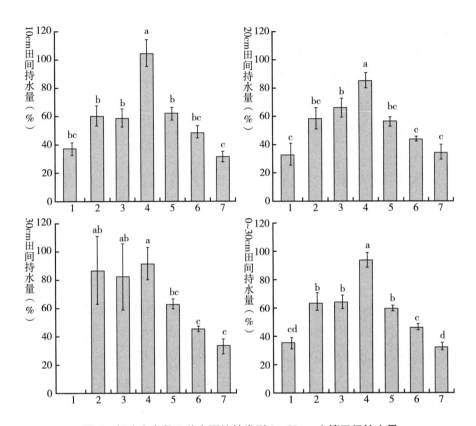

图4 祁连山东段7种主要植被类型0～30cm土壤田间持水量

注：1～7分别为高山垫状植被、高寒草甸、亚高山灌丛、暗针叶林、山地灌丛草原、山地荒漠草原、温带荒漠。

山垫状植被和温带荒漠植被，为30%～40%。7种主要植被类型在20cm土壤田间持水量的整体趋势与10cm一致，其中暗针叶林的田间持水量约为80%。从30cm土壤的田间持水量发现，从高寒草甸、亚高山灌丛，到暗针叶林植被变化并不明显，大致维持在80%左右，而山地灌丛草原、山地荒漠草原和温带荒漠植被依然保持下降趋势，其中温带荒漠植被田间持水量约为30%。田间持水量整体表现的趋势与土壤容重是完全相反的，田间持水量在暗针叶林植被最大，在高山垫状植被和温带荒漠植被表现最小，为30%～40%。

研究结果发现，就土壤含水量，7种植被类型土壤整体呈下降趋势，其中高寒草甸植被最高。就土壤容重,7 种植被类型大致表现为 U 形结构,其中暗针叶林最小。就土壤田间持水量,整体表现与土壤容重趋势相反,暗针叶林的田间持水量最大。综合来看,相较于高山垫状植被、高寒草甸、亚高山灌丛、暗针叶林、山地灌丛草原、山地荒漠草原和温带荒漠植被,森林生态系统的水源涵养能力最强,尤其是常绿暗针叶林。

2. 土壤养分

土壤养分是植物生长过程中由土壤提供的所必需的营养成分,能够直接或者间接转化为被植物所吸收的矿质营养成分,其中氮和磷两种元素最为重要。这里本报告测定 7 种主要植被类型的氮和碱解氮含量、磷元素含量和速效磷含量。

如图 5 所示,在 7 种植被类型的全氮含量测定结果中,高山草甸带植被的全氮含量最高,约为 1.2mg/g。温带荒漠带植被全氮含量大致为 0.05mg/g,在 7 种不同海拔植被类型中最低。从整体趋势来看,7 种植被类型全氮含量随海拔降低而呈现下降趋势。从碱解氮含量的垂直带谱中发现,7 种植被类型碱解氮含量随海拔呈下降趋势,其中高山垫状植被带和高山草甸带植被的碱解氮含量分别约为 0.023mg/g 和 0.020mg/g,温带荒漠带植被碱解氮含量为 0.008mg/g。总体上,全氮含量和碱解氮含量都随海拔下降而逐渐降低。从全磷含量的垂直带谱中明显看到,前 6 种植被类型变化并不明显,其中高山垫状植被带、高寒草甸带、山地暗针叶林带、山地灌丛草原带和山地荒漠草原带的全磷含量都在 1.25mg/g 左右,亚高山灌丛草甸带全磷含量约为 0.85mg/g,温带荒漠带植被全磷含量最低,约为 0.45mg/g。7 种植被类型的速效磷含量变化不大,其中山地暗针叶林带和温带荒漠带速效磷含量表现较高,约为 0.004mg/g。

总体而言,温带荒漠带的全氮含量、碱解氮含量和全磷量都表现最低。经分析发现,祁连山表层土壤养分含量的整体特点是"高量低效",土壤全量养分的特征是"高磷低氮"。

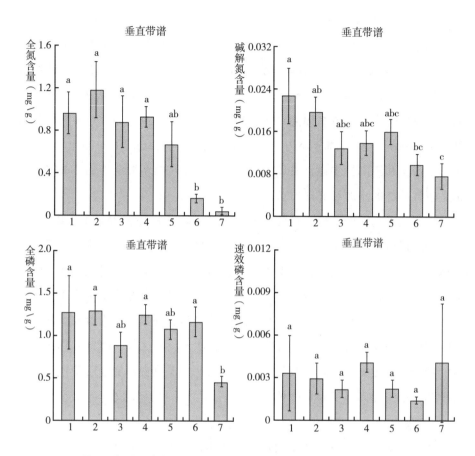

图5 祁连山东段7种主要植被类型0~30cm土壤各元素含量

注：1~7分别为高山垫状植被带、高山草甸带、亚高山灌丛草甸带、山地暗针叶林带、山地灌丛草原带、山地荒漠草原带、温带荒漠带。

四 祁连山生态系统功能相关对策建议

祁连山是我国河西走廊重要的生态屏障，属于山地生态系统，具有十分重要的水源涵养功能和生态价值。本报告通过对祁连山东段的7种不同海拔的植被类型进行水源涵养和土壤养分两方面的研究分析，对维护祁连山生态系统水源涵养功能提出以下两点建议。

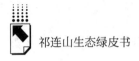

1. 加强暗针叶林的保护

祁连山生态系统的水源涵养能力主要受不同区域植被土壤中含水量的影响。水源涵养功能主要影响因素为土壤水分含量，同时土壤含水量的制约因素有降水、植被类型及地形地貌等。不难发现，几种影响因素中，植被类型的选择对保持生态系统水源涵养功能的弹性较大。本报告即针对不同植被类型对生态系统功能的调节能力，测定不同植被类型 0 ~ 30cm 的土壤容重、土壤含水量和田间持水量，发现森林生态系统显现的水源涵养能力最强，特别是暗针叶林的水源涵养能力。

水源涵养功能的保持，首要任务就是要采取积极措施提高植被覆盖率，持续推进退耕还林、保护天然林、管护公益林、封山育林等政策，严格控制草地载畜量和资源开发，统筹推进山水林田湖草系统治理，对生态保护区内的植被类型进行针对性的改造。由本报告结果可见，就祁连山东段而言，保护和恢复森林生态系统对于生态系统水源涵养功能的提升最为有效，其中暗针叶林较其他植被类型水源涵养能力更为突出。除此之外，暗针叶林在碳固定、物种维持等方面也具有较强的能力。因此，要重视并加强对暗针叶林的维护和种植，提高区域暗针叶林的覆盖率。

2. 加强地表苔藓类植被保护

研究表明，在保持祁连山生态系统水源涵养能力方面森林生态系统的贡献突出。其中，暗针叶林地带苔藓类植被对高等植物的生长，防止水土流失，创造草本植物、灌木和乔木的生活条件，保持水土和蓄积水分等大有裨益，同时可以作为监测空气污染程度的指示生物。

苔藓类植被在生长过程中，会分泌促使土壤分化的酸性物质，一段时间后能够使沙石、冻原地带、荒漠、石面和岩石等分化，得到的土壤能够为植物提供良好的生长发育条件。同时，苔藓类植被通常都具备很强的吸水能力，特别是当植被密集生长时，其吸水量最高可为植物体干重的 15 ~ 20 倍，而蒸散发量却仅占其净水表面的 20%。所以，苔藓类植被在防止区域水土流失方面具有非常重要的地位。除此之外，苔藓类植物在适应水湿方面展现了较强的特性，能够吸收空气中的水分并储存在植物体内，对生态区水源涵养能力的提升有较大的贡献。

祁连山森林生态系统区域植被地上部分表现较高且密实，能够有效缓冲降水对地表的冲击，对防止水土流失起到一定作用。苔藓类植被广泛分布于森林生态系统中，能够保持水土并积蓄水分，有效地涵养水源。因此，在维护和恢复森林系统过程中，应注意保护苔藓类植被的生长，避免破坏。同时，应制定相应保护措施，并加大苔藓类植被保护的宣传力度，更积极普及苔藓类植被的生态保护作用。

G.6
祁连山"山水林田湖草"系统
2019年生态功能评估

黄永梅　陈锡云　朱忠礼　刘绍民*

摘　要： 祁连山是我国西部重要的生态安全屏障，也是黄河及诸多内陆河的重要水源涵养地。本报告基于祁连山"山水林田湖草"系统的天空地一体化监测系统的综合监测数据集，开展了2019年祁连山"山水林田湖草"系统生态功能评估。主要评估结果如下：①泛祁连山区的林草田水比例为1:32:1:3，裸地所占比重最大；祁连山区的林草田水比例为6:107:1:12，与泛祁连山区相比，森林、草地和水体的比例都有明显增加，是泛祁连山区的重要水源涵养区和固碳功能区；②2019年祁连山全域平均净第一性生产力约为84.42$gCm^{-2}a^{-1}$，其中森林最高，可达274.54$gCm^{-2}a^{-1}$，其次为草地、湿地、农田和裸地；③2019年全域总固碳量约达152TgC，大通河—湟水流域和青海湖流域的单位面积固碳量最大，具有较强的固碳功能；祁连山区2019年的总固碳量约为32.45TgC，其中草地生态系统的固碳量占50.8%；祁连山国家公园2019年的总固碳量约为7.48TgC，也以草地固碳为主；④祁连山全区域2019年平均降水量为318.8mm，属枯水年。不同生态系统年蒸散

---

* 黄永梅，北京师范大学教授，主要从事资源生态方向研究；陈锡云，北京师范大学副教授，主要从事陆地生态系统水文生物地球化学过程和化学效应研究；朱忠礼，北京师范大学副教授，主要从事土壤和植被遥感研究；刘绍民，北京师范大学教授，主要从事水文气象与遥感研究。

发量处于 128～916mm，芦苇湿地的最高，红砂荒漠的最低。全区域土壤水分处于亏缺状态。

关键词： 祁连山　净第一性生产力　固碳功能　土壤水分　蒸散发　生态功能

2019 年祁连山"山水林田湖草"系统的生态功能评估是在祁连山天空地一体化监测平台的数据支持下完成的。从泛第三极大数据系统网站（http：//data. tpdc. ac. cn）获取了高质量祁连山地区多源、多尺度、多要素的综合监测数据集，包括由地表通量、水文气象要素、植被参数等构成的 24 个站点地面综合观测数据集，以及由基础产品、植被产品、水文产品和人类活动产品等构成的全区域、重点区域和人类活动区生态环境遥感产品数据集。

在本次评估中使用的具体数据及其来源如下。①祁连山区域气象观测站点的降水、气温等常规气象数据来自国家气象科学数据中心（http：//data. cma. cn/site/index. html）。②2019 年净第一性生产力数据：吴金华、仲波、吴俊君. 六大流域地区基于 Landsat 反射率数据的月度 30m×30m 地表净初生产力数据（V1.0），2019 年逐月，2020. 泛第三极大数据系统（http：//ptpe. tpdc. ac. cn/）。③2019 年土地利用土地覆盖数据：杨爱霞，仲波，角坤升. 祁连山区域 30m 土地覆盖分类产品数据集（V1.0）2020. 泛第三极大数据系统（http：//ptpe. tpdc. ac. cn/）。④DEM 数据：曹永攀、王宏伟、祁元. 祁连山地区基于 ASTER～GDME 数据拼接成的 30meters×30meters 数字高程模型 2019. 泛第三极大数据系统（http：//ptpe. tpdc. ac. cn/）。⑤祁连山冰川边界：李佳、汪赢政、李建江、李新、刘绍民. 祁连山地区 2019 年冰川边界产品 2020. 泛第三极大数据系统（http：//ptpe. tpdc. ac. cn/zh～hans/）。⑥祁连山相关边界，泛祁连山区、祁连山区和祁连山重点区域边界矢量数据，A 类先导泛第三极项目组。

在本次生态功能评估报告中，在三个空间尺度进行研究区生态功能评价。第一个评价区域为泛祁连山区，包括祁连山及其周边相关区域，以黑河流域、疏勒河流域、柴达木盆地、青海湖流域、大通河—湟水流域和石羊河流域为主，对该区域总体及六大流域的生态功能进行评估；第二个评价区域为祁连山区，是指海拔1800m以上的祁连山山地区，是泛祁连山区的主要水源涵养区和固碳功能区；第三个评价区为祁连山国家公园。

一　祁连山"山水林田湖草"结构特征

泛祁连山区全区和各地理单元均以裸地（荒漠/高山稀疏植被）分布面积最大，但不同地理单元的"山水林田湖草"结构特征不同（见表1）。泛祁连山区的林草田水比例为1：32：1：3，疏勒河流域的林草田水比例与全区域最相近，但基本没有森林生态系统。石羊河流域、黑河流域和大通河—湟水流域的农田比例较高，水体（包括水体和雪/冰）面积所占比重最小，其中石羊河流域的农田比例最高，可占其流域面积的12.5%。大通河—湟水流域的森林所占比重在6个流域中最高。青海湖流域草地和水所占比重最高，以水体为主；柴达木盆地的水所占比重也较高，但以雪/冰为主。祁连山区与泛祁连山区相比，森林、草地和水的比例都有明显增加，是泛祁连山区的重要水源涵养区和固碳功能区。

二　祁连山"山水林田湖草"系统的固碳功能

（一）2019年祁连山"山水林田湖草"系统的生产功能

1. 2019年泛祁连山区的净第一性生产力

泛祁连山区2019年净第一性生产力空间分布如图1所示，表现出明显的空间异质性，总体呈现从东南到西北逐渐降低的趋势。

表1　泛祁连山区各地理单元的"山水林田湖草"面积

单位：km²

生态系统类型	泛祁连山区	柴达木盆地	疏勒河流域	黑河流域	石羊河流域	青海湖流域	大通河—湟水流域	祁连山区
森林	52697.54	125.43	2.51	2581.29	2682.21	97.45	7681.17	14171.28
灌丛	9236.51		290.08	472.72				
草地	241965.57	14323.83	3733.18	15286.17	5883.06	27148.14	23944.03	78898.21
荒漠/高山稀疏植被	1455637.15	268105.55	122420.39	156883.61	34209.02	18746.22	4490.95	158141.82
湿地	5092.64	246.43	51.88	178.42	9.75	1980.99	174.04	2387.35
农田	53174.14	1256.40	2080.16	7696.61	6430.93	32.42	1504.90	2245.77
水体	29517.31	9894.55	1262.35	1145.36	301.13	7137.18	363.50	11576.19
雪/冰	127098.29	40971.04	3046.10	1678.98	149.87	2718.79	258.59	15567.35
建设用地	20700.45	2862.67	1122.89	2995.89	1789.66	218.24	561.78	1752.86
林：草：田：水	1:32:1:3	0.1:225:1:40	0.001:60:1:2	0.3:22:1:0.4	0.4:6:1:0.07	3:1477:1:304	5:19:1:0.4	6:107:1:12

注：林——森林；草——灌丛、草地，荒漠/高山稀疏植被、湿地；田——农田；水——水体、雪/冰。

资料来源：本报告除特殊说明外，均为作者整理。

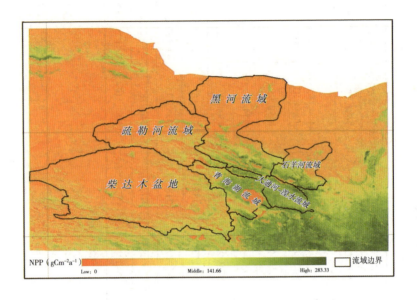

图 1　泛祁连山区 2019 年净第一性生产力空间分布

2019 年泛祁连山区平均净第一性生产力（NPP）约为 84.42gCm^{-2}a^{-1}，其中森林的最高，可达 274.54gCm^{-2}a^{-1}，依次为草地、湿地、农田、灌丛和裸地（荒漠/高山稀疏植被），裸地的最低，只有 53.98gCm^{-2}a^{-1}（见图2）。与 2018 年相比，2019 年全区平均 NPP 和各生态系统平均 NPP 均有一定的降低。对各生态系统净第一性生产力随海拔变化的分析表明，在海拔800~3500m 范围内森林生态系统能维持较高的 NPP，是该类生态系统的适宜分布区；草地和农田生态系统的 NPP 变化范围最小；湿地生态系统在海拔 100~4000m 范围内的 NPP 变异性最大，达 131.91gCm^{-2}a^{-1}；裸地（荒漠/高山稀疏植被）在整个区域都有分布，但明显存在两个峰值，即在海拔2600m 和 4700m 左右具有较高的 NPP（见图3）。

对不同生态系统以面积为权重得到泛祁连山区不同地理单元单位面积的净第一性生产力。全区的平均净第一性生产力约为 84.42gCm^{-2}a^{-1}，在六大流域中，大通河—湟水流域的平均净第一性生产力最高，可达 220.77gCm^{-2}a^{-1}，主要是因为森林的净第一性生产力很高，同时大通河—湟水流域森林所占面

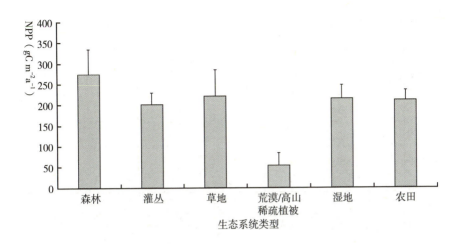

图2　2019年泛祁连山区不同生态系统的净第一性生产力

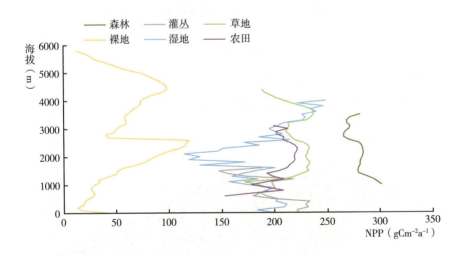

图3　2019年泛祁连山区不同生态系统的净第一性生产力随海拔的变化

积最大，约达20%。其次为青海湖流域，约为171.90gCm^{-2}a^{-1}，青海湖流域草地所占面积最大，约为47%。柴达木盆地、疏勒河流域和黑河流域处于泛祁连山区的西部和北部，在流域的中下游，以荒漠为主，所以具有较低的净第一性生产力（见图4）。

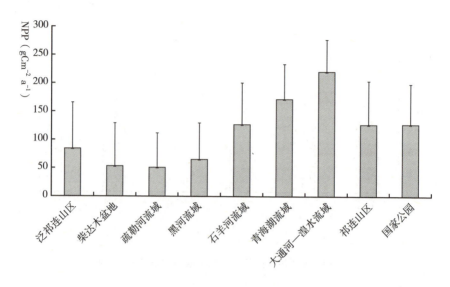

图4 泛祁连山区不同地理单元的平均净第一性生产力

2. 2019年祁连山区的净第一性生产力

祁连山区 2019 年净第一性生产力空间分布如图 5 所示，表现出明显的空间异质性，总体呈现从东南到西北逐渐降低的趋势。

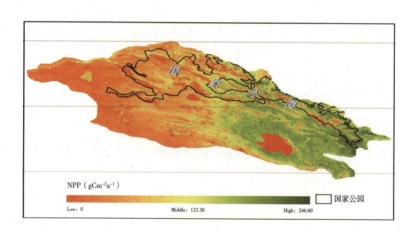

图5 祁连山区 2019 年净第一性生产力空间分布

2019 年祁连山区平均净第一性生产力约为 127.16gCm^{-2}a^{-1}，其中森林的最高，可达 259.75gCm^{-2}a^{-1}，依次为湿地、农田、草地和荒漠/高山稀疏植被，荒漠/高山稀疏植被的最低，只有 71.97gCm^{-2}a^{-1}（见图6）。祁连山区平均 NPP 显著大于泛祁连山整个区域的平均 NPP，与 2018 年 NPP 相比，变化不明显。对各生态系统净第一性生产力（NPP）随海拔变化的分析表明，在祁连山区海拔 2200～3600m 范围内森林生态系统能维持较高的 NPP，是该类生态系统的适宜分布区；农田生态系统的 NPP 空间变异最小；湿地和草地生态系统的 NPP 随海拔变异最大，在海拔 1800～4200m 范围内都能维持较高的生产力（见图7）。基于30m分辨率完成的土地利用土地覆盖类型图，不能区分荒漠和高山稀疏植被，所以均归并为裸地，在该区分布的海拔范围最广，其中在海拔2700m左右的NPP最高。

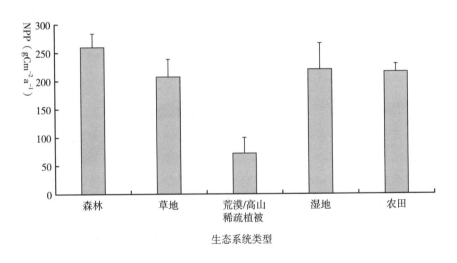

图6 2019 年祁连山区不同生态系统的平均净第一性生产力

3. 2019年祁连山国家公园的净第一性生产力

祁连山国家公园 2019 年净第一性生产力空间分布如图8所示，表现出明显的空间异质性，总体呈现从东南到西北逐渐降低的趋势，与泛祁连山区和祁连山区的总体变化趋势相同。

2019 年祁连山国家公园平均净第一性生产力约为 127.73gCm^{-2}a^{-1}，其

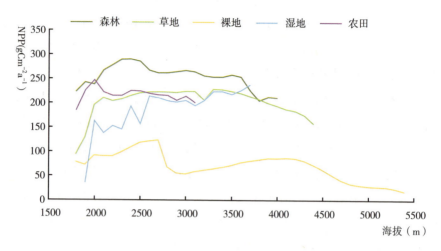

图7　2019年祁连山区不同生态系统的净第一性生产力随海拔的变化

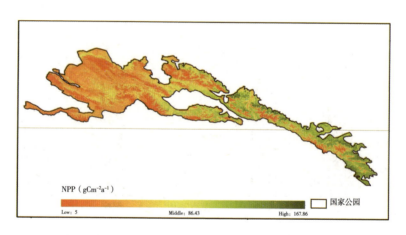

图8　祁连山国家公园2019年净第一性生产力空间分布

中森林的最高，可达265.10gCm^{-2}a^{-1}，依次为农田、草地、湿地和荒漠/高山稀疏植被，荒漠/高山稀疏植被的最低，只有80.50gCm^{-2}a^{-1}（见图9）。祁连山国家公园平均NPP与祁连山区的相当，都显著大于泛祁连山整个区域的平均NPP。与祁连山区相比，国家公园森林和冰雪带所占比重明显增加，农田比例显著下降，只占总面积的0.20%左右，因为青海湖不在国家公园内，所以水体所占面积明显下降。对各生态系统净第一性生产力随海拔变化的分析表明，在祁连山国家公园海拔 2200～3600m 范围内森林生态系统能维持较高的 NPP，是该类生态系统的适宜分布区；农田生态系统的 NPP 空间变异最小；草地生态系统的 NPP 随海拔变异最大（见图10）。

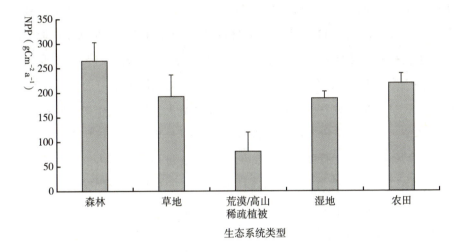

图9　2019年祁连山国家公园不同生态系统的平均净第一性生产力

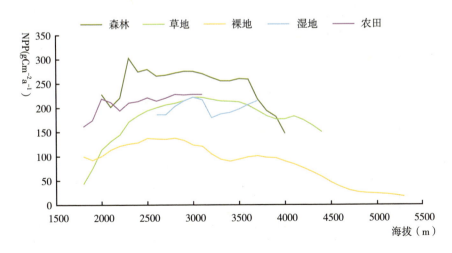

图10　2019年祁连山国家公园不同生态系统的净第一性生产力随海拔的变化

（二）2019年祁连山"山水林田湖草"系统的固碳功能

1. 2019年泛祁连山区的固碳量

2019年泛祁连山区的总固碳量约达152.32TgC，其中裸地（荒漠/高山稀疏植被）的总固碳量最高，约为78.34TgC，其后草地为45.65TgC，森林为14.39TgC，农田为11.04TgC（见图11）。从不同生态系统固碳量随海拔的累积分布来看，裸地（荒漠/高山稀疏植被）在海拔700～2100m和4000～5000m的固碳量最大，分别占裸地（荒漠/高山稀疏植被）总固碳量的53%和18%；草地在海拔3000～4400m的固碳量最大，可占该生态系统总固碳量的68%；森林在海拔1400～3400m的固碳量最大，可占该生态系统总固碳量的91%；农田在海拔1100～2000m的固碳量最大，可占该生态系统总固碳量的71%（见图11）。虽然森林生态系统的单位面积固碳量最高，荒漠和高山稀疏植被的单位面积固碳量最低，但由于荒漠和高山稀疏植被在泛祁连山区域内所占面积最大（约占73%），所以年固碳总量在不同生态系统中最高，其固碳功能不容小觑。

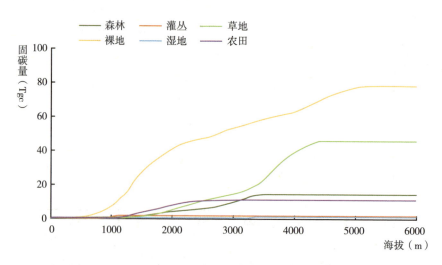

图11 2019年泛祁连山区不同生态系统的固碳量
随海拔的累积分布

泛祁连山区6个流域中，柴达木盆地在2019年的总固碳量最大，以荒漠/高山稀疏植被固碳为主；其次为黑河流域，以荒漠/高山稀疏植被、草地和农田固碳为主；青海湖流域和大通河—湟水流域的固碳量相当，但青海湖流域以草地和荒漠/高山稀疏植被固碳为主，大通河—湟水流域以草地和森林固碳为主；疏勒河流域和石羊河流域的固碳量较低；石羊河流域和黑河流域的农田固碳量具有较高的比例（见图12）。单位面积的固碳量可以更好地反映生态系统或流域的固碳能力。2019年在6个流域中，大通河—湟水流域单位面积的固碳量最大，可达220.77tgC/km²，其次为青海湖流域和石羊河流域，黑河流域、疏勒河流域和柴达木盆地单位面积固碳量较低（见图12）。所以说，在6个流域中，大通河—湟水流域和青海湖流域应具有较强的固碳功能。

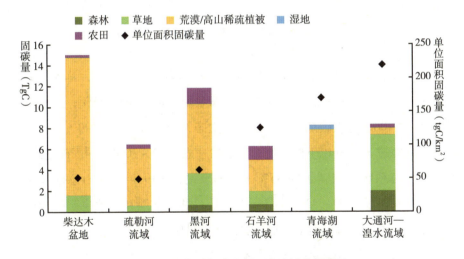

图12　2019年泛祁连山区6个流域的固碳量

2. 2019年祁连山区的固碳量

2019年祁连山区的总固碳量约达32.45TgC。祁连山区以草地生态系统固碳为主，约为16.47TgC，占总固碳量的50.8%。虽然裸地（荒漠/高山稀疏植被）的单位面积固碳量最小（约为71.97tgC/km²），但面积约占整个祁连山总面积的55.5%，所以也具有较高的固碳量，约为11.29TgC，占祁连山区总固碳量的34.8%。森林的单位面积固碳量最大,年固碳量可达3.68TgC。农田和湿地生态系统在祁连山所占面积很小,所以总固碳量较低,分别为0.52TgC和0.48TgC(见图13)。

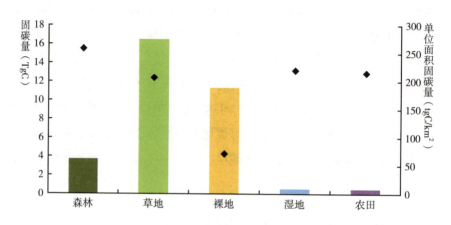

图13　2019年祁连山区不同生态系统的固碳量

从祁连山区不同生态系统固碳量随海拔的累积分布来看,草地在海拔3000~4400m的固碳量最大,可占该生态系统总固碳量的83%;森林在海拔2700~3400m的固碳量最大,可占该生态系统总固碳量的90%;农田主要分布在海拔3000m以下的山地;湿地在海拔3200~3600m的固碳量最大,可占该生态系统总固碳量的85%。总体来说,2019年祁连山总固碳量的92%集中在海拔2500~4300m范围内,是森林、草地和湿地生态系统的主要分布区,也应该成为固碳的主要功能区(见图14)。

3. 2019年祁连山国家公园的固碳量

2019年祁连山国家公园的总固碳量约达7.48TgC。草地的固碳量最大,约为3.18TgC,约占总固碳量的42.5%;其次为裸地(荒漠/高山稀疏植被),约为2.98TgC,占总固碳量的39.8%;森林固碳量可达1.27TgC,约占总固碳量的17%;农田和湿地生态系统的固碳量所占比重较小,分别为0.03TgC和0.02TgC。森林的单位面积固碳量最高,农田、湿地和草地的差别不大,裸地的最低(见图15)。

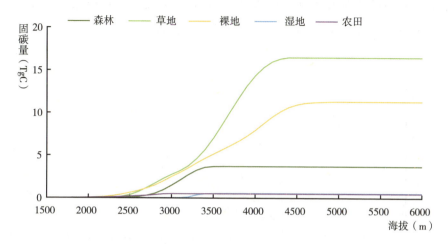

图 14　2019 年祁连山区不同生态系统固碳量随海拔的累积分布

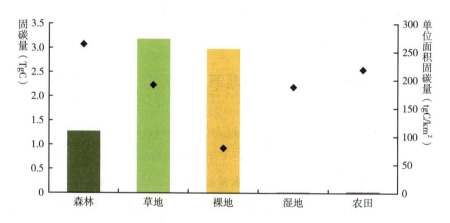

图 15　2019 年祁连山国家公园不同生态系统的固碳量

从祁连山国家公园不同生态系统固碳量随海拔的累积分布来看，草地在海拔 3000～4200m 的固碳量最大，可占该生态系统总固碳量的 86%。森林在海拔 2700～3300m 的固碳量最大，可占该生态系统总固碳量的 86%。裸地在海拔 3500～4800m 的固碳量最大，可占该生态系统总固碳量的 78%，以高山稀疏植被为主，在发挥重要的产流功能的同时，也具有一定的固碳作用，同时是对全球变化敏感的生态系统。总体来说，2019 年祁连山国家公园总固碳量的93%集中在海拔2600～4400m，是森林、草地生态系统的主要分布区，也应该成为固碳的主要功能区（见图16）。

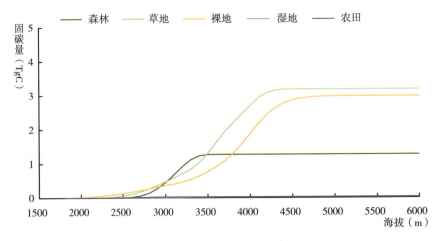

图16　2019年祁连山国家公园不同生态系统固碳量随海拔的累积分布

三　祁连山"山水林田湖草"系统的水源涵养功能

2019年祁连山全区域平均降水量为318.8mm，属枯水年。东南部的湟水和青海湖流域，黑河、疏勒河和石羊河上游的高海拔区，是祁连山区水源涵养与水资源供给的主体区域。降水量超过450mm的东南区域，也是水源涵养量较高的区域，产流一般均在200mm以上，而降水量较少的区域水源涵养相对较低（见图17）。2019年六大流域不同系统类型的降水量平均为206.76mm，其中，湿地和水体大多处于降水较多的高海拔区域。全区域平均蒸散量为96.1mm，产水强度为12.96mm，潜在的土壤贮水量为负值，全区域土壤水分处于亏缺状态。

（一）祁连山典型生态系统2019年降水特征

对祁连山监测网络所得结果（见表2）的分析表明，2019年该区域总降水量为16.2～715.8mm，具有很大的空间变异性，监测站点平均降水量

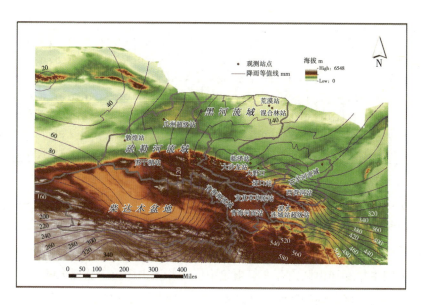

图17 祁连山2019年降雨空间分布及其随高程变化特征

为308.6mm，与该区多年平均水平相比偏少，属于枯水年。在空间分布上，高海拔的东南部区域的阿柔、景阳岭一带降水较多，而黑河流域中下游降水稀少，表明该区域降水的形成与海拔、水汽来源等多种因素密切相关。

表2 祁连山监测网络站点所在典型生态系统2019年逐月降水量

单位：mm

站名	1月	2月	3月	4月	5月	6月	7月	8月	9月	10月	11月	12月	全年
张掖湿地站	0.00	0.00	0.00	0.60	1.30	28.10	39.00	19.40	53.00	5.40	2.80	0.00	149.60
四道桥超级站	0.00	0.00	2.10	0.00	0.40	3.80	0.30	6.60	2.20	0.80	0.00	0.00	16.20
大满农田站	0.50	0.00	0.00	15.20	12.80	20.30	40.80	17.10	21.00	7.30	2.50	0.60	138.10
混合林站	0.00	0.00	1.90	0.20	47.00	3.50	4.10	5.50	5.50	0.00	0.00	0.00	67.70
阿柔草甸站	1.20	3.90	9.60	85.00	73.60	150.60	156.40	159.30	19.60	0.10	2.50	0.30	662.10
大沙龙站	0.20	0.70	0.80	23.40	51.80	133.20	72.70	80.90	73.80	16.20	1.20	0.10	455.00
垭口站	0.10	0.60	0.00	8.80	18.90	129.00	114.10	108.00	95.00	14.70	0.50	0.00	489.70
荒漠站	0.00	0.00	2.00	0.50	3.80	13.10	0.10	3.70	8.20	0.00	0.00	0.00	31.40
花寨子荒漠站	0.20	0.20	0.00	15.60	20.10	34.50	46.90	19.50	17.80	5.70	0.00	0.00	161.30
景阳岭站	0.00	0.00	0.20	16.30	20.30	122.20	110.70	95.00	65.50	25.20	1.70	0.50	457.60

续表

站名	1月	2月	3月	4月	5月	6月	7月	8月	9月	10月	11月	12月	全年
芨芨草草原站	—	—	—	10.40	32.70	52.50	84.00	74.20	36.20	20.90	0.20	0.00	311.10
金露梅站	—	—	—	12.10	16.20	74.30	3.40	87.60	41.70	23.10	1.60	1.10	261.10
青海湖湖面站	0.50	0.40	1.40	10.70	24.80	78.60	70.30	33.80	70.30	33.00	0.00	0.00	323.80
瓜州站	0.10	0.00	0.10	1.20	22.80	16.30	53.90	10.20	7.90	0.00	0.00	0.00	112.50
连城站	0.40	6.00	11.60	42.80	141.80	143.20	148.60	77.60	123.10	19.10	1.60	—	715.80
西营河站	0.00	0.00	0.00	30.70	43.30	120.80	142.10	125.50	79.30	42.30	0.30	0.00	584.30

年内不同月份的降水分布（见图18）也存在显著的分异特征。大多数站点的年内降水主要在4月到10月，又以6月到9月为主要降水分布期。2019年在阿柔、大沙龙、垭口站附近区域6~8月各月降水量在100mm以上，表明本年祁连山区内存在暴雨集中区。祁连山区位于欧亚大陆内部，远离海洋，而且区域内的降水受局地水汽和二次蒸发影响较小，区域内的水汽主要受西风环流控制，夏季西风带强度变大，多形成集中降水。就区域内的降水季节性贡献而言，夏季将近60%，春、秋季各有20%左右，冬季在5%以下。这种降水分布特征对水资源的涵养与保存形成巨大的挑战，也意味着研究祁连山区域的降水时空分布及成因，加强不同类型生态系统对水资源的保蓄和利用，是该区域"山水林田湖草"系统保护和生态建设的重要方向。

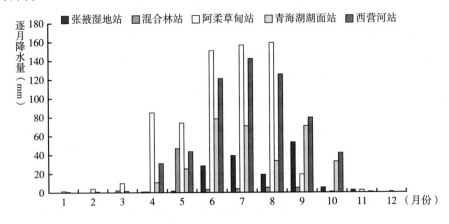

图18　2019年祁连山几个监测站点降水的季节分布

（二）祁连山典型生态系统2019年蒸散发特征

对祁连山监测网络 2019 年监测结果整理后，得到翔实、可靠的部分站点数据，整合后所得到的不同类型典型生态系统的年蒸散量如图 19 所示。年蒸散发量在 128.42 ~ 916.00mm 变化，以芦苇湿地最高，红砂和山前荒漠较低，最高和较低的与 2018 年基本类似。不同的是，2019 年柽柳林和胡杨—柽柳混合林蒸散发量排位降低，但是总蒸散发量在 128.42 ~ 190.87mm，比 2018 年升高。高寒草甸与亚高山草甸等年蒸散在 245 ~ 535.6mm，仍然处于相对稳定的区间内。

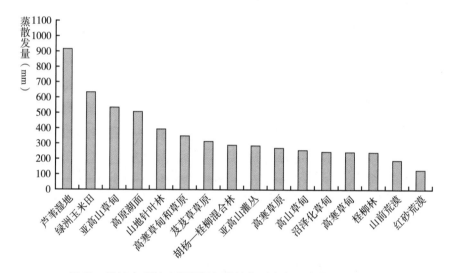

图19   2019 年祁连山监测网涵盖的典型生态系统蒸散发量对比

不同生态系统逐月蒸散发量（见图 20）显示，陆地生态系统蒸散发量较大的时段在 5 月到 10 月，而青海湖面的蒸散发量从 10 月起出现了大幅度的增高。从前期蒸散发与辐射的分析中发现，祁连山区的蒸散发更多地受制于可用水分。在相对较湿润的秋季、冬季和春季的早期，净辐射能量主要分配给了潜热通量，而在相对干旱的时期，净辐射能量则偏向于显热通量。也有研究发现，在年尺度上，干旱年份的净辐射能量主要分配给显热通量，相对湿润或降雨正常的年份，净辐射能量主要分配给了潜热通量。在雨水充沛、能量不足的季节，蒸散发与太阳辐射正相关，在雨水不足、能量充沛的季节，蒸散发量随着叶面气孔的关闭而下降并且和太阳辐射负相关。另外，随着海拔高度的增加，蒸散发量呈下降趋势，这主要是由生长季时间的缩短导致的，但是生长季日尺度的蒸散发量不随海拔高度的变化而变化。

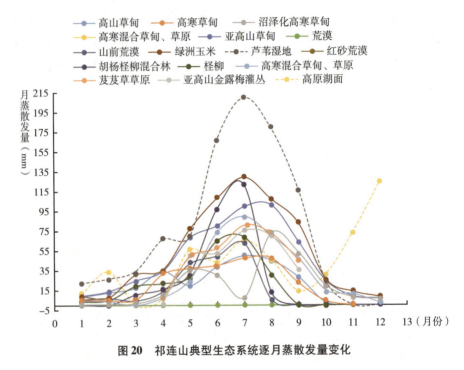

图20　祁连山典型生态系统逐月蒸散发量变化

鉴于蒸散发与降水、辐射之间的关系，该区域开展蒸散发的涡度相关法、波文比能量平衡法、蒸渗仪法、闪烁仪法、水量平衡法和大气水量平衡法等多种途径的对比研究，以厘清蒸散的变化规律及其与环境因子的关系。同时开展土壤水分和叶总面积对蒸散发影响的定量分析，对于后续深入地认识蒸散发过程具有重要意义。

（三）2019年祁连山典型生态系统土壤贮水特征

土壤的水力特性是决定降水分配、土壤蓄水、土壤水分蒸散发及深层渗漏的关键因素。水分特征曲线是认识土壤水力特性的重要指标。本课题组对祁连山区典型生态系统土壤进行了水分特征曲线的测定分析，用 Van–Genchten 模型进行了拟合分析，得到该区域 12 种典型系统土壤水分特征曲线（见图 21）。

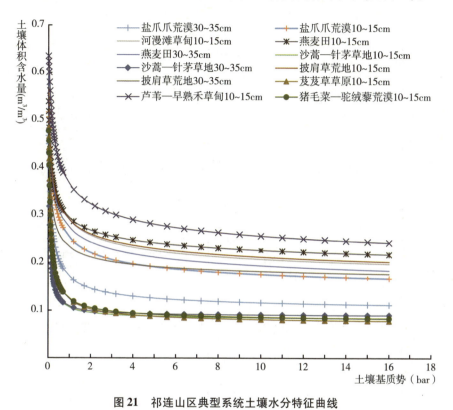

图 21　祁连山区典型系统土壤水分特征曲线

　　土壤质地和结构是影响土壤水分特性的关键因子。在祁连山区的荒漠和沙化土地中，土壤质地组成变化导致土壤大孔隙增多，脱水过程更加快速，持水性能较差，土壤自身的贮水能力降低，水源涵养功能更多体现在水分向下层渗透过程中的净化作用上。草甸和农田结构较好的土壤，水分特征曲线较为平缓，持水性能更好。目前，祁连山区众多的灌丛化草地和退化中的草地，土壤结构变化，更多倾向于持水性能退化。属于干旱半干旱区域的部分，土壤持水性能的退化，将会导致植被的进一步退化，有恶性循环的倾向。

　　2019 年不同海拔高度生态系统逐月的土壤贮水量月变化如图 22 所示，各种生态系统在一年内土壤水分消长过程比较明显，在雨季大多土壤有补充

水分的过程，但是在之后的消耗中很快变为亏缺态，而且水分亏缺态存在时间更长。

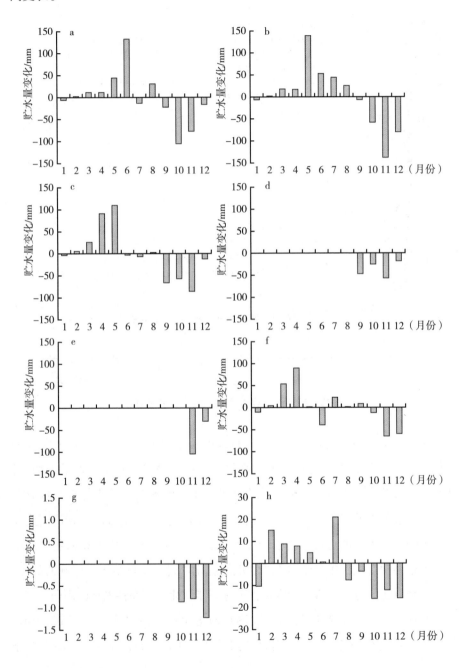

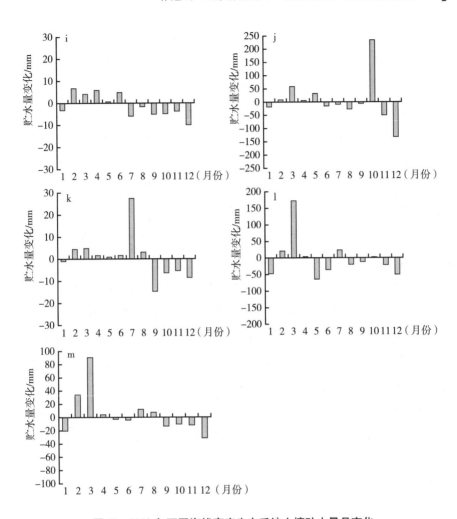

图22 2019年不同海拔高度生态系统土壤贮水量月变化

注：按海拔高度从高到低，各图所代表生态系统依次为：a垭口高寒草甸、b景阳岭高寒草甸、c大沙龙沼泽化高寒草甸、d天俊高寒草甸草原混合、e寺大隆森林、f阿柔亚高山山地草甸、g瓜州荒漠、h花寨子盐爪爪山前荒漠、i人工草地、j大满玉米田、k红砂荒漠、l胡杨和柽柳混合林、m四道桥柽柳林。

结 语

2019年祁连山"山水林田湖草"系统的生态功能评估在三个空间尺度

进行，第一个评价区域为泛祁连山区，包括祁连山及其周边相关区域，以黑河流域、疏勒河流域、柴达木盆地、青海湖流域、大通河—湟水流域和石羊河流域为主，对该区域总体及六大流域的生态功能进行评估。第二个评价区域为祁连山区，是指海拔1800m以上的祁连山山地区，是泛祁连山区的主要水源涵养区和固碳功能区。第三个评价区为祁连山国家公园。

本次评估在祁连山天空地一体化监测平台的数据支持下完成，评估内容包括祁连山"山水林田湖草"结构特征，2019年生产能力、固碳能力和水源涵养能力。评估结果表明，与泛祁连山区相比，祁连山区森林、草地和水体的比例都有明显增加，是泛祁连山区的重要水源涵养区和固碳功能区。2019年祁连山全区域平均降水量为318.8mm，属枯水年；不同生态系统年蒸散发量处于128.42～916.00mm，芦苇湿地最高，红砂荒漠最低；全区域土壤水分处于亏缺状态。2019年泛祁连山区平均净第一性生产力约为84.42gCm^{-2}a^{-1}，其中森林最高，可达274.54gCm^{-2}a^{-1}，依次为草地、湿地、农田和裸地。2019年泛祁连山区总固碳量约达152TgC，大通河—湟水流域单位面积固碳量最大，具有较强的固碳功能；祁连山区2019年的总固碳量约为32.45TgC，其中草地生态系统的固碳量占50.8%；2019年祁连山国家公园的总固碳量约为7.48TgC，总固碳量的93%集中在海拔2600～4400m，是森林、草地和湿地生态系统的主要分布区，也应该是固碳的主要功能区。

专 题 篇

Special Articles

G.7

祁连山国家公园三维可视化地理信息系统开发与应用*

焦继宗 刘佳敏 董敬儒**

摘　要： 三维可视化系统在数据管理和地理信息系统应用方面的优势非常明显。本报告利用 Cesium 地球框架与 B/S 框架开发 WebGIS 的思路，通过 Vue 代码进行组件式开发，调用在线遥感影像和本地发布的地形服务源数据，将祁连山国家公园专题地图集叠加显示，实现了测量标记、透明度对比、属性可视化、全景漫游和二、三维联动等应用功能。通过应用发现本系统稳定性高，安全可靠，能全方位、多角度、高维度地将用户需求直观地表达在

 * 本报告受国家重点研发计划（2019YFC0507402）资助。

** 焦继宗，博士，兰州大学资源环境学院教授、高级工程师，主要研究领域为地理信息系统开发、土地利用变化模拟、地理空间数据分析及建模等；刘佳敏、董敬儒，兰州大学资源环境学院硕士研究生。

专题地图上。该系统不仅能服务于祁连山国家公园建设和生态环
境整治工作，同时还能满足第二次青藏科考的相关需求。

关键词： 祁连山国家公园　三维可视化　地理信息系统开发

祁连山国家公园由于其独特的生态系统、特殊的地理位置、复杂的地貌
和多样化的原始植被，形成了丰富的自然景观和地理资源，其主要功能为保
护祁连山生物多样性和自然生态系统原真性、完整性。[①] 面对祁连山国家公
园境内地形复杂陡峻、降雨强度大、土壤条件差、水土流失严重以及治理难
度大等实际问题，加强祁连山国家公园生物多样性保护，优化区域生态环
境，对于涵养内陆河流、维护西部生态安全屏障具有十分重要的意义。祁连
山国家公园横跨甘肃、青海两省，面积为 5.02 万平方公里，区域范围广，
大部分区域科研人员难以进入现场考察，给了解区域全貌造成困难。因此，
建立祁连山国家公园全域的地理信息系统显得十分迫切。而目前基于二维的
地理信息系统可视化效果不够直观，有必要建立一个虚拟的祁连山三维可视
化系统，以服务于国家公园建设和科学研究。

目前，国内外对祁连山国家公园的研究较多，包括生态环境保护、土地
利用变化、气象时空分析和生态系统服务研究等，都取得了一定的成果。但
是基于数据管理层面，能够兼具普适性、差异性，实现不同用户、大范围、
多角度、高维度的全方位三维可视化系统鲜有出现。虚拟现实等技术的发
展，极大地丰富了地理表达的对象、内容和技术手段。传统的二维 GIS 表达
方式由于缺乏三维高程信息，在直观性、真实感以及空间分析等方面存在明
显不足。采用二维电子地图与三维仿真地图相结合的方式，为直观理解国家
公园信息并进行综合管理提供良好的基础支撑。

---

① 丁文广、刘迎陆、田莘冉、张慧琳：《祁连山国家级自然保护区创新管理机制研究》，《环
　境保护》2018 年第 3 期。

Cesium 是 WebGIS 技术中应用较为广泛的一种框架，主要用于创建三维动态地球与地理空间数据可视化，支持多种地理空间数据的可视化，能直接在 HTML5 标准的浏览器上运行，准确而直观地突出用户需要表达的地理信息。[①] 孙晓鹏等基于 Cesium 对构建三维场景和模型加载的方法进行了初探；[②] 刘欣等借助 Cesium 框架进行二次开发，对三维专题地图的可视化进行了改进；[③] 姜婷等以 Cesium 为基础，开发了一个面向在线交互建模和专题分析的三维 WebGIS 平台。[④] 上述研究侧重于 Cesium 框架本身，开发效率和系统的可维护性受限。Vue 是当前非常受关注的一款互联网前端框架，具有高性能、轻量级、响应式等特点。[⑤] 毛炎等基于百度地图的 JavaScript API，利用 Vue 设计了用户界面 UI 交互，并构建了海启方言地图 WebGIS；[⑥] 黄俊勇等将 Vue 作为开发框架，以 Leaflet. js 为地图应用的功能基础，开发了"故事地图"；[⑦] 邓雯婷等详细介绍了 Vue 用于构建单页面应用的架构和技术，并搭建了上海市闵行区地块认定工作的展示系统。[⑧] 从现有研究可见，Vue 作为基础框架并与其他技术相结合时才能充分发挥其最大的优势。

本报告将 Cesium 三维地球框架与 Vue 前端框架融合，以祁连山国家公园专题地图集为数据源，进行了祁连山国家公园三维可视化系统的开发与应用。该系统融合了 Cesium 与 Vue 的优点，提高了开发效率，优化了可视化

①　朱栩逸、苗放：《基于 Cesium 的三维 WebGIS 研究及开发》，《科技创新导报》2015 年第 34 期。

②　孙晓鹏、张芳、应国伟、李亮、蒲慧龙：《基于 Cesium. js 和天地图的三维场景构建方法》，《地理空间信息》2018 年第 1 期。

③　刘欣：《Web 三维专题地图可视化框架研究与设计》，西安电子科技大学硕士学位论文，2018。

④　姜婷：《面向交互建模与专题分析的三维 WebGIS 平台开发及应用研究》，华东师范大学硕士学位论文，2017。

⑤　Teradici, Pearson VUE and Teradici Collaborate to Advance Pearson VUE © Authorized Test Center Select Channel Operations, *Computer Technology Journal*, 2020.

⑥　毛炎：《基于 Vue. js 框架的 Web 方言地图的设计与开发》，武汉大学硕士学位论文，2018。

⑦　黄俊勇：《基于 Vue. js 的 WebGIS 云管理与服务平台》，武汉纺织大学硕士学位论文，2018。

⑧　邓雯婷：《基于 Vue. js 构建单页面 GIS 应用的方法研究》，《科技创新与应用》2018 年第 14 期。

环境，增强了鲁棒性。同时，三维显示更接近人眼的视觉习惯，能够真实地表达地物间的空间关系，挖掘出专题地图中的隐含信息，更好地为祁连山的生态环境改善与国家的建设提供服务。

一　研究区概况

祁连山国家公园位于青藏高原东北部，是中国重要的生态功能区、西部重要生态安全屏障和水源涵养地。[①] 地跨青海省东部和甘肃省西部，由多条西北—东南走向的平行山岭和宽谷组成。该区长约1000km，宽约300km，位于东经 97°23′34″ ~ 103°45′49″，北纬 36°29′57″ ~ 39°43′39″。绝大部分海拔在 3500 ~ 5000m，对中下游生态系统、水资源利用具有极其重要的影响。[②] 公园内生态系统独特，湿地、草地和森林广袤，冰川广布。现有冰川 2859条，总面积为 1972.5km²，储水量为 811.2 亿 m³，森林 60 万 hm²，草原130 万 hm²，每年涵养水源 7.5 亿 m³，其森林生态系统每年所产生的生态服务功能价值 223 亿元。[③] 系统地对以上相关数据进行科学管理和三维化展示，对有效管理祁连山国家公园的意义十分重大。本系统所涉及的范围以祁连山自然保护区为主体，根据国家公园建设的需要修改而成。

二　数据源和数据预处理

（一）数据源选取

本报告所用的数据包括 POI 数据、基础数据、自然数据、经济数据以及其

---

① 陈豪、丁文广、Tanjia Binte Zafar：《基于 USLE 模型的祁连山国家公园土壤水力侵蚀评价》，《中国水土保持科学》2020 年第 4 期。

② Chen Y., Li J., Ju W., et al., "Quantitative Assessments of Water – use Efficiency in Temperate Eurasian Steppe along an Aridity Gradient", *PLo S ONE*, 2017, 12（7）：e0179875.

③ 张超：《祁连山国家公园生物多样性和自然生态系统的特征调查分析》，《林业科技情报》2020 年第 3 期。

他生态服务数据。其中，POI 数据通过高德地图官方网站（https：//lbs. amap. com/）提供的应用程序编程接口（API）进行爬取；基础数据通过中国科学院资源环境科学与数据中心获取，主要包括行政区划、2017 年人口统计、1970～2015 年土地利用和 2001～2015 年植被指数数据；自然数据从中国科学院资源环境科学与数据中心获取，包括土壤，1970～2010 年农业、气象以及 2001～2010 年净初级生产力数据；经济数据通过统计年鉴获取，主要为第一产业、第二产业、第三产业和人均生产总值数据；生态服务数据通过中国科学院资源环境科学与数据中心获取，主要包括供给服务—食物生产、供给服务—原料生产、供给服务—水资源供给、调节服务—气体调节、调节服务—气候调节、调节服务—净化环境、调节服务—水文调节、支持服务—土壤保持、支持服务—维持养分循环、支持服务—生物多样性、支持服务—美学景观以及总价值数据。

（二）数据预处理

由于获取的源数据存在格式不统一、数据范围不相同等问题，首先要对数据进行预处理。空间数据的预处理主要包括数据插值、数据裁剪、坐标转换等。研究区内气象监测站点分布极不均匀，造成很多地区的降水量数据缺失，采用了空间插值分析的方法获取到研究区积温≥0℃、积温≥10℃、温润指数、年均降水和年均气温数据。研究选用基础数据中地级市驻地、县驻地、乡镇驻地和天地图注记为点图层，市界、县界、乡镇界和祁连山边界为线图层。获取到经济数据以 excel 文本方式存储，需要进行数据筛选、格式统一、字段提取和误差修正等处理。

三　系统设计

（一）系统运行环境

1. 硬件环境

服务器：ArcGIS Server

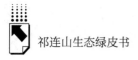

操作系统：Windows

客户终端：最低要求 2G 内存的电脑，处理器 1Ghz 以上，能够运行主流浏览器

2. 软件环境

数据库系统：微软的 SQL Server 数据库

运行环境：各种主流浏览器，例如火狐、谷歌、IE 浏览器等

通信协议：TCP/IP 协议

（二）总体设计

"祁连山国家公园三维可视化地理信息系统"是以祁连山公园的水文、地质、自然、经济、生态等要素为主要数据源，进行基于 Cesium 框架的三维实景可视化系统开发。系统基于 B/S 架构，浏览器端采用 Java Script，结合 HTML、CSS 等语言实现，用户可以直接在浏览器上浏览相应的三维实景，并进行兴趣点在线编辑、数据查询、空间分析等操作，系统由数据层、服务层、展示层三部分组成，如图 1 所示。

数据层主要为数据源的文件系统和关系数据库，为服务层和展示层提供数据来源，保存客户端对数据操作后产生的文件，如添加的兴趣点数据等。服务层主要为展示层提供服务接口，浏览器的安全规则中不支持 Java Script 读取本地数据，且封装了对数据库进行增删、改查的功能，本层将所需文件发布为服务以供调用。专题地图集通过 ArcGIS Server 10.2 发布为互联网瓦片地图服务 （Web Tile Map Service，WTMS）；地形数据通过 Tomcat 9.0 服务器发布为代表性状态传输 （Representational State Transfer，REST） 接口类型。IIS 服务器将系统发布到网络上，供外界访问。同时，谷歌、百度等一些免费地图服务也可使用。展示层主要是对系统各个功能模块的展示和专题地图数据的渲染，使用 Cesium 库渲染三维场景，使用 Pano2VR 软件渲染全景场景，使用 ECharts 将数据可视化为图表等。

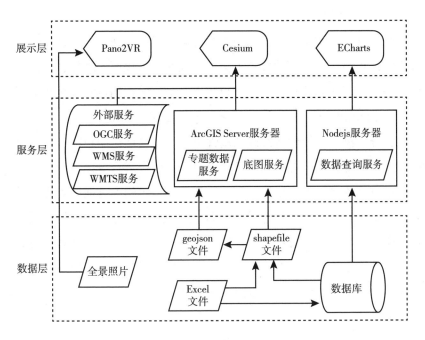

图1 总体框架

资料来源：本报告图表除特殊标明外，均为作者整理。

（三）功能设计

在上述总体框架设计的基础上，对系统的各个功能模块进行了具体设计（见图2）。

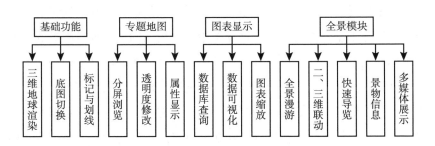

图2 功能设计

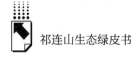

1. 基础设置模块

包含三维地球渲染、底图切换和标记与划线三个功能。三维场景用于模拟真实的地貌；底图可调用任意天地图叠加在地形表面的影像；标记与划线即绘制点、线、面和添加注记，进行距离测量、面积测量和高度测量。

2. 专题地图模块

包含分屏浏览、透明度修改和属性显示三个功能。用户能自主选择需要加载和显示的专题图，并运用卷帘功能对相关数据进行对比分析。其中，卷帘功能通过修改图层的透明度来实现。目前，提供的专题地图类型包括行政区划、人口统计、土地利用、植被指数、土壤数据、农业数据、气象数据、净初级生产力数据等。其中，土地利用、植被指数、农业数据和净初级生产力数据有不同年份格式。在该模块中，用户可随意选择专题地图的类型和格式，每一种类型的专题图都可以呈现不同的属性。

3. 图表显示模块

包含数据库查询、数据可视化和图表缩放三个功能。用户可以在搜索框提交需要的属性，点击搜索后，主界面直接跳转显示相应的信息；数据可视化伴随专题图变化，还可控制地图标注的显示与隐藏，场景以球体模式还是平面模式显示以及地形是否显示，是否打开场景中由昼夜交替所导致的光照变化，拾取鼠标点击位置的经纬度和高程，系统全屏显示以及改变主题色调。地图操作还具有平移、旋转和缩放等功能。

4. 全景模块

包含全景漫游，二、三维联动，快速导览，景物信息和多媒体展示五个功能。通过点击全景漫游标识，选择图中箭头指向的全景场景附近的其他景点，鼠标移到上方会显示该名称和预览图，就可以实现场景之间的切换，使用户仿佛就在实地行走；用户只需要打开地图，即可在浏览三维全景的同时观察该点在二维地图上的位置和自己所站立的方向；系统利用数据库对各个景物添加了多媒体展示与信息提示功能，直接点击景物图片，系统主界面将会显示该景物的相关简介、音频和视频，如果对其感兴趣，可点击图片，按照相应的路线提示进行游览。

四 系统设计及编码实现

（一）三维场景构建

传统的 WebGIS 技术，需要用户安装客户端或插件，且显示效果不佳、兼容性差。[①] WebGIS 是 GIS 加上互联网技术的产物，它的全称是万维网地理信息系统（Web Geographical Information System）。与 GIS 相比，它的显著特点是可以实现属性数据和空间数据的相互连接，同时大大提高了系统处理的速度。它可以支持不同的系统架构和网络环境，具有量级轻、速度快的特点。WebGL 技术作为三维地球框架的核心，不仅能实现在浏览器中绘制三维图形，还可以直接与图形处理器（Graphics Processing Unit，GPU）通信绘制三维场景，加速 3D 界面渲染。[②] 利用数字高程模型 DEM 与影像图结合，借助 Cesium 三维可视化库构建三维场景的总体流程如下：[③] 第一，创建 Cesium 实例，获取虚拟地球对象 viewer；第二，分别创建实现地形和影像的类对象，并在对象内部指定服务器端 URL 地址；第三，将实现类对象赋值 Viewe 对象中的 Terrain Provider 和 Imagery Provider。

1. 地形服务

Cesium 中的地形是一种瓦片数据，采用的是 Small Terrain 一种中等分辨率地形，虽然效果不如 STK 地形，但也基本能够体现原有数据精度。[④] 在制作 Small Terrain 时，首先从地理空间数据云上下载祁连山地区 30m 分辨率的 DEM 数据，并对数据进行预处理、拼接和裁剪；然后利用开源工

---

① 朱丽萍、李洪奇、杜萌萌、王莹：《基于 WebGL 的三维 WebGIS 场景实现》，《计算机工程与设计》2014 年第 10 期。

② 马洪成、钱建国、杨戈：《基于 Cesium 的三维电网 WebGIS 开发与实现》，《测绘与空间地理信息》2018 年第 11 期。

③ 高云成：《基于 Cesium 的 WebGIS 三维客户端实现技术研究》，西安电子科技大学硕士学位论文，2014。

④ 乐世华等：《基于 Cesium 的 WebGIS 流域虚拟场景搭建》，《水利水电技术》2018 年第 5 期。

CTB（Cesium – Terrain – Builder）将 GeoTIFF 格式的 DEM 数据处理为
＊.Terrain格式的地形数据集；最后用 Tomcat 组件发布地形服务，提供
URL 前端调用。

2. 影像服务

Cesium 支持加载在线影像服务和离线影像切片。[①] 本报告根据实际需求
和网络环境，选择使用在线影像服务的方式。Cesium 支持的在线影像服务
如图 3 所示（http：//cesiumjs. org/refdoc. html）。天地图影像的服务器在国
内，数据接入速度快、位置服务精度高、数据资源免费。[②] 因此，本报告选
用天地图影像作为系统的默认影像。[③] 根据自身的网络情况，用户还可以切
换其他影像服务，包括 WMS、TMS、WMTS 地图服务和 ArcGIS Server、Bing
Maps、Google Earth、Open Street Map、Mapbox 等提供的多种地理底图。

（二）组件式系统构建

1. 前端框架

Web 系统的开发可分为前端和后端两部分，前端开发主要借助现有的
开源前端框架。系统在兼顾美观、开发效率的原则下，选择了 Vue 控件库
作为前端框架。[④] Vue 是一套用于构建用户界面的渐进式前端 MVVM
（Model View View Model）框架，于 2015 年完成开发，采用自底向上增量开
发的设计，具有响应式数据绑定和组件式系统构建的特点。[⑤] 响应式数据绑
定指将页面元素文档对象模型（Document Object Model，DOM）和底层数据
保持同步，一旦底层数据被修改，DOM 会相应地被更新，并且 Vue 采用虚
拟 DOM 渲染页面，相较于传统方式，页面会更加流畅。组件式系统构建是

① 范俊甫等：《Cesium 框架多源电子地图瓦片数据混搭方案设计》，《遥感学报》2019 年第
4 期。

② 李思谕：《天地图"新疆"平台的设计与应用》，《地理空间信息》2020 年第 7 期。

③ 穆凯：《基于天地图 API 的综合服务管理系统设计与实现》，《测绘通报》2016 年第 4 期。

④ 张文、黄声享：《基于 Web 的变形监测信息管理系统设计与实现》，《测绘地理信息》2020
年第 3 期。

⑤ 易剑波：《基于 MVVM 模式的 WEB 前端框架的研究》，《信息与电脑》2016 年第 19 期。

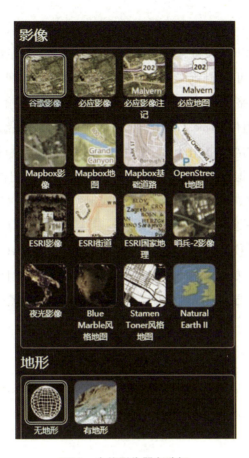

图3　在线影像服务选择

指将页面划分为若干个具有所需全部资源的独立区域，每个区域作为一个组件。① 组件内包含一个或多个功能，组件间可以相互引用或者嵌套。同时，Vue 还拥有一系列完整的组件式系统开发工具：Vue – router、Vuex 和视觉 UI 组件库。

2. 组件式开发

本系统被拆分成若干个组件。App. vue 是系统组件，通过 Vue – router

---

① 江庆、叶浩荣：《Vue + Webpack 框架在银行 App 前端开发的应用》，《金融科技时代》2016 年第 11 期。

管理路由。① Vue – router 是负责前端页面路由跳转的工具，它统一设置各个页面访问路径的 URL，并且与页面中的组件做映射，制定特定的渲染规则，无须切换网页就可以刷新局部页面。② 在路由配置文件 router. js 中设置 Home. vue 的访问路径，用户访问网页时，Vue – router 会解析浏览器地址并将网页导航到根组件 Home. vue 上。③ Home. vue 是系统根组件，负责系统内容显示。根组件需要被拆分为多个子组件，由每个子组件承担页面的一部分功能。④ 首先，根据功能模块设计，将每个模块作为一个组件。绘制和测量模块不需要输入参数，所以直接在根组件中实现；底图组件（Map. vue）用于实现底图模块中的三维场景和地图操作功能；基础设置组件（Basic Setting. vue）用于实现基础设置模块中所有的功能；专题地图组件（Thematic Map. vue）实现专题地图模块中专题地图的展示和卷帘对比功能。子组件在根组件中使用时，先在根组件中导入并注册，然后在根组件模板中用标签引用。

五　系统实现

本报告以祁连山国家公园专题地图集为数据源，对系统进行实现。本系统运行于 Web 浏览器，无须安装其他特殊软件或插件。

① Van Bergen Nicole J, Ahmed Syed Mukhtar, Collins Felicity, Cowley Mark, Vetro Annalisa, Dale Russell C. , Hock Daniella H, de Caestecker Christian, Menezes Minal, Massey Sean, Ho Gladys, Pisano Tiziana, Glover Seana, Gusman Jovanka, Stroud David A, Dinger Marcel, Guerrini Renzo, Macara Ian G. , Christodoulou John, "Mutations in the Exocyst Component EXOC2 Cause Severe Defects in Human Brain Development. ", *The Journal of experimental medicine*, 2020, 217 (10).
② Kalyan Raj Kota, Trent Ricks, Luis Gomez, Jaime Espinosa de los Monteros, Gerardo Olivares, Thomas E. Lacy Jr, "Development and Validation of Finite Element Impact Models of High ~ density UAS Components for use in air ~ to ~ air Collision Simulations," *Mechanics of Advanced Materials and Structures*, 2020, 27 (13).
③ Joan L. Luby, Kirsten Gilbert, Diana Whalen, Rebecca Tillman, Deanna M. Barch. , "The Differential Contribution of the Components of Parent ~ Child Interaction Therapy Emotion Development for Treatment of Preschool Depression", *Journal of the American Academy of Child & Adolescent Psychiatry*, 2020, 59 (7).
④ Alireza M. Kia, Sascha Bönhardt, Sabine Zybell, Kati Kühnel, Nora Haufe, Wenke Weinreich, "Development of Rutile Titanium Oxide Thin Films as Battery Material Component Using Atomic Layer Deposition", *physica status solidi（a）*, 2020, 217 (13).

（一）系统界面显示效果

系统主界面分为图层菜单和功能设计与实现两大部分。

"图层菜单"位于系统主界面左侧，主要包含如下内容：

A. 全景模式：全景点。

B. 基础数据：行政区划、人口统计、土地利用、植被指数。

C. 自然数据：土壤数据、农业数据、气象数据、净初级生产力。

D. 经济数据：第一产业、第二产业、第三产业、人均生产总值。

E. 生态服务：供给服务—食物生产、供给服务—原料生产、供给服务—水资源供给、调节服务—气体调节、调节服务—气候调节、调节服务—净化环境、调节服务—水文调节、支持服务—土壤保持、支持服务—维持养分循环、支持服务—生物多样性、支持服务—美学景观、总价值。

F. 智能防护：视频监控、影像监控。

G. 野外观测：气象观测。

"功能设计与实现"主要包含以下内容：复位按钮、长度测量、添加标记、分屏显示、鹰眼显示、地形显示/隐藏、地名搜索、底图切换、导航提示、指北针和经纬度显示等，如图4所示。

图4　系统界面

（二）专题地图加载效果

1. 全景模式

"全景模式"主要是对祁连山国家公园的部分全景点进行展示，同时用户可以查询全景点百科网站的所有内容，查看景点图片，查询指定地点的周边并显示直线距离和方向，在已安装谷歌地图、高德地图或百度地图的环境下还可以导航。图 5 为祁连山部分全景点在三维场景中加载显示的效果。

图 5　全景点加载显示效果

2. 基础数据

"基础数据"主要是对行政区划、人口统计、土地利用、植被指数进行查询和操作。行政区划包括不同驻地（地级市驻地、县驻地、乡镇驻地和天地图注记）与边界线（市界、县界、乡镇界和祁连山边界），分别用不同颜色点符号与线符号表示。图 6 为祁连山地区的行政区划显示。人口统计数据采用分级表示法，颜色越深代表人口居住数越高。图 7 为 2017 年祁连山地区各县（区）的人口居住统计，可以看出该地区人口分布呈现自西向东递增的趋势；以遥感解译数据为基础，与土地分类系统相协调，确定研究区水田、旱地、林地、灌木、草地、水域、冰川、裸地等 24 个土地利用类型，不同土地利

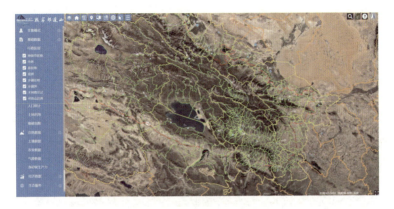

图 6　行政区划显示

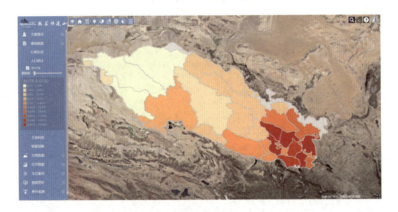

图 7　空间人口统计显示

用类型用不同颜色表示，并且将 1970 年、1980 年、1995 年、2000 年、
2005 年、2010 年、2015 年几个年份的数据进行了整理，发现林地、灌木、
草地、水域、冰川、裸地等类型随时间的变化趋势较为明显。图 8 为 1970
年祁连山地区的土地利用类型显示。通过统计 2000 ~ 2015 年祁连山植被指
数值，得到研究区 16 年来植被指数随时间的变化趋势。图 9 显示了 2000 年
祁连山地区的植被覆盖，可知，2000 ~ 2015 年祁连山植被指数整体呈波动
性上升趋势。

3. 自然数据

"自然数据"是对土壤数据、农业数据、气象数据、净初级生产力等进

129

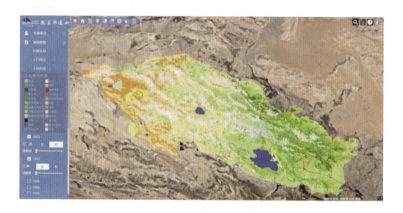

图 8　土地利用类型显示

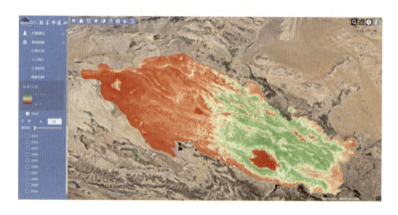

图 9　植被指数显示

行查询和操作。土壤数据主要包括土壤类型、土壤侵蚀类型、土壤质地等相关土壤属性因子，该系统按照不同的类型对研究区的土壤要素进行了细致的划分，图 10 为祁连山地区各县（区）的土壤类型数据显示。系统将该地区生产潜力用不同颜色进行分级表示，颜色越深代表该地区农业生产潜力越高，并将 1970 年、1980 年、1990 年、2000 年和 2010 年几个年份的农业数据进行了整理。图 11 是 1970 年祁连山地区的农业生产力数据，可知，研究区农田潜力整体呈现上升的趋势。气温因素是对站点源数据进行预处理插值，得到该地区积温、温润指数、年均降水和年均气温等相关气温属性因

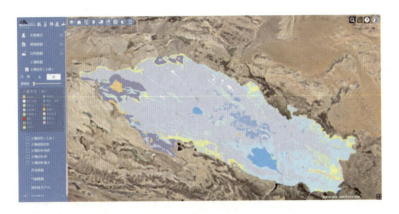

图 10 土壤类型数据显示

图 11 农业生产力数据显示

子，并用不同的颜色对其进行分级表示，图 12 是祁连山地区各县（区）的气象数据插值显示。净初级生产力（net primary productivity，NPP）是生产者能用于生长、发育和繁殖的能量值，也是生态系统中其他生物成员生存和繁衍的物质基础。系统将 2001～2010 年共 10 年的净初级生产力数据进行了整理，用不同的颜色进行分级表示，颜色越深代表该地区净初级生产力越强，图 13 是 2001 年祁连山地区各县（区）的净初级生产力数据显示。

4. 经济数据

"经济数据"是对该地区第一产业、第二产业、第三产业和人均生产

图 12　气象数据插值显示

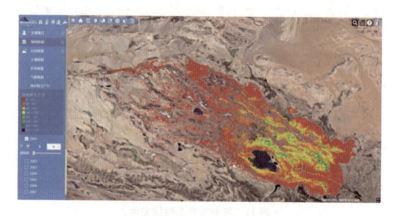

图 13　净初级生产力数据显示

总值等进行查询和操作。第一产业主要是指各类职业的农民利用生物自然生长和繁殖的特性，生产人类必需品和工业原料的相关行业，主要包括农业、林业、牧业、渔业。第二产业主要是指采矿、制造业、电力、热力和建筑业。第三产业主要是指交通运输和公共服务业。系统将对各产业的数据以万元为单位用不同颜色进行分级表示，祁连山第一产业数据显示如图 14 所示，从图中可知，研究区各产业情况呈现自西向东递增的趋势。

图14　第一产业数据显示

5. 生态服务数据

"生态服务数据"是对该地区供给服务（包括食物生产、原料生产、水资源供给）、调节服务（包括气体调节、气候调节、净化环境、水文调节）、支持服务（土壤保持、维持养分循环、生物多样性、美学景观）和总价值等生态服务数据进行查询和操作。系统将对该地区生态服务数据以百亿元为单位用不同颜色进行分级表示，祁连山供给服务—食物生产显示如图15所示，从图可知，研究区各生态服务生产价值总体较低。

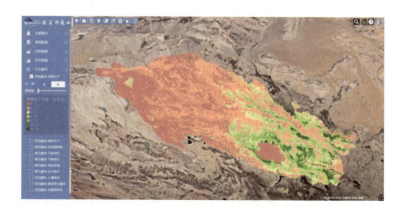

图15　供给服务—食物生产显示

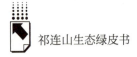

6. 野外观测数据

"野外观测数据"是对该地区野外各个气象站点的观测数据进行查询和操作。系统将对该地区各个气象站点进行展示，点击各气象站点图标可查询相关属性值的数据与气温、降水的曲线图，甘肃省酒泉市52533气象站点的经纬度坐标值、高程值以及气温和降水的变化曲线，如图16所示。

图16 气象数据显示

（三）系统功能展示

系统实现功能的基本思路是通过控制图层勾选相应图层，然后通过下拉菜单筛选需要查询的要素，在主界面左上方点击所要实现功能的按钮并显示输出结果，主要包含以下功能。

（1）三维地球渲染功能。使用支持 WebGL 的浏览器就能查看结合数字高程模型 DEM 和数字正射影像 DOM 构建的 Cesium 三维渲染实景，以谷歌影像为地理底图的数字祁连山三维可视化系统页面，如图17所示。

（2）标记测量功能。调用数据库查询添加感兴趣的标记点，将各个标记点进行连线，三维情景下的地图呈现起伏不平的效果，通过划线与量测操作可知两个或多个标记之间的距离与高程，系统测试过程中实现的标记与长度量测功能显示，如图18所示。

（3）鹰眼显示功能。由于地图窗口比例尺比较大，想做跨度较大的位

图17　以谷歌影像为地理底图的三维影像

图18　标记与长度量测功能展示

置移动，需要鹰眼显示的功能，可滑动鼠标来实现在三维实景展示模式下感兴趣区的局部缩小与放大，鹰眼显示功能实现如图19所示。

（4）分屏卷帘功能。系统的专题图有多种类型，通过选择属性因子的不同展示方式数据进行分屏对比，图20是对1970年和1980年土地利用类型数据进行分屏对比显示。

（5）透明度对比显示。图21是对1980年土地利用类型数据不同透明度的对比显示。明显可以看出，图21（1）透明度较低，颜色明亮，属性特征容易在地图上凸显，图21（2）透明度较高，与底图融为一体。

图 19　鹰眼显示

图 20　土地利用类型不同年份的对比分屏显示

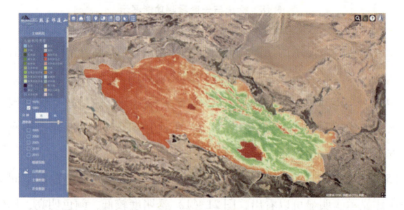

图 21　1980 年土地利用类型数据不同透明度对比显示（1）

图21 1980年土地利用类型数据不同透明度对比显示（2）

（6）属性显示功能。直接点击感兴趣区域，系统将出现该区域位置、属性信息表等数据，青海省民和县52876气象站点的经纬度、高程以及降水量与温度的变化趋势，如图22所示。

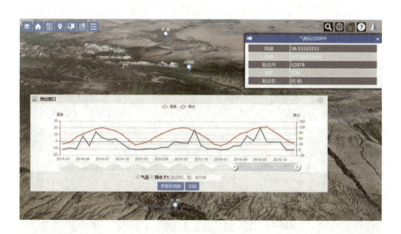

图22 属性显示

（7）全景漫游显示功能。借助Pano2VR软件将全景图片（360×180）转化生成全景漫游系统，系统主界面按一定的方式将全景照片投影为三维实景，支持用户进行添加补丁、导览、谷歌地图、文本信息和音视频等操作。吐鲁沟国家森林公园半月潭景物全景漫游，如图23所示。

图 23　全景漫游显示

（8）二、三维联动功能。在系统中加入二维地图，使每个全景场景的属性中都包括了该点的经纬度和正北方向。用户只需要点击打开地图，可在浏览三维全景的同时观察该点在二维地图上的位置和自己所朝的方向，实现了二、三维联动。二、三维联动全景，如图 24 所示。

图 24　二、三维联动全景

（9）多媒体展示与信息提示功能。系统利用数据库对各个景物添加了多媒体展示与信息提示功能，直接点击景物图片，系统主界面将会显示该景物的相关简介、音频和视频，如果用户对其感兴趣，可点击图片，按照相应的路线提示快速导览，吐鲁沟国家森林公园简介，如图 25 所示。

图25 多媒体展示与信息提示

总　结

本报告通过集成 Vue 和 Cesium 框架，开发了祁连山国家公园三维可视化系统，系统主要有以下特点。

（1）将 Vue 前端框架引入三维 WebGIS 开发中，利用 Vue – router、Vuex 等组件式开发工具，降低了系统耦合性并提升了后期可维护性；采用 iView 组件库设计界面，减少了开发人员在界面设计上耗费的精力，提升了系统的开发效率。

（2）该系统是集 GIS 技术、数据库技术、网络技术、虚拟现实技术等多种计算机技术于一体的三维显示数据平台，针对祁连山地区复杂的地表和生态环境状况，集成祁连山全区域范围内的基础空间信息数据和业务数据，集中展示全区范围内的影像数据、矢量基础数据、各类业务数据及三维模型数据，能够全方位地提供有关祁连山的各种具有真实感的场景信息，构建一个真实、直观的虚拟地理环境。

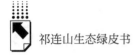

（3）使用该系统可在三维场景中观察专题地图，可以得到祁连山生态、水文、地质、自然、环境、经济等领域的空间分布状况。该系统可以为着力解决祁连山生态保护和综合治理等重大问题提供科学支撑，也为管理者实施科学、人文、生态的规划提供有力的决策手段，更好服务生态文明建设和祁连山综合科考工作。

（4）虽然应用先进的技术开发了质量可靠、用户界面良好、数据丰富、功能较为齐全的"三维可视化系统"。但系统目前的功能多集中在专题地图制图，二、三维数据显示及简单的 GIS 分析功能方面。随着项目的持续进行，系统将不断完善，在充实数据的基础上，完善空间建模及分析方面的功能，成为一个真正的科学决策支持系统。

G.8
祁连山国家公园野生动物保护

丁文广　李玮丽*

摘　要： 生物多样性为人类提供了基本的生活环境和丰富的物质资源，是人类赖以生存的基础，也影响着生态系统的稳定和持续。祁连山国家公园拥有丰富的野生动物资源，为生物多样性创造了有利条件，因而如何有效进行祁连山国家公园野生动物保护与管控成为社会各界关注的焦点。本报告介绍了祁连山国家公园内野生动物概况、保护管理现状与新冠肺炎疫情下的野生动物保护行动，分析得出祁连山国家公园野生动物保护与管控仍存在较多问题，如野生动物保护的相关法律不完善、栖息地破碎、过度利用野生动物资源和野生动物保护宣传力度不足等，并针对以上问题提出合理建议，如完善立法，健全野生动物保护相关法律与管理条例，完善野生动物保护管理机制，保护野生动物生活环境，提高公众参与度。

关键词： 祁连山国家公园　野生动物　生物多样性

祁连山是国家重点生态功能区，是黄河及诸多内陆河的重要水源地，其涵养的水源是青海、甘肃、内蒙古等地赖以生存的生命线，是保障"一带一路"建设通道畅通的基础。同时祁连山也是我国生物多样性保护的优先

---

* 丁文广，兰州大学资源环境学院教授、博士生导师，甘肃省人民政府参事；李玮丽，兰州大学资源环境学院。

区域，是重要的生物基因库，对于维持青藏高原的生态平衡具有十分重要的意义。并且，在祁连山中分布着以雪豹、白唇鹿、黑颈鹤、金雕为代表的众多国家重点保护珍稀动物。

祁连山国家公园在维护生物多样性方面发挥重大作用，不仅为生物的自然进化、物种生存提供了适宜的场所，而且，其稳定的生态环境还可以为物种个体与物种的基因型创造有利的生存环境，进而保护完整的种群结构。在广阔的祁连山国家公园中，存在着极其复杂的生态系统和种类繁多的野生动物，因此对祁连山野生动物采取合理且严密的保护与管控措施具有极其重要的意义。

一 祁连山国家公园野生动物概况

根据中共中央办公厅、国务院办公厅印发的《祁连山国家公园体制试点方案》，祁连山国家公园位于甘肃、青海两省交界，总面积为5.02万平方公里，分为甘肃省和青海省两个片区。其中，甘肃省片区面积为3.44万平方公里，占总面积的68.5%；青海省片区为1.58万平方公里，占31.5%。

祁连山国家公园甘肃省片区已查明分布的野生脊椎动物有28目63科286种，包括鸟类196种、兽类58种、两栖爬行类13种。其中，黑颈鹤、金雕、白肩雕、玉带海雕、白尾海雕、胡兀鹫、斑尾榛鸡、雉鹑、遗鸥、雪豹、白唇鹿、野驴、野牦牛、马麝等国家Ⅰ级保护野生动物15种；甘肃马鹿、猞猁、蓝马鸡、大天鹅、棕熊、淡腹雪鸡、石貂、水獭、马鹿、鹅喉羚、藏原羚、盘羊、岩羊等国家Ⅱ级保护野生动物39种。

祁连山国家公园青海省片区有野生脊椎动物28目63科294种，其中两栖爬行类13种、兽类69种、鱼类6种、鸟类206种。国家Ⅰ级保护野生动物有雪豹、白肩雕、白唇鹿、金雕、马麝、黑颈鹤、玉带海雕等15种，国家Ⅱ级保护野生动物有淡腹雪鸡、棕熊、猞猁、岩羊、马鹿、盘羊、猎隼、蓝马鸡等39种。另根据《祁连山国家公园体制试点白皮书》中相关数据，2018～2020年，祁连山国家公园青海省境内调查记录有大型兽类23种，隶属于5目10科，占全省兽类种数（115种）的20%，其中食肉目4科12种，偶蹄目2科5种，奇蹄目1科1种，啮齿目2科4种，兔形目1科1种。国家Ⅰ级保护动物5种，分别为雪豹、藏野驴、马麝、白唇鹿、野牦牛；国家Ⅱ级保护动物10种，分别为豺、棕熊、石貂、荒漠猫、兔狲、猞猁、马鹿、西藏盘羊、藏原羚、岩羊。鸟类188种，隶属于18目45科，占青海省鸟类种数的45.3%。其中，雀形目种类最多，为2科12种，鸡形目次之，为1科11种。国家Ⅰ级保护动物5种，分别为斑尾榛鸡、黑颈鹤、红喉雉鹑、金雕、胡兀鹫；国家Ⅱ级保护动物19种。两栖类3种，隶属于1目2科，爬行类4种，隶属于1目3科。

二 祁连山国家公园野生动物保护管理现状

（一）管理机构

为切实有效地保护祁连山环境，祁连山国家公园管理局于2018年10月29日在甘肃省兰州市正式成立，标志着祁连山国家公园试点工作进入新的阶段。祁连山国家公园管理局承担的任务包括：祁连山国家公园勘界、功能分区划定、立碑、确权登记；制定祁连山国家公园的相关政策、办法、规程；严厉打击祁连山国家公园内的偷采、偷挖、盗猎等违法行为；搭建祁连山国家公园学术交流和合作发展平台等。

（二）保护行动

1. 祁连山国家公园青海片区

2020年3月3日，正值世界野生动植物日，祁连山国家公园青海省管理局选择雪豹、黑颈鹤、豺、兔狲、藏狐、荒漠猫、白唇鹿、野牦牛、棕熊、马麝10种动物作为祁连山"十大明星野生动物"进行科普介绍，详细介绍了这10种野生动物的特点、数量及其稀缺性，并附上野生动物照片及手绘图。同时举办收集"十大明星野生动物"手绘图的活动，积极宣传保

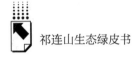
护野生动物科普知识，促进人与自然和谐相处。

2020年5月8日，青海省林业和草原局、祁连山国家公园青海省管理局联合共青团青海省委、青海省环境教育协会、青海省祁连山自然保护协会在西宁市北川河湿地公园举办了以"爱鸟新时代 共建好时代"为主题的青海省第39届"爱鸟周"观鸟活动。在活动中讲解了祁连山国家公园青海片区鸟类分布、种类、特点及习性，并带领参与者一同观察了北川河湿地公园鸟类停歇情况，使参与者深入了解鸟类、自然环境与人类三者之间的关系。通过对鸟类的实地观察唤起社会各界爱鸟护鸟意识，激发全民共同关注、关心生态环境保护，凝聚生态保护建设和野生动植物保护的重要社会力量。

2020年6月5日，青海省林业和草原局、祁连山国家公园青海省管理局主办，天峻县委宣传部、青海省祁连山自然保护协会承办，天峻县林业和草原局、天峻县自然资源局、天峻县生态环境局、天峻县教育局、天峻县摄影协会联合协办了"影像祁连山"生态摄影大赛精选作品展暨"祁连山下我的家"祁连山国家公园青海片区自然教育主题活动。活动当天举行了生态保护讲座、影像观看与摄影技术讲解，从不同的视角呈现祁连山丰富的自然资源与人文资源。次日，两位野生动物摄影师进入当地学校进行自然教育活动，通过形式多样的活动，号召孩子们一同参与到野生动物保护行动中。

2020年6月27～28日，青海省林业和草原局、共青团青海省委、祁连山国家公园青海省管理局主办，祁连山国家公园青海省管理局办公室、团省委少工委、青海省环境教育协会和青海省祁连山自然保护协会承办的2020年祁连山国家公园青海片区青少年自然教育科考营——"花儿与少年守护祁连山"中小学生夏令营活动在祁连山国家公园冰沟基地举行。在此次活动中，100余名师生走进祁连山国家公园展厅，了解国家公园概况及野生动植物保护情况。通过自然教育的方式，让孩子们直接感知自然，发现自然生态的美好，在学习知识的同时，增强孩子们对野生动物的保护意识。

2. 祁连山国家公园甘肃片区

目前祁连山国家公园已建成"天地空一体化"生态环境监测网络体系，

横跨甘肃张掖、武威、金昌 3 市 8 县区，覆盖基层 22 个自然保护站，不仅守护着祁连山生态环境，也在野生动物保护方面发挥着重大作用。野生动物活动范围广，仅依靠人工巡护无法涵盖整个保护区，而且取证难度大。"天地空一体化"生态环境监测网络体系可以进行 24 小时不间断的监控，覆盖面更广，更易取证，方便对比。依靠该系统，祁连山范围内多次记录到野生动物的身影。2020 年上半年，在保护区内多次发现国家 I 级保护动物藏野驴、Ⅱ级保护动物藏原羚，2020 年 4 月上旬祁连山区内还记录到 260 余只野生白唇鹿特大种群影像。"天地空一体化"生态环境监测网络体系发展和普及为中国野生动物多样性和物种保育研究带来了诸多机会。

2020 年 4 月 27 日，大熊猫祁连山国家公园甘肃省管理局张掖分局、大熊猫祁连山国家公园甘肃省管理局张掖综合执法局联合开展了以"爱鸟新时代，共建好生态"为主题的"爱鸟周"科普宣传活动，通过展出野生动物宣传展板、播放宣传视频、悬挂横幅、发放宣传资料等方式，向公众普及了《野生动物保护法》、鸟类与野生动物知识，引导社会公众关爱鸟类，保护野生动物。

2020 年 6 月 18～19 日，甘肃卫视播放了绿水青山育"精灵"——祁连山珍稀野生动物资源纪实，通过纪录片的形式介绍了祁连山国家公园内野生动物的种类、分布和特点等，尤其是对国家 I 级保护动物雪豹、国家 Ⅱ 级保护动物猞猁做了详细的介绍。随着网络的不断普及，电视节目播放范围逐渐扩大，手机、电脑、公交车显示屏等都可以成为纪录片的播放载体。纪录片广泛的宣传范围加上鲜艳的影像和具有感染力的解说在宣传上具有独到的优势，能够极大地传播关爱野生动物的绿色理念，进一步传播生态文明理念，引导群众维护生物多样性。

三　新冠肺炎疫情下的野生动物保护行动

2020 年，新冠肺炎疫情给世界各国人民带来了巨大的灾难与挑战，同时也敲响了全面加强野生动物保护的警钟。

新型冠状病毒确切的源头仍未可知，但所有的矛头都指向野生动物交易与食用。这场疫情给人们带来苦难的同时，也将血淋淋的野生动物贸易链呈现在公众面前。一些人肆意追求野味，将一些本来潜藏在动物体内的病毒引入人类社会。根据相关资料记载，当今人类新发传染病78%均与野生动物有关，或者说来源于野生动物。由食用野生动物导致的人畜共患病现象时有发生，如SARS冠状病毒（SARS－CoV）、禽流感（如H5N1流感病毒）、甲型H1N1流感、病毒性出血热等，这些疾病严重威胁了人类健康。① 为保护野生动物，保障人民群众生命健康安全，国家及各个省（区、市）均采取了相应的行动。

2020年2月24日，全国人大常委会审议并通过了《全国人民代表大会常务委员会关于全面禁止非法野生动物交易、革除滥食野生动物陋习、切实保障人民群众生命健康安全的决定》。该决定出台后确立了全面禁止和食用野生动物、严厉惩戒野生动物非法交易制度，为各级执法、司法机关打击非法交易行为提供了有力法律依据，有效保护了野生动物安全和生态安全，为防范重大公共卫生风险的发生提供了有效的支撑。同时，国家各相关部门积极采取行动，推动野生动物保护。2020年2月27日，国家林草局有力推进《国家重点保护野生动物目录》调整进度、稳步推进"三有"动物名录修订，有效完善野生动物人工繁育、经营利用、标识管理等配套的管理办法和技术标准。2020年4月8日，国家农业农村部公布了《国家畜禽遗传资源目录》，目录囊括了33种畜禽，其中包括传统畜禽17种、特种畜禽16种，这为深入规范野生动物保护和管理提供了强有力的支撑。同时，中共中央政治局常委、国务院总理李克强在2020年5月20日"国际生物多样性日"宣传活动上强调了生物多样性是人类生存和发展、人与自然和谐共生的不可缺失的基础，要继续有效推进法规制度的健全，深入实施一批生物多样性保护重大工程。

各省（区、市）积极响应中央决定和相关部署，纷纷采取相应措施，

---

① 周立、李刚、孔雪、陈朗、冯勇：《新冠疫情下野生动物资源保护与利用的生物安全问题思考》，《生物资源》2020年第4期。

有效推进野生动物保护。福建省重点推进野生动物保护法制建设，不断夯实法制基础，先后颁布并实施了多部法律法规、多项规章制度和规定，构建并完善了野生动物保护制度；有效进行了野生动物调查、监测和评估工作，推动全省建立健全野生动物资源档案，在省级以上的自然保护区内共布设了1000多台红外监测设施，获取了大量第一手野生动物相关资源监测数据。另外，福建省不断加强栖息地保护力度，持续改善野生动物生境；加大对濒危野生动物实施抢救性保护、野生动物遗传资源保护工作；大力推进联防联控机制的建立和完善，严厉打击非法交易、破坏野生动物资源等行为，"多措并举"织密织牢野生动物保护的安全网。北京市通过坚决实施"史上最严"野生动物保护法律法规来保证野生动物"安居"。新版《北京市野生动物保护管理条例》于2020年6月1日起正式实施，野生动物保护管理工作被纳入生态文明建设考核体系中；取消了原条例中关于每年3~5月、9~11月禁止狩猎的相关内容，明确北京全域全年实行禁猎；加大对于违法猎捕野生动物行为的惩处力度，明确规定对于猎捕、猎杀野生动物的行为，没收猎获物并处罚款；构成犯罪的行为，将依法追究其刑事责任。非常值得注意的是，即使没有猎取猎获物，只要有捕猎行为，也将面临5000元以上2万元以下罚款。

四 野生动物保护中存在的问题

（一）野生动物保护的相关法律不完善

现行的《野生动物保护法》仅在总则部分第二条中规定了该法保护的野生动物的范围，即珍贵、濒危的陆生、水生野生动物和有益的或者有重要经济科学研究价值的陆生野生动物。这里的"野生动物"并不能涵盖所有的野生动物，保护的范围不够全面。现在关于"野生动物"普遍接受的定义为：生存于野外的非家养动物。这里的"生存"无法区分是出生在野外，还是出生后生活在野外，或是出生并且生活在野外。对于在野外出生后被人

工饲养的动物是否属于野生动物也没有明确的定义。野生动物定义不明确将直接导致执法的不便。

（二）野生动物栖息地破碎

随着我国社会经济的迅速发展，土地、林木资源的需求不断扩大，土地开垦与城市扩张不断加速，导致林草地面积减少、土地沙化、水土流失现象加剧，野生动物的自然栖息地被大量开垦和破坏，时有发生的滥砍盗伐、侵占林地事件使野生动物栖息地进一步缩减，野生动物栖息地正逐渐破碎或丧失。特别是现代交通建设和草原围栏放牧等，使野生动物被隔离在不同的生境板块内，严重阻碍了它们的迁移与扩散。这既增加了野生动物近亲繁殖的概率，也使传染疾病的危害性进一步扩大，使全球的野生动物生存受到威胁，造成部分野生动物濒临灭绝。

祁连山国家公园位于青藏、蒙新、黄土三大高原交会地带的祁连山北麓，从南坡到北坡，从东段到西段，从山麓到山顶，自然景观存在着很大差异，山水林田湖草各种生态系统均有分布，高度的环境特异性孕育了丰富的野生动物资源。近年来，祁连山森林砍伐、矿产开采、水电开发等活动使生态环境遭到严重破坏，野生动物栖息地不断破碎化，祁连山国家公园内部分野生动物数量下降，加强对野生动物栖息地的保护是祁连山国家公园野生动物保护的重要内容。

（三）过度利用野生动物资源

目前我国存在的对于野生动物资源的利用方式主要有：制作药材、食品、装饰品、狩猎纪念品、工艺品、毛皮羽制品，作宠物，其中药材和食品的利用量最大。在3000多种中药材中，野生动植物药材占有相当大的比重，部分野生动植物药材的过度利用造成某些动物被过量捕杀。我国部分地区仍存在食用野生动物的习惯，不仅破坏生物多样性，而且会造成疾病传播，历史上，许多重大的人类疾病和畜禽疾病都来源于野生动物，如艾滋病、埃博拉病毒来自灵长类；亨德拉病毒感染牲畜、尼巴病毒来自狐蝠。对野生动物资源的过度利用使偷捕偷猎现象屡禁不止，2019 年 11 月，祁连山国家公园"蓝天 2019"秋冬季巡护专项行动查获了超出经营范围的野生动物制品 59 件。因此，野生动物资源的过度利用是造成野生动物物种濒危的重要原因之一。

（四）野生动物保护宣传力度不足

目前，祁连山国家公园野生动物保护宣传工作中政府部门发挥着主导作用，存在保护宣传力度小、形式简单、覆盖面不广、缺乏固定宣教场所等问题。特别是非政府组织参与动物保护较少，发挥作用不够，公众积极性不高。宣传活动主要集中在人口相对集中的城市，对于农村地区和野生动物较为集中的山区，野生动物保护宣传工作还存在极大的不足，很多人对野生动物保护政策、法律法规等没有清晰的认识和理解，对保护野生动植物资源的重要性缺乏认知，没有筑牢禁止食用野生动物的安全意识。偷猎捕猎和食用野生动物的行为仍然存在，2019 年至 2020 年 6 月，甘肃省受理野生动物保护刑事案件 72 件。因此，加强保护野生动物宣传教育，提高全民保护意识是祁连山国家公园建设的应有之义。

五　相关建议

（一）健全野生动物保护相关法律法规

1. 完善《野生动物保护法》

目前实行的《野生动物保护法》是建立在"保护是为了利用"这一观念之上的，主要关注有利用价值与处于濒危或者灭绝境地的野生动物，对于很多尚未发现利用价值的野生动物没能给予恰当的保护。还缺乏对于虐待、偷猎、食用野生动物的相关规定，在对野生动物刑法保护方面还存在罪状限制过多、犯罪情节标准模糊等缺陷。完善和修订《野生动物保护法》应当以野生动物的可持续发展为基本理念，扩大野生动物保护范围，将虐待、偷猎、食用野生动物等行为纳入法律惩处范围。

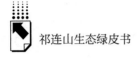

2. 引入新的法律制度

我国现行的野生动物法律保护制度在资源产权制度、生境保护制度、分层次分级别管理制度、行政补偿制度等方面的规定，在野生动物保护中起到重要的作用。但是随着我国加入世界贸易组织（WTO）后，这些制度本身存在的不足逐步凸显。资源产权形式过于单一使有些制度互相矛盾，行政补偿制度在实践中的可操作性也存在不少问题，使受害者不能及时得到补偿，生态环境保护制度还有待健全等。因而，在完善现有法律制度缺陷的同时，还需要引进新的法律制度来丰富基本法律制度，使法律制度更加完善、齐全。

3. 制定统一的自然保护区及国家公园的相关法律

我国目前已经建立了诸多自然保护区及国家公园，如祁连山国家公园、三江源国家级自然保护区、长江上游珍稀特有鱼类国家级自然保护区等。这些自然保护区与国家公园的设立极大地保护了野生动物的生境，为野生动物的生存繁衍提供了场所。我国设立自然保护区已有60余年的历史，拥有丰富的管理经验，针对自然保护区与国家公园，已经出台了《自然保护区条例》《自然保护区土地管理办法》等相关行政法规。但是还没有一部统一的自然保护区法，从法律的层面强化对自然保护区特别是野生动物保护，制定这样一部法律既是可行的又是必要的。

（二）完善野生动物保护管理体制

1. 加大监督检查力度，确保执法质量

有了完善的法律法规与管理体系，还需要严格、健全的执法体系。在"有法可依"的基础上，要做到"有法必依，执法必严，违法必究"。各级政府及有关部门要严格执行野生动物保护法律法规，切实履行野生动物保护监督检查职责，确保检查、执法有序进行。同时需要加强对野生动物保护执法者队伍的建设，确保执法质量。通过长期学习与短期培训相结合的方式，提高执法队伍的思想素质，开展相应的专业技术培训来提高执法队伍的专业素质，使之思想与专业齐头并进。各级主管部门也应该意识到监督检查与媒体的及时曝光对于执法工作的积极作用，客观地分析现阶段工作的实际情

况，审视不足，研究解决方法，全面强化野生动物保护工作。

2. 建立密切配合的执法机制

野生动物主管部门应严格履行法律赋予的职责，认真执法，但是单个部门执法有可能会遇到消息闭塞、执法不彻底等问题，亟须协同各个有关部门共同执法。各个管理部门如公安、林业、交通等，加强信息交流与执法协调，针对非法活动高发地与高发环节，提高联合执法检查频率，对于跨区域运输、买卖、捕杀野生动物及其产品情况严重的地方，应该建立联防联控保护机制，加大保护执法力度。各个相关部门应该拧成一股绳，紧密配合，协同作战，共同为野生动物保护工作而努力。

3. 全面清理整顿野生动物市场

禁止一切对于野生动物的偷捕、偷猎活动，对于野生动物捕猎者应着重打击、从重处罚，从源头上封杀"供应商源头"。"没有买卖就没有伤害"，非法的野生动物买卖或者通过野生动物牟利是偷猎野生动物的根源，必须对这些场所进行有效清理。有关部门应对辖区内的野生动物或野生动物产品经营利用场所，特别是餐馆、花鸟鱼市场等场所清理排查。对于野生动物及其制品的购买者，也应当有较为严格的惩治。

（三）加大野生动物栖息地保护力度

保护野生动物，栖息地保护是关键。第一，要坚决保护祁连山国家公园内森林、草原、荒漠、湿地等生态系统的完整性，有效保护公园内野生动物迁徙的重要廊道，不断优化野生动物生存空间，进而保证野生动物生境的完整性。持续加大对保护地、森林等野生动物赖以生存的生态资源的保护力度，保证生态环境持续向好。第二，禁止破坏祁连山生态环境的行为，大力推动祁连山生态环境问题整改，持续加大对环保督察反馈问题的整改力度，不断提高相关问题的整改效率和整改率，尽量减少保护区内人为活动干扰。第三，有序推进三北防护林、天然林保护，退耕还林还草，黑土滩治理，沙化土地综合治理等一系列林业生态工程建设，提高林草覆盖率和生态环境质量，有效保护野生动物赖以生存的栖息地。第四，要加强监测、保护、巡护

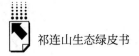
和防火等基础设施建设，提升野生动物保护相关工作人员的技能素养，要严格防火尤其是冬季防火，大力保障生态安全，为野生动物提供美丽家园。

（四）加大野生动物保护公众参与力度

加大野生动物保护公众参与力度，首先需要加强野生动物保护宣传，营造野生动物保护公众参与的积极氛围，形成全社会共同参与野生动物保护的意识。开展形式多样、内容丰富的野生动物保护宣传活动，支持社会组织参与宣教活动，不断争取资金建设宣教馆、标本馆等固定宣教场，通过广播、电视、报纸、微信公众号、抖音、微博等多种途径，以人们乐于接受的形式宣传保护野生动物的重要性，野生动物保护的法律、政策等，引导与鼓励公众自觉抵制捕杀、购买野生动物。同时，要加强在乡镇以及农村居民等可以直接接触野生动物的公众中传播和普及生态保护的相关知识，减轻人类活动对野生动物的影响。兰州大学丁文广教授在甘肃省白水江国家级自然保护区内实施的"社区共管"取得了良好成效，把村民由资源的破坏者变为资源的管理者，在尊重当地经济发展的同时，保护了森林资源，对我国各个国家级自然保护区的生态保护起到了示范作用。

野生动物是人类的朋友，与我们生活在同一片土地上。保护野生动物不仅仅是国家或政府的责任，也是全社会共同的责任，我们每一个人都应该积极主动地保护野生动物，摒弃"野味大补"的错误观念，行使公众监督的权利，对于侵害野生动物、破坏野生动物栖息地的行为，积极向有关部门举报，让保护野生动物成为每个人的自觉行为。

政 策 篇

Policy Articles

G.9

守护祁连山 推动河西走廊可持续发展（上）

——祁连山保护和河西走廊发展现状研究

李宏 杜树旗*

摘 要： 祁连山是河西走廊的"母亲山"，没有祁连山就没有河西走廊。本报告从生态、经济、文化、军事、资源等角度阐述了河西走廊重要的战略地位，分析了冰川加速消融、林草地退化、人口增长和绿洲扩张、粗放管理和低效配置、自然生态环境脆弱及自我系统修复能力较差、保护区生态环境问题整治任重道远、区域发展要求与生态承载力矛盾日益突出等河

* 李宏，甘肃省政府研究室研究员，长期从事省政府决策、社会发展、生态战略研究；杜树旗，西部资源环境与区域发展智库研究员，甘肃省社科联理事，长期从事省政府决策咨询和战略研究。

西走廊发展面临的突出生态环境问题，阐述了河西走廊经济社会发展取得的新成就，如主要经济指标位居甘肃省前列、建成甘肃省重要的冶金工业基地、凸显农产品生产加工基地比较优势、走出大力发展循环经济的新路子、兴起新能源及新能源装备制造业，以及石羊河流域综合治理成果显著等。

关键词： 祁连山　河西走廊　资源利用

祁连山是河西走廊的"母亲山"，是西部乃至国家的重要生态安全屏障，没有祁连山的滋润，就没有河西走廊。河西走廊是"一带一路"建设的黄金通道，是我国重要的商品粮基地和良种繁育基地，是甘肃区域经济发展的增长极，具有重要的战略位置和独特发展优势。但是，由于各种自然因素和人为原因，祁连山生态环境遭到严重破坏，威胁着河西走廊的可持续发展，为此，本报告对祁连山的守护和河西走廊的可持续发展问题进行了专门研究。

一 河西走廊的重要战略地位

河西走廊位于黄河以西，祁连山脉和阿拉善高原之间，东起乌鞘岭，西至星星峡，东西长约 1000 公里，南北宽 100 公里至 200 公里，为东南—西北走向的狭长平地，面积为 28.1 万平方公里，其中绿洲仅占总面积的 17.4%，其余为山地、沙漠和戈壁。

（一）祁连山是西部重要的生态安全屏障

祁连山是青海湖流域、柴达木盆地以及甘肃河西走廊、内蒙古西部最重要的水源涵养区，是维护青藏高原生态平衡、河西走廊绿洲稳定、保障北方地区生态安全的天然屏障。祁连山有丰富多样的生态系统，包含冰川雪山、森林草原，以及这些生态系统所涵养的绿洲共同构成了中国西部重要的生态安全屏障。从地理学上看，河西走廊是黄土高原、青藏高原和内蒙古高原三大高原的交会地带，乌鞘岭是重要的分界线。从气候学上看，祁连山—阿尔金山—昆仑山，隔断了大陆季风，造就了华夏大地东南湿润季风区、西北干旱区和青藏高原高寒区的气候格局，乌鞘岭是中部内陆半干旱地区和西北内陆干旱地区的分界线。从生态学上看，祁连山横跨甘、青两省，三面被沙漠包围着，北面是巴丹吉林沙漠和腾格里沙漠，西面是库木塔格沙漠和塔克拉玛干沙漠，南面则是柴达木盆地沙漠，而祁连山则是伸到沙漠深处的一座"湿岛"。祁连山的高大山体截留了水汽，形成了降水，发育了大小冰川2684条，面积为1597.8平方公里；祁连山上茂密的森林、灌木和草原涵养的水源和冰川融水形成了内陆河、外流河（黄河）和青海湖三大水系，总径流量达到116亿立方米，是甘肃、青海、内蒙古3省（区）24个县（市、区）500多万群众赖以生存的生命线。[①] 发源于祁连山的石羊河、黑河、疏勒河等内陆河滋养着甘肃省河西五市及内蒙古的阿拉善盟北部，累计长度为1940公里，年平均径流量达到74亿立方米，流域面积为27万平方公里。[②] 石羊河阻止了腾格里沙漠和巴丹吉林沙漠的牵手、黑河把巴丹吉林沙漠分成东西两部分、疏勒河阻止了库木塔格沙漠和巴丹吉林沙漠的汇合。[③] 在这些河流的滋润和灌溉下，沿着祁连山北麓，形成了一个个由绿洲连缀而成的走廊，稳住了库木塔格、巴丹吉林、腾格里等沙漠，阻断了中西亚与我国西部沙漠的融合串联，避免了沙漠的东移南下，成为一条横跨三省（区）的西部绿色生态长城。[④] 没有祁连山，就没有河西走廊绿洲，没有绿洲，河西走廊将是一片浩瀚的沙漠。

---

① 车克钧、傅辉恩：《祁连山森林、冰川和水资源现状调查研究》，《北京林业大学学报》1998年第6期。

② 冯起、曲耀光、程国栋：《西北干旱地区水资源现状、问题及对策》，《地球科学进展》1997年第1期。

③ 孙玉贤：《甘肃省防治土地荒漠化现状及对策》，《社科纵横》2005年第5期。

④ 任继周、侯扶江：《山地—绿洲—荒漠的系统耦合是祁连山水资源保护的关键措施》，《草业科学》2010年第2期。

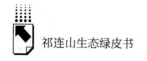

（二）河西走廊是中西方经济文化交流的枢纽

河西走廊处于蒙古高原与青藏高原的接合地带，是中原连接新疆以及中亚的重要交通要道，地理位置重要，被称为东亚陆上"马六甲海峡"当之无愧。古代中原王朝东、东南、南三面环海，海洋是天然的不可逾越的屏障；西南的青藏高原，长年冰雪覆盖，一般人难以翻越；东北气候寒凉；北方大漠隔阻。因此，穿越河西走廊经西域到达中亚、西亚和欧洲成为最容易打通的通道。自西汉开通丝绸之路以来，河西走廊一直是中国历史上对外联系的最重要窗口，造纸、印刷、火药、指南针等发明和传统文化以及古代中原的丝绸、瓷器、铁器、竹器、漆器及其他商品经过河西走廊输往西域；西亚及中东、西欧等地商客也经过河西走廊，将珍玩、香料、珠玉、皮革等运抵长安、洛阳，当时的河西走廊各国商旅纵横，经济发达盛极一时，一度成为距离长安最近的副金融中心、最大的外贸交易中心。唐代以后，随着海上丝绸之路的开通和繁荣，河西走廊的地位逐渐下降。1990 年新亚欧大陆桥贯通后，河西走廊又成为我国联系亚洲和欧洲、沟通太平洋和大西洋的最重要的陆上通道，重庆、武汉、郑州、成都、兰州等地出发的国际货运班列就是通过河西走廊驶往中西亚和欧洲的。

（三）河西走廊历史上是军事要塞

河西走廊周边地势险要，自古就是军事要塞。汉、魏、晋、隋、唐、元、明、清等历代王朝始终坚持把河西走廊掌握在自己手中，作为维持中原稳定的重要屏藩。同时，把河西走廊的开发提升到保障国家安全战略的高度。清朝顾祖禹认为："欲保秦陇，必固河西，欲固河西，必斥西域。"河西走廊的得失，牵动着西域的归属。特别是嘉峪关，雄峙于祁连山脉与黑山之间，地处河西走廊西段最窄处，地势险峻，气势雄伟，历来为兵家必争之地，被誉为"天下雄关"。

（四）河西走廊是我国重要的战略资源通道

河西走廊是交通连接、能源运输的重要通道，是国家交通网与经济发展的大动脉，联通我国和中亚、俄罗斯及欧洲经贸往来和文化交流。贯穿河西走廊的高速公路、铁路、高铁、石油管道、西气东输管道等工程是西部大开发的重要枢纽工程，目前在河西走廊有已建成的西气东输、西部原油管道、西部成品油管道、西气东输二线，施工中的西气东输三线，设计中的西气东输四线，前期论证中的西气东输五线、新粤浙天然气管道等8条油气管道，总里程8000余公里。同时，兰新铁路、兰新高铁、连霍高速公路、312国道、高压输电线路、电信光缆线路等交通和线性公共设施也贯穿河西走廊。

（五）河西走廊历史文化源远流长

河西走廊不仅仅是一条地理上的走廊，更是一座纵贯历史的长廊。由于诸多山脉的天然阻隔，河西走廊成为中原动荡时期躲避北方战火的栖息场所，大量的移民给河西走廊带来了中原先进的文明，并与当地和周边的少数民族融合，使农耕文化和游牧文化反复交融，产生了丰富的文化遗存。故宫明清档案、安阳甲骨、敦煌遗书、居延汉简、马踏飞燕等重要文物都与河西走廊相关。丝绸之路的开通，也使河西走廊成为中西方文明交会之处。中亚和印度文明在河西走廊扎根并留下了许多遗迹，如莫高窟、金塔寺、天梯山石窟、炳灵寺石窟、龙门石窟等。以敦煌为代表的丰富的历史文化遗存，就是华夏文明与西方文明交融的历史见证，著名学者季羡林把河西走廊的敦煌和新疆地区称为中国、印度、希腊、伊斯兰四大文化体系唯一的汇流之处。

（六）河西走廊拥有丰富的资源

河西走廊光热资源丰富，日照时间长，年太阳总辐射量达到55亿~64亿焦耳/平方米，全年日照可达2550~3500小时，在全国仅次于青藏高原

（70 亿焦耳/平方米）。由于独特的地形和地势，河西走廊也是我国乃至世界上特有的风能资源聚集带，风能理论储量 1 亿千瓦以上，占全国风能资源的 5.8%，风能资源居全国第二位，其中酒泉市风能资源总储量占全国可开发量的 1/7，酒泉市的瓜州、玉门素有"世界风库"和"世界风口"之称。河西走廊矿产资源丰富，是有色金属、黑色金属以及石油化工原料的主要富集区，已发现矿种 61 个、产地 267 个，镜铁山铁矿探明储量就达 6 亿吨，占全省的 90% 以上，金昌镍和铂族金属产量分别占全国总量的 85% 和 90% 以上，镍储量居世界第二位；石油储量占甘肃省的 34%，玉门油田是全国最早发现和开发的油田之一。河西走廊生物多样性丰富，祁连山是我国生物多样性保护的优先区域，也是西北地区重要的生物种质资源库，已查明祁连山保护区有国家二级保护植物 6 种，列入《濒危野生动植物种国际贸易公约》的兰科植物 12 属 16 种；国家一级保护野生动物 14 种，国家二级保护野生动物 39 种。河西走廊旅游资源丰富，丝绸之路是全球著名的旅游目的地。这里既有雪山、冰川、高山草原和森林、大漠戈壁、绿洲等自然风光，又有世界艺术宝库——敦煌莫高窟，天下第一雄关——嘉峪关、西藏归属祖国版图的历史见证——武威白塔寺等人文景观，还有古长城、石窟、古城堡、烽火台等历史古迹，自然之美和文化之美相得益彰，文化旅游业发展潜力巨大。

二 河西走廊发展面临的突出生态环境问题

回顾千百年来河西走廊变迁历史，纵观数十年开发建设得失利弊，实现河西走廊可持续发展还面临许多矛盾和挑战。

（一）祁连山冰川加速消融潜伏着水资源危机

中国科学院寒区旱区环境与工程研究所 2012 年发布的第二次冰川编目资料显示，祁连山共有冰川 2693 条，总面积为 1597.8 平方公里，冰川储量达 1145 亿立方米，蓄水量比两个三峡水库还多，被誉为"高山水库"。河西走廊地区地表水资源绝大部分依赖于源自祁连山区的 56 条内陆水系，祁连山区的冰川融水和雨雪水是这些水系的主要补给源。[①] 甘肃省气象局提供的监测数据显示，1956 年至 2013 年，祁连山冰川面积和冰储量分别减少 168 平方公里和 70 亿立方米，分别减少 12.6% 和 11.5%，其中减少最多的为黑河流域（32.99%），消减比例最小的是疏勒河流域（11.73%）。[②] 按这个减少速度发展，面积在 2 平方公里左右的小冰川将在 2050 年前基本消亡，较大冰川也只有部分可以勉强支持到 21 世纪 50 年代以后。与此同时，祁连山冰川局部地区的雪线正以每年平均 2~6.5 米的速度上升，有些地区的雪线每年平均上升 12.5~22.5 米，目前祁连山北坡的雪线一般在 4400 米到 4600 米，专家估算在过去的岁月里，祁连山的雪线已经上升了 200 米到 800 米。[③] 祁连山区冻土的分布面积也在逐渐减少，1970~1980 年、1980~1990 年和 1990~2000 年，冻土面积减少速度分别为 4.1%、5.3% 和 13.4%，呈现逐渐加快的趋势。[④] 受冰川萎缩的影响，至 2010 年夏季末石羊河流域冰川融水比 1970 年减少 1.7 亿立方米、黑河流域减少 3.24 亿立方米、疏勒河流域减少 3.11 亿立方米，分别占各流域冰川总水量的 9.79%、3.19%、1.97%。另外，甘肃水文总站的多年观测研究证明：发源于祁连山区的各内陆河流的出山径流量逐年减少，已由 20 世纪 50 年代前后的 78.55 亿立方米，下降至 21 世纪初的 65.84 亿立方米，减少 16.2%，其中石羊河流域 1980~2003 年平均径流量为 14.79 亿立方米，比多年平均值（1956~2000 年）的 15.04 亿立方米减少了 0.25 亿立方米，流域年径流量的减少将进一步加剧河西地区水资源危机。

---

① 冯起、曲耀光、程国栋：《西北干旱地区水资源现状、问题及对策》，《地球科学进展》1997 年第 1 期。

② 于新洋：《河西走廊冰川变化及其影响研究》，中国科学院大学博士学位论文，2015。

③ 贾芳、魏奋子：《河西走廊地区水土资源危机及可持续发展研究》，《中国水利》2011 年第 15 期。

④ 张文杰、程维明、李宝林等：《气候变化下的祁连山地区近 40 年多年冻土分布变化模拟》，《地理研究》2014 年第 7 期。

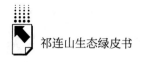

（二）祁连山林草地退化致使水源涵养功能下降

祁连山区植被处在冰川和河川水系之间，具有涵养水源、保持水土、调节区域小气候的重要作用，可以称为"第二水库"。秦汉以前，祁连山脉曾生长覆盖着广袤的植被，森林和草原延绵 1000 多公里，森林面积 600 万公顷以上。在历朝历代的开发和人为破坏下，祁连山区森林植被大幅减少。据调查，祁连山区的林地面积，在 20 世纪 50 年代初期是 519 万亩，现在仅剩252 万亩，减少了 51%，疏林地和灌木林地减少了 44%，森林带下限由 1900 米退缩至 2300 米，灌木林线比 50 年代上升了 40 米，现存水源涵养林不足 550 平方公里。[①] 特别是 1958 ~ 1959 年，祁连山天然林遭到严重破坏，两年时间森林总蓄积量下降了 53 万立方米，减少 25%。祁连山国家级自然保护区成立后，采伐活动被禁止，开始人工造林，人工林面积持续增加，然而人为扩大森林面积，可能会消耗更多水资源，减少流域径流输出。此外，由于缺乏必要的人为干扰和管理，人工林存在密度过大、生态效益低等问题，并常常引发土壤深层旱化，导致水源涵养能力下降。

祁连山区草地占植被总面积的 37.2%，在涵养水源、保持水土及保护生物多样性等方面发挥着重要作用，比森林涵养水源的效果更明显。草地退化有自然原因，但更多的是人为因素造成的。随着人口剧增和畜牧业的快速发展，草畜矛盾问题越来越突出。以祁连山中段的肃南县为例，由于过度的超载放牧，44.5% 的天然草原退化明显，其中重度退化面积接近 30%。在草地生产力降低的同时，过牧也为鼠类入侵创造了条件，进一步加重了退化程度。草原生态系统一旦遭到破坏，在短期内是难以恢复的。目前肃南县有 3628 公顷的退化草场沦为撂荒地，由于缺乏地表植被的保护，坡度较大的撂荒地受到风雨侵蚀，表层土壤已消失殆尽，出现了荒漠化、石漠化的迹象。有些地方把大面积的草原转化为耕地，如山丹军马场草原植被比 1983

---

① 马晶：《河西地区水资源开发利用及生态环境现状评价与对策》，《甘肃水利水电技术》2008 年第 4 期。

年减少 40% 左右，开垦出来的土地种植油菜，涵养水源能力大大降低，主要河流马营河水量比 20 世纪 80 年代减少 30% 以上。

林地及草地退化造成的结果是涵养水源和保持水土功能下降。由于植被减少，地表裸露，对地面小气候的调节能力下降，祁连山区总体上干旱少雨，但也有洪涝、冰雹及霜冻等自然灾害，严重威胁着山区特别是浅山区的农牧业生产活动。黑河水系三条支流监测表明，林草覆盖率大的流域，径流量年际和月际变化值小，相反则大。林草覆盖较少的流域，山区降水瞬间下泻，形成洪流，极易对中下游造成洪灾。根据 1990 ~ 2015 年统计，天祝县 19 个乡镇共发生洪水灾害 136 次，受灾人数 12.39 万人次，受灾农作物面积 10.97 万亩，死亡牲畜 0.3 万头，倒房 2923 间，直接经济损失 5.4 亿元。

（三）人口增长和绿洲扩张加剧水资源利用矛盾

人口是干扰生态平衡最活跃的因素。自西汉以来，大量的移民屯田和驻军，使河西走廊人口迅速增加。如张掖在公元 2 年人口为 8.9 万人，1778 年增至 28 万人，2016 年达 122.42 万人。西汉是河西走廊人口增加的第一个高峰，达到 28 万人；唐代是河西走廊人口发展的第二个高峰期，人口超过 30 万人；清代人口增长更快，嘉庆年间人口达到 280 万人，适宜农耕的土地就被开垦殆尽，出现了本区土地难以养活当地居民的局面。新中国成立以后，知识青年上山下乡、酒泉钢铁和金川集团公司招工、大规模的扶贫开发移民等，使河西走廊的人口增加了 1.5 倍以上。

为了适应过快增长的人口对粮食的需求，大面积的森林、草原、河滩、山坡、岭地被开垦成耕地，灌溉面积大幅增加，人工绿洲面积迅速扩大。据《中国干旱区自然地理》，1975 年以来，河西走廊绿洲总面积以平均每年 70.8 平方公里的速度递增，2000 ~ 2005 年每年增加 195.2 平方公里，2005 年后下降到 63.8 平方公里。2010 年河西走廊的人工绿洲面积为 15829.97 平方公里，比 1990 年增加 2412.61 平方公里，其中黑河与石羊河的中下游绿洲变化幅度明显高于党河和疏勒河，并且由最初的沿河两岸分布逐渐向外扩

展。人工绿洲大规模扩张，进一步加剧水资源供需紧张态势。

与此同时，河西走廊人工开垦耕地面积成倍增加。1997 年的耕地面积相当于新中国成立初期的 3 倍，仅 1990 年以来，河西地区农田灌溉面积增加了 1.6 倍。由此造成农业耗水量猛增，严重挤占生态用水，入境地表水减少，地下水超采而得不到补充，进而导致地下水位降低，天然沙生植被枯死，依靠自然降水维系的绿洲外围防风固沙林带大面积死亡，引发天然绿洲及荒漠—绿洲过渡带不同程度的萎缩，以荒漠化和盐碱化为特征的土地退化过程在绿洲边缘地区迅速发展。1980 年以来，河西走廊地区沙漠前沿的绿洲，因水源不足或水源枯竭，遭风沙侵害而被迫弃耕的农田就达 12.7 万公顷以上，有 40 多万公顷耕地遭到严重的风蚀沙害，这些耕地目前已占河西走廊地区总耕地面积的 60% 以上。河西走廊地区风沙线上有 679 个村镇受到流沙埋压的威胁，人民群众生产、生活受到严重影响。

上游绿洲的无序扩张导致下游绿洲萎缩或消失。由于缺乏全流域用水的统筹规划和严明的水利制度，上游绿洲急速扩张，挤占了下游的灌溉用水和生态用水，流到下游的水量减少，导致流域终端湖消失，沙生植物枯萎，绿洲逐渐萎缩或沙漠化。① 安西锁阳城的废弃，就是由于乾隆年间，有限的昌马河水被大量引灌到昌马河冲积扇东部和北部地区，冲积扇西部的锁阳城一带来水逐渐减少，到清代中后期锁阳城周围绿洲完全消失，成为一片沙漠。楼兰古城在汉代时有居民 14100 人，同样由于上游截留河水，在公元 4 世纪后期废弃而沙漠化。

修建水库导致下游发生生态灾难。新中国成立后河西走廊各大内陆河上先后修建了一系列水库，其在调蓄保灌方面功不可没，但也造成了严重的生态问题。② 修建水库后，下游河床基本干涸，生态用水得不到及时补充，地下水位下降，沿河两岸大片植物死亡，地表沙化。例如祁家店水库、双塔水

---

① 胡建勋：《河西地区水资源短缺现状分析及可持续利用措施研究》，《地下水》2008 年第 1 期。
② 米丽娜、肖洪浪、朱文婧等：《1985～2013 年黑河中游流域地下水位动态变化特征》，《冰川冻土》2015 年第 2 期。

库、党河水库等水库的修建，造成了不同程度的河床干涸和下游河道断流现象。

（四）粗放管理和低效配置使水资源产出率较低

古代河西走廊水量丰盈，三条内陆河下游都形成了巨大的湖泊。石羊河下游是民勤县东北的猪野泽，水域十分广阔；黑河下游是内蒙古额济纳旗的居延海，元朝时黑河中曾造船泛舟运输；疏勒河下游是冥泽，清朝雍正年间，川陕总督岳钟琪疏浚疏勒河，使疏勒河与党河合流，通舟船、运兵粮。由于自然原因，特别是历朝历代大量毁林开荒，灌溉规模迅速扩大，河流水量减少，导致河流下游断流，尾闾湖不断萎缩，直至消失，冥泽在明以后不见记录，休屠泽、猪野泽在清末彻底干涸，居延泽到 20 世纪 70 年代也基本干涸。[1]

由于水资源紧缺，河西走廊地区水资源开发利用程度极高。按流域 2005 年平均自产水资源总量和当年实际总用水量统计分析，河西走廊地区水资源开发利用程度高达 120%，其中石羊河流域和黑河流域水资源开发利用程度分别达 153% 和 150%，疏勒河流域开发利用程度相对较低，为 61%。国际上认为内陆河流域水资源开发利用率合理限度为 40%，最高应不超过 70%。目前，河西走廊两大流域水资源利用率均已超过最高界限，水生态严重赤字，表现出强烈的脆弱性。由于石羊河流域和黑河流域水资源消耗量大于水资源总量，用水完全依靠超采地下水来维持，导致地下水埋深普遍下降，矿化度大幅提高。[2] 以石羊河为例，上中游就基本用尽地表径流，下游的民勤只有超采地下水来维持生产生活，地下水水位埋深普遍下降 5~10 米，有的地区机井深度达到 100 多米。地下水不能及时得到补充，导致地面沉降，在武南镇、黄羊镇、永昌县、民勤县、金川区、山丹县、高台县、肃州区境内形成漏斗，2015 年漏斗面积达到 3813.23 平方公里，武

---

① 吴晓军：《河西走廊内陆河流域生态环境的历史变迁》，《兰州大学学报》2000 年第 4 期。
② 米丽娜、肖洪浪、朱文婷等：《1985－2013 年黑河中游流域地下水位动态变化特征》，《冰川冻土》2015 年第 2 期。

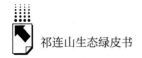

南—黄羊镇降落漏斗面积最大，达到1100.89平方公里，漏斗中心水位埋深67.21米。1960年月牙泉水域面积为14880平方米，最大水深为7.5米，1997年已分别降至5380平方米和2米，2000年水深甚至不足1米。

河西走廊水资源配置效率低，一方面表现为用水结构不合理，工业用水量占5.23%、农田灌溉占86.44%、林草灌溉占6.33%、城市生活用水占0.93%、农村生活用水占1.08%,[①]与全国工业用水占总用水量20.2%、农业用水占75.3%的指标比较，河西走廊农业灌溉用水比例明显偏高、工业用水比例偏低、生态用水严重不足，水资源配置不合理。另一方面水资源产出率低，2015年河西走廊人均用水量达到1613立方米，远高于全省458立方米的平均值；万元国内生产总值用水量为450立方米，远高于全省175立方米的平均水平。

（五）自然生态环境脆弱，自我系统修复能力较差

河西走廊属大陆性干旱气候，降水稀少，气候干燥，年降水量为50～200毫米，平均150毫米，不足全国平均年降水量的1/4，瓜州西湖仅为37.7毫米，为甘肃省最低，降水时空分布不均匀，冬春季少、夏秋季多。一是蒸发量远大于降水量，日照时间长、强度大，空气和地表温度高，带动地表水和地下水快速蒸发，河西走廊的年蒸发量达到2000～2600毫米，这意味着两米多深的水库如果没有外来水源的补给，第二年就会干涸。二是面临沙漠化和荒漠化的威胁。河西走廊所处位置为风能聚集带，两山加平原的地形形成峡谷效应，每年大风天数60～70天，平均风速可达每小时4000米，是我国风沙东移南下的大通道。武威位于腾格里和巴丹吉林两大沙漠边缘，市区与沙漠的直线距离最近的地方只有20公里左右，特别是在武威市民勤县沙漠和荒漠化面积占89.8%，腾格里和巴丹吉林两大沙漠在民勤青土湖区域呈合拢之势。三是河西走廊土壤的成土母质主要为第四纪河湖相松

① 贾芳、魏奋子：《河西走廊地区水土资源危机及可持续发展研究》，《中国水利》2011年第15期。

散堆积物，疏松多沙，有雨水灌溉可发展农业，一旦弃耕，没有灌溉，很快就会被周围大面积的荒漠风沙所吞噬。河西走廊农牧交替的频繁，是世界上任何地区所未有，开垦、耕种、弃耕、放牧、沙化、再开垦，历史上很多荒漠都是由农牧频繁更替造成的。河西走廊一直在重复着林地草原变耕地、耕地变戈壁沙漠，耕地不断向上游、由平原向丘陵山地推进这一生态恶化的老路。四是祁连山为石质山，经过几千年的自然分化才积累形成表层不到 20 厘米的土层，祁连山的森林和灌木、草原都生长在这层土壤上，一旦这层植被被破坏，土壤流失，植被就没办法自然恢复。正是由于特殊的地理位置和气候、土壤、水源条件，河西走廊的生态环境非常脆弱，有水就是良田，无水便是荒漠，一旦植被被破坏、土地荒漠化，就形成不可逆的变化，造成难以挽回的损失。

（六）祁连山保护区生态环境问题整治任重道远

1987 年，甘肃省政府批准祁连山自然保护区为省级自然保护区，总面积为 176.7 万公顷。1988 年，国务院批准祁连山自然保护区为国家级自然保护区，批复面积为 23 万公顷。2014 年又重新划定保护区边界，总面积为 198.72 万公顷（包括青海省 16 万公顷），其中核心区 50.4 万公顷、缓冲区 38.7 万公顷、实验区 109.6 万公顷，涉及甘肃省张掖、武威、金昌 3 市 8 县区及中发山丹马场有限公司。但长期以来，没有很好地处理开发建设与生态保护之间的关系，懈怠了保护祁连山生态环境的法定责任，致使出现了森林砍伐、矿山探采、水电开发、旅游项目等过度开发行为，祁连山局部生态环境破坏问题十分突出。一是违法违规开发矿产资源问题严重。据省政府相关部门提供的资料，20 世纪 90 年代到 21 世纪初，祁连山保护区内仅肃南县就有 532 家大小矿业企业。保护区内尚有 144 宗探采矿权，历史遗留无主矿山 288 个，目前全部停产，正在进行矿山环境恢复与综合治理。二是部分水电和旅游设施违法建设、违规运行。在祁连山区域黑河、石羊河、疏勒河等流域高强度开发水电项目，共建有水电站150 余座，其中 42 座位于保护区内，由于在设计、建设、运行中对生态流量考虑不足，下游河段出现减水甚至断流现象，水生态系统遭到严重破坏；保护区内有 25 个旅游设施，造成植被破坏和垃圾污染。按照甘肃省制订的水电站关停退出整治方案和旅游设施差别化整治方案，42 座水电站完成了分类整治，25 个旅游设施完成了差别化整治。三是周边企业偷排偷放问题突出。部分企业环保投入严重不足，污染治理设施缺乏，偷排偷放现象屡禁不止。[1] 如巨龙铁合金公司毗邻保护区，大气污染物排放长期无法稳定达标。甘肃省委、省政府根据中央环保督察反馈问题和中央通报精神，下决心彻底整改环保方面存在的突出问题，祁连山生态环境破坏问题整治取得阶段性成效，得到中共中央办公厅督查室回访调研组的充分肯定。

（七）区域发展要求与生态环境承载力矛盾日益突出

生态环境承载力是衡量人类社会经济活动对自然资源利用程度和对生态环境干扰力度的重要指标，也是判断区域可持续发展的重要依据。区域的人口和经济规模超出其生态环境所能承载的范围，将会导致环境的恶化和资源枯竭，严重时会引起经济社会的不可持续发展。河西走廊地区是典型的欠发达且生态脆弱地区，生态环境承载力低，生态环境承载力的演化呈现演替速度快、预警期短、超载后修复难度大周期长的特点，而且独特的绿洲生态景观格局（荒漠、戈壁、绿洲交错分布）形成该区生态环境承载力明显的空间异质性。由于长期对水土资源的过度开发及工业化、城镇化进程的加快，河西走廊地区生态环境所承受的压力越来越重。随着经济的发展，未来河西走廊地区生态赤字将会进一步扩大，可持续发展面临着巨大的挑战。生态的超载将进一步加剧土地荒漠化和盐渍化、水环境恶化等一系列恶性循环，对区域经济发展和社会的稳定构成严重的威胁。

---

[1] 《中共中央办公厅　国务院办公厅就甘肃祁连山国家级自然保护区生态环境问题发出通报》，《甘肃日报》2017 年 7 月 21 日。

三　河西走廊经济社会发展不断取得新成就

新中国成立以来特别是改革开放以来，甘肃省充分发挥河西走廊的矿产资源、土地资源、光热资源、通道优势，加快河西走廊开发建设，已经使之成为全国重要的商品粮基地、良种繁育基地、果蔬栽培基地、新能源基地和有色冶金基地，经济社会发展不断取得新成就。

（一）主要经济指标位居甘肃省前列

2018 年底，甘肃省河西五市常住人口为 490.92 万人，占甘肃省全省人口的 18.6%。三次产业结构为 15.04∶36.92∶48.04（全省为 11.17∶33.89∶54.94），生产总值达到 2037.72 亿元，约占全省的 1/4，其中农业增加值 306.6 亿元，占全省的 33.3%；工业增加值 516.8 亿元，占全省的 26.5%；人均生产总值 41571 元，高于全省平均水平（10235 元），最高的嘉峪关达到 119418 元，最低的武威为 25691 元。社会消费品零售总额 675.3 亿元，占全省的 21.4%。进出口总额 161.5 亿元，占全省的 40.9%。一般公共预算收入 137.6 亿元，占全省的 15.8%；一般公共预算支出 594.6 亿元，占全省的 15.8%。城镇居民人均可支配收入比全省平均水平高，最高的嘉峪关达到 39629 元，是全省平均水平的 1.3 倍，张掖和武威低于全省平均水平，最低的张掖仅为 25267 元，是全省平均水平的 84.3%；农村居民人均可支配收入远高于全省平均水平，最高的嘉峪关达到 19291 元，是全省平均水平的 2.2 倍，最低的武威为 11518 元，是全省平均水平的 1.31 倍，嘉峪关市城乡居民可支配收入均为全省最高。

（二）建成甘肃省重要的冶金工业基地

河西走廊金属和非金属矿产资源十分丰富，区域内有玉门石油、山丹煤田、九条岭煤矿、金昌镍矿及镜铁山铁矿等多处大型矿点，镜铁山矿探明储量就达 6 亿吨，占全省的 90% 以上，金昌镍和铂族金属产量分别占全国总

量的 85% 和 90% 以上。玉门油田是我国石油工业的摇篮，这里诞生了新中国第一口油井、第一个油田、第一个石化基地。酒泉钢铁集团公司是新中国成立后规划建设的第四个钢铁工业基地，构建起冶金、有色、能源、化工等多元产业耦合发展的循环经济产业链，成为具有核心竞争力和强大综合实力的国际化大型企业集团。金川集团公司是我国最大的镍钴生产基地和第三大铜生产企业，公司所在地金昌市是我国著名的镍都，成为以矿业和金属为主业，采、选、冶、化、深加工联合配套，相关产业共同发展、工贸并举、产融结合的跨国集团。2016 年，位列中国企业 500 强第 63 位、中国制造业企业 500 强第 19 位、中国前 100 大跨国公司第 42 位。

（三）凸显农产品生产加工基地比较优势

河西走廊是甘肃省最重要的灌溉农业区，由于昼夜温差大、土地平坦肥沃，非常有利于农作物的生长发育，已经成为我国玉米、花卉制种和高原夏菜的主要基地。2018 年底，河西走廊的五市耕地面积为 1146.8 万亩，占全省的 21.5%。粮食面积 754 万亩，占全省的 19%，粮食产量 345.38 万吨，占全省的 30%，其中小麦面积 197.3 万亩，占全省的 17.0%，产量 79.4 万吨，占全省的 28.3%；玉米面积 400.5 万亩，占全省的 26.4%，产量 209 万吨，占全省的 35.4%；蔬菜面积 161.8 万亩，占全省蔬菜面积的 30.6%；园林水果产量 47.2 万吨，占全省的 12.8%。农机总动力 869 万千瓦，占全省的 41.4%，农业机械化程度较高。现存栏大牲畜 130.9 万头，占全省的 25.9%，羊存栏 977.7 万只，占全省的 51.8%，猪存栏 168.1 万头，占全省的 30.8%，猪牛羊肉 35.5 万吨，占全省的 37.1%。

（四）走出大力发展循环经济的新路子

2009 年 12 月，国务院正式批复《甘肃省循环经济总体规划》后，河西五市积极探索循环经济发展新模式、新途径，从工业、农业、服务业和社会四个层面着力，建设覆盖全社会的资源循环利用体系，从做实做深基地、园区、产业链、企业和项目"五大载体"着力，构建覆盖三次产业、连接城市农村、贯穿各个环节的循环经济承载和支撑体系，不断提高循环经济发展水平，推动经济社会向绿色化、低碳化、循环化方向转变。金昌市大力开展循环经济试点示范，引导企业采用清洁生产技术、推行节能降耗、实现资源综合利用，鼓励企业自主进行循环化改造，打造了100家省级循环经济示范企业，金川集团公司被列为全国矿产资源综合利用示范基地。此外，从2002年开始，张掖市用3年时间，完成了全国第一个节水型社会试点工作，建立了总量控制与定额管理相结合的水资源管理制度、合理的水价形成机制和节水型社会运行机制，为我国北方缺水地区探索出一种新的发展模式。

（五）兴起新能源及新能源装备制造业

河西走廊丰富的风力和光热资源，平均有效风功率密度在150瓦/平方米以上，有效风速时数在6000小时以上，与国内其他地区相比，具有气候条件好、场址面积大（多为平坦戈壁荒漠）、工程地质条件好、交通运输便利的独特优势，具备开发建设大型风电基地的优越条件。1996年，玉门市率先开发风电产业，2007年甘肃省委、省政府适时提出了"建设河西风电走廊，打造西部陆上三峡"的发展思路，2009年8月，酒泉千万千瓦级风电基地正式开工建设。2016年底，甘肃省风电光电装机容量分别达到1280万千瓦和680万千瓦，分别居全国第三位和第二位，其中酒泉风电、光电装机容量分别达到915万千瓦和165万千瓦，"十三五"末，酒泉市风电、光电装机将分别达到2000万千瓦和700万千瓦。酒泉至湖南±800千伏特高压直流输电工程建成投运，每年可向湖南传输电量400亿千瓦时。随着风光电项目建设，河西走廊成为新能源及新能源装备制造业的排头兵，初步形成了集设计、研发、制造、培训、服务于一体的综合产业体系。

（六）石羊河流域综合治理成果显著

位于河西走廊石羊河下游的武威市民勤县，东北被腾格里沙漠包围，西北有巴丹吉林沙漠环绕，由于地下水过度开采，水资源利用与生态环境的矛

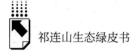

盾日益突出，两大沙漠呈逐渐合拢之势。时任国务院总理温家宝指出"绝不能让民勤成为第二个罗布泊"。2007 年 12 月，在国家大力支持下实施《石羊河流域重点治理规划》，总投资达到 47.49 亿元，实施节水型社会建设、产业结构调整、灌区节水改造、水资源利用效率提高、生态移民措施等。近十年来，累计关停农业灌溉机井 3318 眼，减少农业用水量 8.84 亿立方米，流向下游的生态用水持续增加，协调景电二期向石羊河下游调水，每年为民勤县调水 6000 万立方米左右。2010 年，蔡旗断面过水量自 1987 年以来首次突破了 2.5 亿立方米，2011 年超过 2.78 亿立方米，2017 年过水量达到 3.9424 亿立方米，比 2007 年增加 1.7544 亿立方米，干涸了 51 年的青土湖重现碧波荡漾的美丽景象，2017 年水域面积达到 26.6 平方公里，地下水位比 10 年前上升 1 米。监测显示，青土湖地下水位埋深由 2007 年的 4.02 米回升至 2017 年的 2.94 米。民勤盆地地下水开采量 2017 年为 0.8503 亿立方米，比 2007 年减少 4.225 亿立方米，民勤盆地多处地下水位均呈回升趋势。第五次荒漠化和沙化监测结果显示，2014 年民勤县荒漠化和沙化土地面积分别为 2145.78 万亩和 1806.45 万亩，比 2009 年分别减少 6.26 万亩和 6.76 万亩。民勤县人工造林保存面积为 229.86 万亩，封育天然沙生植物面积为 325 万亩，在 408 公里长的风沙线上建成长达 300 公里的防护林带，植被覆盖率提高到 36%，有效阻止了两大沙漠的合围之势。沙尘暴的次数由 2007 年的 6 次减少到 2011 年的 1 次。

G.10
守护祁连山 推动河西走廊可持续发展（下）

——河西走廊地区可持续发展的思考与建议

李 宏 杜树旗*

摘 要： 河西走廊既是甘肃发展的膏粱丰腴之地，又是西部重要的生态安全屏障，更承载着"一带一路"建设和甘肃向西开放的重任。本报告指出，水资源短缺是制约河西走廊当前和今后可持续发展的主要因素，保护好祁连山，做好水这篇文章，是实现河西走廊可持续发展的关键。实现河西走廊地区可持续发展，总体上要着眼于编制一个规划（河西走廊区域发展规划）、做好一篇文章（水资源高效利用）、构建一个产业体系（生态产业体系）、实施三个保护（祁连山保护、绿洲生态环境保护、历史文化保护工程）、打造四大经济区（金武、张掖、酒嘉、敦煌），走绿色发展崛起之路。

关键词： 祁连山 河西走廊 生态环境

河西走廊既是甘肃发展的膏粱丰腴之地，又是西部重要的生态安全屏障，更承载着"一带一路"建设和甘肃向西开放的重任。河西走廊地区可

---

* 李宏，甘肃省政府研究室研究员，长期从事省政府决策研究、社会发展研究、生态战略研究；杜树旗，西部资源环境与区域发展智库研究员、甘肃省社科联理事，长期从事省政府决策咨询研究、战略研究。

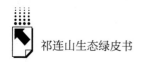

持续发展，对甘肃乃至西部地区来说，意义重大。

河西走廊地区可持续发展，必须坚持青山绿水就是金山银山的理念，像对待生命一样把祁连山保护放在更加突出位置，把山水林田湖草作为生命共同体进行系统治理，确保祁连山青山永驻、绿水长流、持续润泽河西走廊；必须坚持最严格水资源管理，全面实施水资源消耗总量和强度双控行动，把水作为一切生产活动量度的首要标准，优化水资源配置，提高水资源利用效率，"以水定人"、"以水定地"和"以水定城"；必须坚持建设资源节约型环境友好型社会，严格控制耕地面积的增加，严格控制人口过快增长，严格控制人工绿洲面积无序扩大，大力发展循环经济，防沙治沙，保护生态环境，实现人与自然和谐共生，走绿色发展之路；必须坚持推进河西走廊地区一体化发展，推进产业结构转型升级，进一步优化提升酒（泉）嘉（峪关）、张掖、金（昌）武（威）、敦煌各组团核心功能，培育壮大特色产业集群，打造一体化发展的河西走廊特色经济区、文化旅游区和大通道大枢纽。

总体来说，河西走廊地区可持续发展，要着眼于编制一个规划（河西走廊发展规划）、做好一篇文章（水资源高效利用）、发展一个产业（生态产业）、实施三个保护（祁连山国家级自然保护区保护、河西走廊绿洲生态环境保护、历史文化遗产保护）、构建四大经济区（酒嘉、张掖、金武、敦煌），走绿色发展崛起之路。

一 编制河西走廊发展规划

目前河西走廊的发展是各自为政，各修各的路、各发展各的产业、各保护各自的生态环境，基础设施重复投资和产业雷同现象严重，生态环境也得不到有效保护。如酒泉和嘉峪关两市相距不过 50 公里，《甘肃省城镇体系规划》（2013～2023 年）明确提出酒泉和嘉峪关两市融合发展，但两市融合发展进程非常缓慢，两市行政区划"连"而不"接"，出现了不到 20 公里建设两个高铁站的现象，造成重复投资和资源浪费。酒泉、张掖、武威都以农业为主，农业种植结构大同小异，没有形成各自的特色产业，农产品市场为竞争格局而不是互补格局。有些地方领导重发展、轻保护，使祁连山国家级自然保护区生态环境遭到严重破坏，并被中央通报批评；甘肃各地为保障用水安全，争相在祁连山保护区划定水源保护范围，但水源地保护的责任和当地政府的补偿得不到落实，矛盾纠纷时有发生。

要实现河西走廊的可持续发展，提升区域发展协同性和整体竞争力，必须把河西走廊作为相对完整的区域经济板块，在省级层面制定河西走廊发展规划。规划应该是涵盖经济社会发展各个方面的综合规划，包括基础设施建设、产业布局、生态环境保护、城镇体系构建、教育卫生文化等民生事业发展等。通过综合规划，统筹推进各市县协调发展，避免各市县单打独斗的局面，使河西走廊成为全省经济社会转型发展的重要引擎。在基础设施建设方面，加快铁路、高速公路、民航机场等交通干线和通用机场、省道、县道、乡道建设，构建一纵多横的交通网络（"一纵"就是国道312线、连霍高速G30、兰新高铁、兰新铁路等横穿河西走廊的交通干线，"多横"就是连接各市县的高速、省道、县道、乡道），尽快实现县县通高速、民航服务全覆盖。城镇体系构建方面，按照《甘肃省城镇体系规划》（2013～2023年）和甘肃省已经确定酒嘉一体、金武一体等区域发展战略，优化城镇体系，加强组团发展，以酒嘉、金武、张掖、敦煌等区域性中心城市为支撑，加强县级小城市和乡镇建设，逐步使人口向城镇有序流动，为产业集聚发展和农业规模化发展创造条件。产业布局方面，要根据各地的自然资源和人文资源，合理确定区域首位产业，如酒泉的风光电、敦煌的旅游、嘉峪关的钢铁和旅游、金昌的新材料、张掖和武威的农产品加工等，各地要围绕主导产业到全国精准招商，吸引产业链上的全国技术领先企业来布局建厂，持之以恒地抓主导产业，逐步建成全国一流的特色产业基地。同时鼓励各地发展各具特色的优势产业，形成优势互补、错位发展的格局。生态环境保护方面，制定科学合理的祁连山保护规划、水资源利用规划、绿洲生态保护规划、农田防护林体系建设规划、生态系统修复规划等，逐步改善河西走廊生态环境，提高资源环境承载能力。教育卫生文化等民生事业方面，按照城乡一体化的原

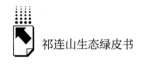
则，加大乡村学校、医院、公共文化场所建设力度，促进城乡义务教育均衡发展，使人人享有健康医疗服务和高质量的文化服务。

二 坚决保护和建设好祁连山生态环境

生态文明建设是关系中华民族永续发展的根本大计。生态兴则文明兴，生态衰则文明衰。习近平总书记指出，要给甘肃去掉 GDP 的紧箍咒，但是要给甘肃戴上生态环境保护的紧箍咒。2018 年 2 月，国务院批复的《兰州—西宁城市群发展规划》提出，要把兰州—西宁城市群培育发展成为支撑国土安全和生态安全格局、维护西北地区繁荣稳定的重要城市群。甘肃省是西部重要的生态安全屏障，河西走廊的生态地位举足轻重，保护好祁连山"母亲山"，才能为河西走廊可持续发展提供坚强的生态保障。①

（一）严禁破坏祁连山国家级自然保护区生态环境

祁连山生态环境破坏问题被中央通报后，甘肃省委、省政府高度重视，制订了祁连山自然保护区生态环境问题整改方案，出台了矿业权分类退出、水电站关停退出整治、旅游设施项目差别化整治和差别化补偿等办法。保护区矿业权矿山地质环境恢复治理基本完成，水电站全部完成分类处置，旅游项目完成整改和差别化整治，搬迁核心区农牧民 149 户，祁连山生态环境破坏问题整治取得了阶段性成效。要严格执行甘肃省委、省政府划定的祁连山生态保护红线，依法依规坚决关闭、退出核心区、缓冲区内所有生产经营项目和设施，对居住在核心区的农牧民实行全部搬迁，确保核心区没有人类活动；缓冲区要加快实施生态移民搬迁，可将符合条件的选聘为生态护林员，减少人类生产活动，加大减畜力度，确保缓冲区草畜平衡；对保留下来的水电项目要加强监管，督促企业放足生态用水；对

---

① 贾芳、魏奋子：《河西走廊地区水土资源危机及可持续发展研究》，《中国水利》2011 年第 15 期。

差别化整治的旅游项目加强监管，确定合理游客数量及活动范围，确保生态环境不会再次遭到破坏。

（二）加快恢复祁连山保护区生态环境

一是实施好《祁连山生态保护与综合治理规划》。2013 年国家就批复实施《祁连山生态保护与综合治理规划》，计划在甘肃省投资 44.7 亿元。虽然该规划国家一直没有下拨专项经费，但保护祁连山生态环境是地方政府职责所在，要整合相关资金，主动实施好这项规划，同时加大汇报衔接力度，积极争取国家专项资金支持。

二是实施好天然林保护工程和退耕还林还草工程。天然林保护工程实施以来，保护区完成封山育林 1.5 万公顷，封育区植被覆盖率在 80% 以上，森林面积也由保护区成立时的 43.6 万公顷增加到 57.96 万公顷，效果非常显著。要继续实施好天然林保护工程和退耕还林还草工程，对土壤和雨水条件较好的地区，封山禁牧恢复植被；对自然恢复较慢的地区，要通过人工辅助措施，按照宜林则林、宜草则草、宜灌则灌的原则，加快生态恢复治理。理顺山丹军马场管理体制，推动中农发将军马场移交给地方政府，对生活在生态脆弱区的当地居民实施易地搬迁，鼓励退耕还林还草，修复生态。

三是充分发挥草场的水源涵养主力军作用。祁连山森林覆盖率为 28.8%，草地面积占 37.2%，涵养水源重点在草地。要通过生态移民搬迁、天然草原减畜、传统畜牧业转型升级等措施，加快推进草原畜牧业生产方式转变和牧区生态环境整治。要按照国家的要求，在核心区实行全面禁牧，禁止人类活动，保持草原植被原生态，改善动物栖息地、生态系统的水平结构、垂直结构和营养结构，提升涵养水源、保持水土、美化环境等生态功能；在缓冲区要大幅减少草原载畜量，实行有限人类活动，不宜实行长期禁牧，如果实行长期禁牧，草场生物量大幅增加，蓄水量提高，会减少出山口径流量，从而影响中下游水资源量，同时草原过大的生物量易发生火灾；在实验区植被覆盖度较低的地区可通过飞机撒播草籽的方式，加快草原植被恢复，同时减少载畜量，保持草畜平衡，实现生态保护和经济协调发展。

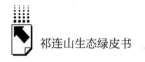
（三）加快实施祁连山人工增雨（雪）工程

祁连山区空中水汽资源相对丰富，但只有15%左右形成降水。据甘肃省气象局研究，祁连山区全年云量丰富，独特的地理条件使其成为人工增雨（雪）的极佳地区。一些局部地方的实验表明，通过发射增雨火箭弹，降水量能增加20%以上，增雪效果更明显。初步计算，通过人工增雨，可为祁连山河西走廊内陆河流域增加10%～15%的降水，每年可增加降水约7亿立方米。目前甘肃省已经在祁连山局部实施人工增雨（雪）措施，要加快这一工程在祁连山及河西走廊全面推行进度。

（四）推进祁连山国家公园体制试点

甘肃省已经制定了《祁连山国家公园体制试点方案》，要按照试点方案明确的任务要求和时间节点，认真做好规划编制、功能分区划定、资源确权登记等重点工作。学习借鉴东北虎豹等国家公园体制试点的成功经验，改革创新现行管理体制。坚决抓好祁连山生态环境问题整改落实工作，紧紧围绕《甘肃祁连山自然保护区生态环境问题整改落实方案》规定的问题清单一件一件抓，确保不留盲区、整改到位，同时扎实推进山水林田湖草系统保护、修复和综合治理，真正筑牢祁连山这道西部地区重要生态安全屏障。

（五）逐步建立祁连山保护长效机制

要用最严格制度最严密法治保护祁连山生态环境，加快制度创新，强化制度执行，让制度成为刚性的约束和不可触碰的高压线。

一是严格执行划定的祁连山生态保护红线。加强祁连山国土开发的空间管控，确保祁连山自然保护区核心区和缓冲区内不再发生开发建设活动。严格按照祁连山产业准入负面清单，坚决取缔高耗能、高污染产业发展。地方各级党委和政府主要领导是本行政区域生态环境保护第一责任人，各相关部门分工协作，共同履行好生态环境保护职责。加强生态保护红线的监测评估工作，将监测评估结果作为对地方干部政绩考核最主要的依据，对那些损害生态环境的领导干部，要真追责、敢追责、严追责，做到终身追责。

二是建立健全跨流域跨区域的生态补偿机制。祁连山自然保护区年生态系统服务价值超过 557 亿元，甘肃、青海、内蒙古的 500 多万名群众直接受益，对西部的生态安全发挥着重要的屏障作用。祁连山的主要支流黑河每年向额济纳绿洲下泄水量 10 亿立方米，按照张掖市万元国内生产总值水耗 633 立方米计算，10 亿立方米水可产生 158 亿元生产总值。《中共中央关于全面深化改革若干重大问题的决定》提出，实行资源有偿使用制度和生态补偿制度，2016 年国务院办公厅印发的《关于健全生态保护补偿机制的意见》，研究制定以地方补偿为主、中央财政给予支持的横向生态保护补偿机制办法。可以此为依据，请求中央财政和内蒙古自治区给予生态补偿。

三　全面提高水资源综合利用率

水是河西走廊经济社会发展最主要的限制因素，保护好祁连山，做好水这篇文章，是实现河西走廊可持续发展的关键。① 目前河西走廊水资源利用效率偏低，除嘉峪关的单位国内生产总值用水量低于全省和全国平均水平外，其余 4 个市都远远高于全省和全国平均水平，水资源利用效率提高的空间很大。

（一）实施最严格的水资源管理制度

水是河西走廊一切生产活动"量与度"的标准。要"以水定人"、"以水定地"和"以水定城"，以严格管理促进水资源的高效利用。②

一是确定合理的用水总量控制指标。河西走廊水资源整体过度开发，处于不可持续状态。要加强各流域水资源供求状况、发展趋势的研究和评估，

---

① 贾芳、魏奋子：《河西走廊地区水土资源危机及可持续发展研究》，《中国水利》2011 年第 15 期。

② 高前兆、司建华、冯起：《河西走廊内陆河水系演变与水资源管理对策》，中国地理学会 2012 年学术年会，2012。

以水资源承载能力为刚性约束，强化规划和建设项目水资源论证，严格执行取水许可、用水计划管理等制度，制定科学合理、动态调整的水资源利用总量控制指标，严守水资源开发利用控制、用水效率控制和水功能区限制纳污"三条红线"。

二是建立以流域为单元的统一水资源管理机构。该机构统筹兼顾不同区域经济发展与生态环境建设对水的需求，控制中、上游的过度扩张和对水资源的过度利用，加大向下游输水力度，在流域内实施水资源科学调配与合理利用，确保中上游的发展不占用下游生态生产生活用水。石羊河流域综合治理规划和黑河向下游居延海调水的成功实施，为流域统一的水资源管理探索了成功的经验，可以在河西走廊全面推广。

三是确定合理的水资源分配方案。综合考虑上下游各县区生态建设、产业发展和居民生活对水资源的需求，确定各县区水资源分配总量。各县区依据分配的水资源量制订各乡镇分配方案，将水资源依次精准分配到每户家庭和每块耕地，实行定额管理，县乡村户都要严格遵守水资源分配定额规定。

四是实施水权水价改革。建立并完善"水权明晰、定额管理、节约有奖、有偿转让"的水资源管理体系，使水资源在各区域之间、三次产业之间、城乡之间合理分配，合理解决各区域和行业（包括生态环境用水）之间的竞争用水问题，努力提高水资源配置效率。通过阶梯水价、大幅度提高地下水价格等措施，促进各行业节约用水，减少对地下水的过度开发和利用。[①]

（二）优化水资源配置

在保证生态用水的前提下，减少农业水资源配置，增加工业水资源配置。目前河西走廊水资源重点配置到农业（86.44%），工业用水仅占5.23%，而农业水资源产出率一般远低于工业，水资源配置不合理导致整体

① 胡建勋：《河西地区水资源短缺现状分析及可持续利用措施研究》，《地下水》2008年第1期。

水资源产出率低，万元国内生产总值用水量达到 450 立方米，远高于全省 175 立方米的平均水平。农业内部要压减种植业用水量，增加养殖业用水量。将从农业节约出来的水资源配置到工业，从而提高整体水资源利用效率，降低单位生产总值水资源消耗总量，进一步提高绿洲的人口承载能力。深入开展工业节水行动，提高企业水资源利用效率。大型企业水资源利用效率较高，如酒泉钢铁集团经过不断的技术改造，吨钢耗水量从 20 世纪 80 年代的 42 立方米下降到目前的 3.8 立方米，节水改造成效非常显著；要把节水改造的重点放到中小型企业上，通过以奖代补的形式，鼓励中小微企业通过生产技术改造、废水循环利用等措施，提高水资源产出率。

（三）大力发展节水高效农业

以色列的自然条件与河西走廊相似，60% 的国土面积是年降水量不足 300 毫米的荒漠，通过强化水资源统一管理和科学管理，不断创新节水灌溉技术，使农业水资源的生产效率和效益大幅度提高，每立方米水的农产品销售利润由 1950 年的 0.46 美元增加到 1990 年的 2.04 美元，农民的年人均收入达 1000 美元，比石羊河流域目前的水平高数十倍。以此为依据，河西走廊发展节水高效农业的前景十分广阔。

一是调整河西走廊种植业结构。大幅调减小麦、玉米等传统大田作物及高耗水作物面积，扩大果树、蔬菜、花卉、酿酒葡萄等特色作物面积，大力发展设施种植、设施养殖，提高水资源利用率。

二是实行农业节水改造工程。目前河西走廊农业用水效率很低，农田灌溉量过大，酒泉最高，平均达到每亩 644 立方米，金昌每亩 605 立方米，张掖、嘉峪关和武威与全省的平均水平（497 立方米/亩）基本持平。河西走廊农业用水效率低的原因是传统大水灌溉面积大、节水灌溉面积小，河西走廊五市耕地总面积为 1146.8 万亩，统计的节水灌溉面积为 805.08 万亩（其中喷滴灌面积 4.84 万亩、微灌面积 204.58 万亩、低压管灌面积 166.5 万亩、渠道防渗 414.66 万亩、其他节水面积 14.52 万亩），喷滴灌仅占节水灌溉面积的 0.6%。要加大河西走廊节水灌溉改造力度。据调查，喷滴灌改造每亩管网投资 1500～1700 元，未来 5 年每年改造 100 万亩，5 年可改造耕地 500 万亩，共需资金 75 亿～85 亿元，这部分资金可争取中央项目支持；建成后滴灌带更新每年每亩需 200 元，可采取群众自筹方式解决。农业节水改造工程的实施要与农村"三变"改革同步进行，一家一户的分散经营模式下，节水改造投入大而产出回报不明显，农户节水改造积极性不高，要通过农村"三变"改革，引进龙头企业进行规模经营，节水改造才能取得良好的经济效益和生态效益。

（四）建设节水型社会

党的十九大报告提出"实施国家节水行动"新的战略部署，标志着节水成为国家意志和全民行动。甘肃省张掖、武威、庆阳、敦煌成功创建国家节水型社会，2004 年甘肃省水利厅曾出台《甘肃省节水型社会建设试点工作指导意见》，要加快推广国家级和省级节水型社会建设试点经验，把河西走廊建设成节水型社会示范带。节水型社会建设，除了上面提到的农业节水和工业节水外，更要重视社会节水。

一是要加快城镇污水处理设施建设，加大工业循环用水改造力度，提高污水处理能力，努力实现城市污水再利用和工业废水循环利用。二是要大力推广高效节水型生活用水器具，启动高效节水型生活用水器具财政补贴试点工作，通过招投标确定补贴产品及供货企业名录，以每户不高于 200 元的标准对居民换装节水型生活器具进行补贴，提高节水器具普及率到 90% 以上。三是加强节水宣传教育，开展创建节水型机关、节水型家庭、节水型学校、节水型社区活动，增强全民的节水意识，使节水变成每一个人的自觉行动。

四　大力发展绿色生态产业

要把生态产业作为推动河西走廊生态保护和经济协调发展的突破口，构建以产业生态化和生态产业化为主体的生态经济体系，走绿色崛起之路。

（一）加快发展生态农业

河西走廊灌溉农业历史悠久，是我国西北绿洲灌区的精华宝地，来自祁连山的冰雪融水为其提供了天然无污染的优质水源，非常适宜发展生态农业。

一是加快发展现代制种业。河西走廊降水少，气候干燥，病虫害少，非常有利于种子的加工和保存。由于独特的地理位置，河西走廊已经成为我国最大的玉米制种基地，生产的玉米种子，可以满足全国玉米用种的一半以上；也是全国最大的蔬菜、瓜类、花卉等对外制种产业基地，占全国种子出口量的75%。要进一步强化政策支持，加大研发力度，把河西走廊打造成全国最大的制种基地。

二是努力建设西北最具竞争力的有机蔬菜生产基地。河西走廊日照充足、昼夜温差大，绿洲之间由于沙漠和戈壁的天然阻隔，病虫害少，加上优质雪水浇灌，是发展有机蔬菜的理想场所。如金昌市井田盛蔬菜种植农民专业合作社与广州从玉农业集团有限公司合作，在金川区双湾镇9个井村流转土地7000亩，建设有机蔬菜生产基地，采用高效喷灌节水、无纺布覆盖、精量播种等技术，种植菜心、芥蓝、玉豆等蔬菜，销往广州、香港、澳门等地，很受当地群众欢迎。要加快龙头企业培育和引进，加大土地流转力度，大力发展有机蔬菜和瓜果，把河西走廊地区打造成西北乃至中亚、西亚、南亚地区富有竞争力的有机蔬菜和瓜果生产基地。

三是探索发展戈壁农业。戈壁农业与钱学森提出的沙产业在技术路线上是一致的，就是以高效节能日光温室为载体，在戈壁滩、砾石地、盐碱地、滩涂地等不适宜耕作的闲置土地上，利用现代生物科学的成就，采取基质无土栽培技术和高效节水技术，再加上水利工程、计算机、自动控制等前沿高新技术，运用企业化园区式管理模式，发展设施蔬菜、高效园艺植物及瓜果等特色农产品，建设戈壁农业产业带，走具有甘肃特色的戈壁农业发展道路。

四是大力发展绿色养殖业。肃南县、天祝县等牧区，要加快传统畜牧业转型发展,在合理确定载畜量的情况下,采取传统放牧和舍饲养殖相结合的方式,依靠天然草原,建设绿色有机畜产品养殖和加工基地;在农区依靠丰富的秸秆资源,发展规模化的舍饲养殖,建设养殖加工一体化基地,创建绿色、无公害畜产品品牌。

五是实施农业废弃物资源化综合利用。地处永昌县工业园区的甘肃元生农牧科技公司在这方面进行了有益的探索:构建了集秸秆饲料加工—畜禽养殖—有机肥生产—集中供气—尾菜处理加工为一体的工农业循环经济产业链,实现农业废弃物饲料化、肥料化、沼气化和无害化处理,年综合利用秸秆10万吨、新鲜畜禽粪便12万吨、尾菜30万吨、其他农产品废弃物5万吨,年生产牛羊全混合日粮10万吨、牛羊精料补充料10万吨、有机肥3万吨、沼气352万方,年销售收入4亿元、利税0.4亿元。秸秆综合利用发展养殖、有机肥发展有机种植业、沼气解决居民用能问题,生态效益和经济效益显著,这种模式值得在河西走廊规模化种养殖区域推广。

(二)积极发展新能源产业

发展与应用可再生能源是人类走可持续发展之路的必然趋势。目前风光电等新能源虽然面临着价格高、消纳难、生产不稳定等问题,但随着能源传输技术和储能技术的发展,安全、经济、清洁的新能源必将成为现代能源产业体系的重要支撑。河西走廊光热资源丰富,年太阳总辐射量仅次于青藏高原,风能资源居全国第2位,具有大规模、产业化开发的条件。在沙漠、戈壁地区发展风光电,既不破坏生态环境,又能使难以开发利用的荒漠得到有效利用,完全符合生态经济发展政策。2016年,甘肃省风电装机容量达到1280万千瓦,光电装机容量达到680万千瓦,均居全国第3位,已经形成了集设计、研发、制造、培训、服务为一体的新能源装备制造业产业体系,具有发展新能源产业的良好基础。

一是稳步发展风光电。加快推进酒泉、嘉峪关千万千瓦级风电基地和百万千瓦级光伏发电基地建设,积极探索发展光热发电,武威、张掖、金昌根据风力分布和电网接入条件,因地制宜建设风电和光伏发电基地。分布式光伏发电是国家支持的重点，国家"十三五"规划发展分布式光伏 6000 万千瓦以上，占总装机的 54.5%，可在园区、开发区建筑屋顶等有条件的地方建设分布式光伏发电系统。

二是有序推进核项目建设。加快甘肃核技术产业园建设，打造国家核燃料循环利用基地。钍基熔盐堆是国际上正在发展的第四代核反应堆技术，中国科学院经过多年研究攻关，已经突破全系统关键技术，处于国际引领地位，是典型的清洁、绿色、节能技术。目前已经在武威落户建设，要加快项目建设，逐步将甘肃省建成保障"一带一路"倡议实施、面向全国的新能源基地。

三是加快建设全国新能源综合示范区。加强新型储能技术研究，探索建立容纳高比例波动性可再生能源电力的发输配储用一体的局域智能电网，使风光火水核多能互补。以敦煌市可再生能源示范城市建设为引领，加大新能源供暖推广力度，加快发展高载能产业，提高新能源就地消纳能力。

（三）大力发展文化旅游业

文化旅游业产业关联度高、带动作用强、资源消耗少、投入产出高、就业容量大，是富民增收、拉动经济增长的朝阳产业。河西走廊旅游资源丰富，具有发展文化旅游的独特优势，要举全省之力，对河西走廊旅游文化资源进行大手笔、高层次的开发，把河西走廊打造成千里文化旅游长廊。

一是构建河西走廊文化旅游产业带。深入挖掘文化内涵，以敦煌莫高窟、嘉峪关雄关、张掖丹霞、武威雷台等重点景区为支撑，打造以莫高窟为龙头的世界石窟长廊主题旅游线路；以"置四郡"（武威、张掖、酒泉、敦煌）和阳关、玉门关为主要内容的河西走廊古道主题旅游线；以嘉峪关、阳关、玉门关为标志的万里长城名关主题旅游线；巴丹吉林等三大沙漠为主的沙漠戈壁主题旅游线；裕固族、藏族等为主的多彩民族风情旅游线。以各种主题的特色精品旅游线路将河西走廊景点串起来，形成统一开放、竞争有序的文化旅游产业带。要以敦煌国际文化旅游名城建设和文博会的举办为契机，把敦煌打造成全省最亮丽的旅游名片和世界级丝路文化旅游目的地，带动河西走廊旅游产业带发展。

二是加强旅游景区基础设施建设。改善文化旅游基础设施是提升河西地区旅游品质的前提。要加快景区连接道路建设，实现4A级以上景区以二级公路相连接、3A级景区通三级以上公路、乡村旅游景区通硬化路，实现重要节点城市、旅游目的地与交通干线的互联互通，有条件的景区通公交或旅游专线。完善旅游交通标识体系，在主要岔路口明确通往景区的标识牌。加大景区公共停车场建设力度，加强游客服务中心建设，完善配套功能，鼓励在景区附近发展农家乐，为自驾游客提供餐饮、休息服务。强化景区内部道路、智能智慧服务体系建设，实现3A级以上景区和重点乡村旅游景区WiFi全覆盖。积极推进旅游厕所建设，增加景区旅游厕所密度，厕所布局从景区延伸到旅游道路沿线、交通集散点、乡村旅游示范村，加强厕所的管护和保洁工作。

三是加强旅游产品开发。加强创意设计，开发精致、有内涵、便于携带，体现区域特色的农产品、工艺产品和民族用品等，不断提高旅游业综合效益。云南等旅游发达地区购物收入占旅游收入的30%，这方面甘肃省有很大的潜力。引进战略投资者或演艺集团，创作高品位的演艺类节目，为游客带来视觉盛宴的同时，也增加旅游综合收入。

四是把河西走廊打造成全域旅游示范区。河西五市要加强城市道路、停车场、垃圾和污水处理等基础设施建设及宾馆、酒店、商场等配套设施建设，创造良好的旅游硬件环境，提升城市品位和游客接待能力。每个县城都规划建设区域特色饮食一条街和特色产品一条街，方便游客体验地方美食、购买本地特色产品。实施全域无垃圾行动，提高全民对发展旅游重要性的认识，增强全民参与旅游服务的意识和能力，以好客、友谊、诚信的姿态把河西走廊打造成中国西部最具吸引力的特色旅游带。

（四）探索资源枯竭城市转型发展

嘉峪关、金昌等资源型城市若干年后都将面临资源枯竭后的转型问题，玉门市资源枯竭较早，已经进行了可贵的探索。玉门市是中国石油工业的摇篮，"铁人"王进喜的故乡，为新中国石油工业做出过特殊的贡献。由于油气资源储备有限，自20世纪90年代以来，玉门市油气产量逐年下降，资源枯竭的趋势日渐明显，2009年被国务院确定为第二批32个资源枯竭城市之一，迫切需要转型发展。玉门市转型发展可从以下几个方面考虑。

一是充分利用现有设施，建设石油炼化工业基地，石油资源除本地产的以外，可协调国家从新疆等地调入原油。二是利用当地丰富的风光资源，积极发展光热发电、光伏发电和风力发电，建设清洁能源基地，并纳入酒嘉新能源基地规划范围。三是采用高效节水技术，大力发展生态农业和戈壁农业，建设重要的农产品生产基地。目前玉门已经建成了千亩人参果基地、万亩温室韭菜基地、10万亩特色林果基地和10万亩啤酒原料基地，创建了"沁馨"韭菜、"祁连清泉"人参果、"花海蜜"甜瓜、"清泉羊"羊羔肉等10余个农业品牌，具有良好的基础。四是以绿色农产品精深加工为主体，建设循环工业经济示范基地。

五　保护好河西走廊绿洲生态环境

生态环境是关系民生的重大社会问题。保护好河西走廊绿洲，可以有效阻挡库木塔格、巴丹吉林、腾格里沙漠的融合串联，同时提供更多优质生态产品，不断满足人民群众对优美生态环境日益增长的需要。[①]

（一）优先保证生态用水

水是河西走廊的生命，有水就有绿洲，就有河西走廊。[②]

一是保护地下水。河西走廊气候干燥，蒸发量远远大于降水量，把水保存在地下，避免了大量的无效蒸发，又可以源源不断地为地上植被输送

---

① 程国栋、张志强、李锐：《西部地区生态环境建设的若干问题与政策建议》，《地理科学》2000年第6期。

② 马晶：《河西地区水资源开发利用及生态环境现状评价与对策》，《甘肃水利水电技术》2008年第4期。

水分。近年来，河西走廊地下水过度开采，2010 年河西走廊有机井 32288 眼，2016 年则达到 56807 眼，有的机井深度已经达到 300 米，出现了大面积的漏斗，按照目前的开采速度，河西走廊地下水将很快耗尽。制定并严格执行地下水取用水总量控制计划，确保现行地下水位不降低。核定并公布地下水禁采和限采范围，严肃查处私自开采地下水行为，对禁采区的机井要限期关闭；限采地区要严控地下水开采量在总量控制范围内，不许开挖新机井。事实证明，只要采取措施提高水资源利用效率，关停一定数量的机井，不会影响工农生产，如石羊河流域综合治理的 10 年间累计关停3318 眼机井，工农业生产并没有受到影响。通过 3~5 年的努力，关闭禁采区的机井，保证限采地区不再新增机井，保住河西走廊的地下水，为下一代留下一片绿洲。

二是水资源配置优先保障生态用水。在用水分配上，优先保障农田林网和绿洲边缘防风固沙林体系用水需求，维持河西走廊最基本的生态环境。

三是不再批准新建水库。修建水库增大了水域面积，导致宝贵的水资源被大量无效蒸发，上游水库蓄水时河道干涸，下游的生态用水得不到补充，生态系统遭到破坏。

（二）稳定现有绿洲面积

要根据人口规模和经济发展需求，科学合理划定城镇开发边界线，坚决遏制目前城市"摊大饼式"的扩张势头，稳定现有城市规模，严格控制人工绿洲无序扩大。河西走廊水资源已经过度开发，现有水资源对于保障目前绿洲的规模已经不堪重负，如果继续扩大绿洲面积，将会由水资源危机导致整个绿洲生态系统崩溃。[①] 要实施严格的土地政策，既不能扩大耕地面积，又不能弃耕，河西走廊风沙大，一旦弃耕不再浇灌，地表没有植被覆盖，河西走廊的强风将土壤吹到空中形成沙尘，土地会逐渐沙化。荒漠绿洲过渡带

---

① 贾芳、魏奋子：《河西走廊地区水土资源危机及可持续发展研究》，《中国水利》2011 年第 15 期。

是人工绿洲与荒漠的缓冲区，对人工绿洲发挥着重要的保护作用，稀疏的荒漠植被极其脆弱，几百年来形成的地表土壳一旦被破坏就难以恢复，因此，要保护好荒漠绿洲过渡带植被，严厉惩治乱砍滥伐和开荒种地行为。

（三）加大防沙治沙力度

沙漠化和荒漠化是河西走廊绿洲面临的最大威胁。按照宜林则林、宜灌则灌、宜草则草的原则，推广网格固沙经验，通过工程和生物改良措施，加强沙漠边缘与绿洲接壤地带生态脆弱区治理，优先治理主要风沙口、沙化扩展活跃区、风沙源区、沙尘路径等重点区域，为人工绿洲筑起一道保护屏障。[①] 加强农田防护林体系建设，建成片、带、网相结合，乔、灌、草相配搭的防护林体系，用以改善农田小气候、减轻风沙、改善区域环境。

（四）纠正一些错误的生态认识

要纠正生态用水是绿化用水的错误认识，现在有很多地方无限扩大城市绿化面积，抽取地下水浇灌地上的绿化植被，导致地下水位下降，一旦停止浇灌，地上植被将由于没有地下水保障而枯死，既起不到绿化作用，又破坏原来的生态平衡，得不偿失。要纠正种树就是搞生态环境建设的错误认识，在祁连山区植树造林是生态建设，但在缺水的地方大量种树，消耗了天然植被的用水，只会破坏天然植被，最终导致新的生态破坏，河西走廊不宜开展大规模国土绿化行动，建议河西走廊小康指标中取消对森林覆盖率的限定。

六　实施河西走廊历史文化遗迹保护工程

河西走廊历史文化遗产资源极其丰富，艺术成就很高，文物价值突出，如壁画、岩画、简牍、彩陶、雕塑、长城、古城遗址等，都具有很高的文化

---

① 程国栋、张志强、李锐：《西部地区生态环境建设的若干问题与政策建议》，《地理科学》
2000 年第 6 期。

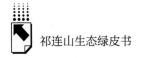

价值、社会价值、经济价值、观赏价值和科学研究价值。但由于所分布区域生态环境脆弱，自然风化和风蚀水蚀严重，加上人类不合理的开发活动，很多文化遗产损毁严重，不少遗迹已经消失了。采取有效措施，抢救性保护好这些历史文化遗产，尽可能把这些宝贵的文化艺术瑰宝留给子孙后代，是现代人的责任。

（一）保护好敦煌莫高窟

莫高窟，是世界上规模最大、内容最丰富的佛教艺术圣地。但是，莫高窟正在衰老，大面积的盐渍使壁画腐蚀脱落。同时，近年来大规模的开发建设使莫高窟的保护工作受到巨大威胁。机场离莫高窟仅 15 公里，频繁的飞机起降造成地面和周围山体震动，壁画赖以存在的崖体有开裂隐患，对莫高窟壁画造成严重影响。近年来，敦煌游客大幅增加，导致石窟空气中二氧化碳浓度增大，壁画所处的环境温度和湿度上升，对脆弱的壁画和彩塑构成严重威胁，同时游客消耗了不少的水资源，产生大量垃圾，也使石窟周边环境保护压力倍增。要采取有效措施，延缓洞窟及壁画的老化。

一是实施抢救性保护措施，加固崖体，进行裂隙灌浆，对损害严重的壁画和彩塑进行技术性修复。二是鼓励游客错峰出行，严格控制单日游客数量不超过 6000 人次，同时以现代物联网和微环境监测为技术手段，及时调整游客数量及路线，保持石窟微环境稳定性。三是加快实施"数字敦煌"工程，利用数字技术以虚拟游洞窟、3D 体验等各种全新服务，让游客全方位欣赏莫高窟，减轻洞窟压力。四是采取有效保护措施，减少飞机起降的噪声和冲击力对周边环境的影响，必要时迁建机场。

（二）保护好以嘉峪关关城为主的长城遗迹

据统计，甘肃省境内的长城资源众多，有长城遗迹约 3654 公里，其中大部分在河西走廊。河西走廊就是一个天然的长城博物馆，战国、秦、汉、隋、明等各时期的长城遗址随处可见，有的蜿蜒在河西走廊的山道旁，有的穿行在祁连山麓的山梁上，有的被半湮在黄土沙丘中。由于当地风沙大，长城遭受长期的风剥雨蚀，风化非常严重，加上人类的破坏，长城损毁非常严重，有墙体矗立的不到 1/3，如嘉峪关城楼、悬壁长城等；还有约 1/3 已经是石堆和土堆组成的城墙遗迹，如阳关遗址等；另外约 1/3 以上已经完全消失，如五墩西岸长城早已塌入河底，民勤西沙窝一带的长城已被黄沙掩埋。

一是加快长城保护相关法律法规建设。2006 年国家长城保护条例出台后，甘肃省 2014 年启动了"甘肃省长城保护条例"立法工作，目前还处在草案论证阶段，要加快立法进程，尽快出台"甘肃省长城保护条例"，同时督促长城沿线县区政府制定专项管理办法。

二是加大长城保护执法力度。建立长城监管与执法常态化机制，严肃查处破坏长城本体及历史风貌的违法犯罪行为。

三是实施长城保护工程。2005 年以来组织实施了嘉峪关文化遗产保护工程及金塔、山丹、敦煌、临泽、古浪、凉州等县区重点区段长城保护工程 20 多项，要继续加大长城保护工程实施力度，提升长城保护管理水平。

四是落实长城保护地方政府责任。切实做好长城"四有"工作，即划定长城保护范围和建设控制地带、树立长城保护标识、建立长城记录档案，以及设置长城专门保护管理机构和人员。加大宣传力度，提高长城沿线群众对保护长城重要性的认识水平，从而增强保护长城的意识，营造全社会保护长城的良好氛围。

（三）其他历史遗迹保护

一是其他石窟，如天梯山石窟由于年代久远以及山体雨水渗透，壁画已有大半脱落，特别是受到对面黄羊水库的影响，大佛脚下返碱，受到严重侵蚀。虽然近年来启动了一些保护措施，如窟基护坡、加固雕像、修复栈道、修建防水坝、安放壁画等系列工程，但是没能从根本上解决问题，要进一步采取保护措施，必要时可考虑废弃黄羊水库。

二是寺庙、古墓和民族特色建筑物，如张掖大佛寺、马蹄寺、武威文庙、白塔寺、鸠摩罗什寺、雷台汉墓等大型遗址都是历史的见证，也是发

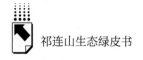

展旅游的良好资源，要列入专项保护项目，进行保护与修缮。同时做好其他历史文化遗迹、古城镇等的保护，实施历史再现工程，把河西走廊建设成自然遗产和非物质文化遗产综合保护的示范区，打造成千里历史文化长廊。

七　构建一体化发展新优势

立足河西走廊资源禀赋和区位条件，强化交通枢纽和经济通道功能，优化整合城市资源等各类要素，培育支柱产业集群，加强联合协作和优势互补，推动组团联盟发展，形成引领区域经济发展的重要引擎。

（一）推动酒嘉一体化组团发展

把文化旅游、新能源、冶金、装备制造作为区域首位产业，加快发展装备制造业，调整酒钢产品结构，大力发展循环经济，加快传统产业转型升级，壮大农产品加工等特色产业，建设新能源调峰配套电源和外送通道，发展现代高载能产业，促进电力就地消纳。大力发展全域旅游，依托敦煌莫高窟，嘉峪关关城、酒泉航天城、锁阳城等国际旅游品牌，建设丝绸之路黄金旅游线目的地城市。加强讨赖河、疏勒河、党河源头生态保护，优化水资源配置。强化配套设施建设，建设加工基地，打造全国重要的新能源基地、对外开放陆路口岸和国际空港，支撑西陇海兰新经济带区域性中心城市、电力外送基地建设。

（二）加快张掖经济区建设

把文化旅游、特色农畜产品加工作为首位产业，大力发展制种、高效节水、畜牧等现代农业，支持发展绿色有机农产品加工业，推动文化旅游融合发展，打造宜游宜居城市。用最严密的法治保护生态环境，实施祁连山生态环境保护与综合治理规划，打造国家现代农业试验示范区、大型制种基地、河西走廊经济区重要枢纽和生态文明先行区。

（三）促进金武城乡融合和组团发展

把新能源、有色金属及深加工、食品、化工作为区域首位产业，发挥城市和大企业的带动作用，发展新材料新技术和集约化生产，构建有色金属和新材料产业集群，积极发展农产品精深加工、新能源、文化旅游等特色产业，培育发展装备制造业。加强资源综合利用，合理开发水资源，建设产业融合、资源共享、生态共建、城乡统筹的创新示范区，打造新能源基地、有色金属新材料基地、绿色农产品生产加工出口基地。

（四）加快敦煌国际文化旅游名城建设

把文化旅游作为主导产业，依托丝绸之路（敦煌）国际文化博览会，突出经济转型发展，完善基础设施，提升国际空港功能，加强生态保护，探索经济、社会、文化、生态、科技、旅游融合发展的戈壁绿洲城市新模式，提升旅游综合改革试验区、国家级文化产业示范园区、新能源示范城市、生态文明和绿色循环示范区建设水平，打造中华文化"走出去"的重要窗口、与丝绸之路沿线国家（地区）文化交流的重要平台。

八　研究论证河西走廊调水方案

河西走廊是资源性缺水区域，随着全球变暖、祁连山冰川消融速度加快、冰川大面积消失，河西走廊失去了可靠的水资源保障，可持续发展面临严重挑战。采取节水措施，提高水资源利用效率，只能缓解水资源紧张状况，要从根本上解决水资源短缺问题，需要从保护国家生态安全屏障的战略高度出发，研究论证从区域外调水方案。多年来，专家学者提出了许多调水方案，目前主流的方案有以下几种。

（一）林一山"大西线调水"方案

林一山同志长期担任长江规划办公室和长江水利委员会主任，1995 年提出了"西部调水构想",长江水利委员会于 1998 年公布了《中国西部调水初步研究》,计划从怒江上游筑坝截流,穿过巴颜喀拉山,贯穿澜沧江、金沙江、雅砻江、大渡河等水系,最后进入黄河,实现南水北调的目的,年调水量可达 800 亿立方米。2000 年后黄河水利委员会西线规划方案调整为直接向大西北供水,穿过河西走廊和腾格里、乌兰布和、巴丹吉林三大沙漠,向天山北麓地区和塔里木盆地供水。

(二)雅鲁藏布江调水方案

中国科学院院士、清华大学水沙科学与水利水电工程国家重点实验室主任王光谦建议,从西藏的雅鲁藏布江调水,顺着青藏铁路到青海省格尔木,再到河西走廊,最终到达新疆。一旦成功调水到新疆,大片的戈壁荒滩将会成为中国最辽阔的粮仓,新疆将新增耕地 3 亿亩,最少可生活 2 亿人。

(三)"红旗河"西部调水工程

2017 年 11 月,6 位院士、12 位教授以及多位博士经两年研究提出了一条沿青藏高原边缘全程自流进入新疆的"红旗河"西部调水线路。从雅鲁藏布江大拐弯附近开始,沿途经怒江、澜沧江、金沙江、雅砻江、大渡河、岷江、渭河、黄河,然后经河西走廊进入新疆,全程 6188 公里。该工程将串联起西南诸河、长江流域、黄河流域和西北诸河,形成统一的大水网格局,辐射影响全国 70% 以上国土面积,将在西北增加 2 亿亩以上良田。2017 年 11 月以来,"红旗河"西部调水工程引发全国关注,2018 年 5 月 7日,"红旗河"课题组专家在甘肃省社会科学院召开交流座谈会。

(四)加大景电工程向民勤盆地调水量

目前景电工程每年向民勤县调水 6100 万立方米,对改善民勤县生态环境发挥了重要作用。要争取黄河水利委员会的支持,加大景电工程从黄河的取水量,从而增加向民勤盆地调水量,从根本上遏制民勤沙进人退的局面。

案 例 篇

Case Articles

G.11

积极借鉴民勤经验，科学统筹推进
祁连山生态环境保护和治理

勾晓华 薛冰 颉耀文 李育 冶伟峰 李勇进 张永姣 严纯华*

摘 要： 祁连山是我国重要的生态安全屏障，河西走廊内陆河流域核
心水源区，属于我国生物多样性保护优先区域。民勤地理上
属于《国家主体功能区划》中的"祁连山冰川与水源涵养生
态功能区"，是确保河西走廊安全的重要生态屏障，也是全面

＊ 勾晓华，兰州大学资源环境学院教授，主要从事西北干旱半干旱地区山地树轮气候记录机制
和生态响应方面的研究；薛冰，中国科学院沈阳应用生态研究所研究员，博士生导师，主要
从事人地耦合系统分析与区域可持续发展方面的研究；颉耀文，兰州大学资源环境学院教授，
博士生导师，主要从事基于地理信息技术的干旱区环境变化研究；李育，兰州大学资源环境
学院教授，博士生导师，主要从事古气候及古生态学研究；冶伟峰，兰州大学资源环境学院
讲师，主要从事能源环境经济与可持续发展研究；李勇进，兰州大学资源环境学院教授，主
要从事西部生态环境治理及其社会经济效应研究；张永姣，兰州大学经济学院讲师，主要从
事国土空间规划与空间经济方向的研究；严纯华，兰州大学校长，主要从事稀土分离理论、
应用及稀土功能材料研究。

打赢脱贫攻坚战的典型区域。民勤绿洲的生态治理，对于推进祁连山生态保护和优化区域人类活动具有重要借鉴意义。近几十年，特别是近几年来，民勤将荒漠化治理和生态建设作为区域经济和社会发展的首要任务，按照水、沙、林、草、农、城一体化治理思路，加强顶层设计、紧抓主要矛盾，生态保护工作取得显著成效、社会发展水平不断提升、生态文明建设加快推进，在科学统筹与系统推进环境生态管理方面积攒了宝贵经验，为新时期推进祁连山区域生态保护及高质量发展提供了科学借鉴。

关键词： 民勤绿洲 祁连山 生态环境保护 生态治理

2013 年 2 月，习近平总书记视察甘肃时将"着力加强生态环境保护，提高生态文明水平"作为"八个着力"的主体内容之一，并特别强调"要实施好石羊河流域综合治理和防沙治沙及生态恢复项目，确保民勤不成为第二个罗布泊"；① 2019 年 8 月，习近平总书记在甘肃省考察调研时再次强调"要坚持山水林田湖草综合治理、系统治理、源头治理，统筹推进各项工作"，并强调"祁连山是国家西部重要的生态安全屏障，这是国家战略定位"，"要继续爬坡过坎，实现高质量发展，绿水青山就可以成为金山银山"。② 就地理位置而言，祁连山是我国西部重要生态安全屏障，是河西走廊内陆河流域核心水源区，也是青藏和蒙新高原动物迁徙重要廊道，属于我国生物多样性保护优先区域；而民勤位于国家生态安全战略格局"北方防沙带"、甘肃省"三屏四区"生态安全战略格局及石羊河下游生态保护治理区交会叠加区，地理上属于《国家主体功能区划》中的"祁连山冰川与水源涵养生态功能区"，同时也

① 周振华、闫韬：《石羊河流域重点治理成效显著》，甘肃省水利厅，2020 年 9 月 27 日。
② 张晓松、朱基钗：《习近平谈生态保护：这是国家战略定位》，新华网，2019 年 8 月 21 日。

是确保河西走廊安全的重要生态屏障。经过半个多世纪特别是近 20 年的生态建设，民勤县森林覆盖率由 20 世纪 50 年代的 3% 提高到如今的 18%，地下水位止降回升，2010 年干涸 50 年的青土湖重现碧波，[①] 在成功遏制腾格里和巴丹吉林两大沙漠汇合上发挥了重要作用。当前，加快河西祁连山内陆河生态安全屏障的生态保护，是深入学习贯彻习近平总书记视察甘肃重要讲话精神、加快建设幸福美好新甘肃的重要行动，[②] 迫切需要进一步科学总结民勤的生态保护和建设经验，充分弘扬好"六老汉"的新时代愚公移山精神，从而协同推进从民勤到祁连山的生态环境保护工作。

一 民勤的环境社会特征及挑战

民勤绿洲是由具有悠久历史的天然绿洲演变而来，并随着古石羊河和古金川河及其终端湖的自然变迁而变迁。西汉时期以后，先进农耕文化被逐渐推广到民勤盆地，人工绿洲进入快速发展时期，民勤盆地第一次出现大规模的农业生产，自然景观面貌发生了巨大变化，进而创造了比较稳定的灌溉绿洲（见图 1）。此后，受人口增加以及人类活动强度变化等影响并在自然因素作用下，民勤绿洲的土地覆盖经历了较为复杂的演化过程，其中，清代为人口增长最快且数量最多时期，绿洲开发规模达历史时期最大（75846 公顷），从而奠定了现代民勤绿洲的总体格局。2000 年以来，民勤绿洲的整个景观逐渐呈现湖泊萎缩、绿洲迁移、植被衰退、风沙加剧等趋势，使原来"水草丛生、可耕可渔"的湿生环境变成"十地九沙，非灌不殖"的荒漠景观，历史上开发的绿洲和兴建的城址被流沙拥塞，[③] 绿洲重心逐渐向上游

---

① 丁思：《甘肃民勤青土湖干涸 50 余年碧波重现 地下水位回升》，中国新闻网，2013 年 5 月 26 日。

② 《中共甘肃省委关于深入学习贯彻习近平总书记视察甘肃重要讲话精神、努力谱写加快建设幸福美好新甘肃不断开创富民兴陇新局面时代篇章的决定》，《甘肃日报》2019 年 11 月 13 日。

③ 颉耀文、陈发虎、王乃昂：《近 2000 年来甘肃民勤盆地绿洲的空间变化》，《地理学报》2004 年第 5 期。

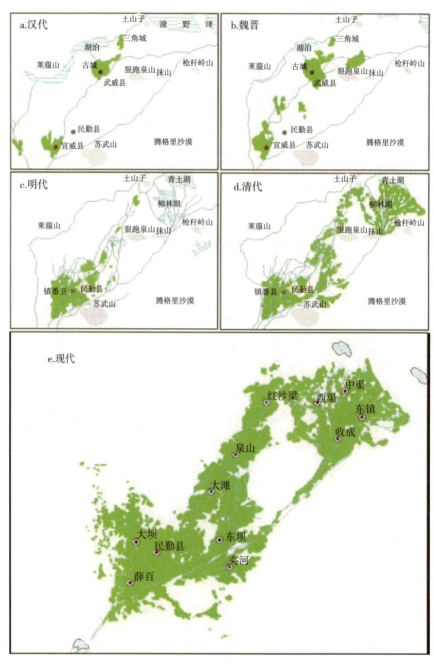

图1　民勤盆地各时期垦殖绿洲的空间分布

资料来源：本报告图表若无特殊说明，均由作者整理计算所得。

迁移，[1] 使区域发展的可持续性面临重要的生态挑战。[2]

民勤绿洲是确保河西走廊安全的重要生态屏障。河西走廊依靠祁连山雨雪水汇聚形成石羊河、黑河和疏勒河三大内陆河水系，孕育了辽阔森林、广袤草地及绿洲。其中，石羊河流域上游发源于祁连山脉的六河水系（东大河、西营河、金塔河、杂木河、黄羊河和古浪河），中游灌溉着武威、永昌等绿洲，下游是民勤绿洲。作为典型干旱区，民勤大陆性沙漠气候特征十分显著，是亚洲中部重要的沙尘暴源区之一。[3] 民勤位于国家生态安全战略格局"北方防沙带"[4]、全省"三屏四区"生态安全战略格局石羊河下游生态保护治理区，[5] 被巴丹吉林沙漠和腾格里沙漠从东、西、北三面包围，是我国水资源供给矛盾最突出、生态环境最恶劣的地区之一。[6] 民勤中部狭长楔形绿洲地势把两大沙漠隔开，阻隔了两大沙漠合拢，被称为我国千里风沙线的"桥头堡"。2001年，时任总理温家宝批示"决不能让民勤成为第二个罗布泊！"，民勤绿洲在维护河西走廊生态安全乃至全国生态安全格局中都占有十分重要的地位，对全国发展具有深远的生态意义。[7]

民勤是甘肃打赢脱贫攻坚战的重要区域，也是农业生态经济高质量发展的支撑示范区域。民勤县年均降水量仅为127毫米左右，而年均蒸发量则高达2623毫米，[8] 在风沙作用下，不断扩展的沙化土地持续吞没农田和村

---

[1] 颉耀文、陈发虎：《基于数字遥感图象的民勤绿洲20年变化研究》，《干旱区研究》2002年第1期。

[2] 邹应双、王义祥：《基于RS和GIS的民勤湖区环境恶化动态分析》，《兰州大学学报》1999年第4期。

[3] 李勇进、李凤民、柳波、陈文江：《退化绿洲生态恢复的政策保障研究——以甘肃省民勤县为例》，《干旱区资源与环境》2012年第1期，

[4] 刁维杰、赵勇、翟家齐：《1987～2017年民勤绿洲面积时空演变规律及驱动因素解析》，《灌溉排水学报》2019年第10期。

[5] 潘晓燕：《加强民勤生态保护治理的对策建议》，《农业科技与信息》2015年第10期。

[6] 黄航行、李思恩：《1968～2018年民勤地区参考作物需水量的年际变化特征及相关气象影响因子研究》，《灌溉排水学报》2019年第12期。

[7] 甘肃省发展改革委、水利厅：《石羊河流域重点治理规划》，2007年12月7日。

[8] 吴国平：《民勤县生态危机及生态文明建设研究》，西北师范大学硕士学位论文，2015。

庄,[1] 严重缩减了沙源区的人类活动及生存空间,[2] 从而出现了长期的"生态难民"现象。[3] 但同时,在甘肃省农业发展县域单元中,民勤综合竞争力和宏观经济竞争力排名均处于上游水平,是甘肃省重要的商品粮基地县,蜜瓜、甘草、羊肉、红枣、枸杞先后获批国家地理标志保护产品。在区域特殊的自然气候背景下,缓解水资源的供需矛盾是民勤绿洲农户生计可持续发展的关键,[4] 迫切需要通过区域生态环境保护与高质量发展的协同并进,以进一步优化和调整农业农村产业结构,实现生态经济的高质量发展动力系统,协同增加生态效益和经济效益,为实现高质量发展提供重要支撑。

二 民勤环境生态治理的主要成效

在民勤的生态治理中,"沙"和"水"两大自然要素扮演了最为核心的角色,也是衡量生态治理成效最为基本的指标。近年来,民勤坚定不移地实施"生态立县"战略,以创建"全国防沙治沙示范县""全国节水模范县"等为契机,牢固树立和践行绿色发展理念,将事关"沙""水"的荒漠化治理和生态建设作为区域经济和社会发展的首要任务,科学推动生态系统保护与区域发展规划的协同治理,探索将限制性环境要素转化为新生产要素,在生态保护与高质量发展上取得了若干显著成效。

(一)防沙治沙工作取得显著成效,特色沙产业亦蓬勃发展

民勤是全国荒漠化和沙化最严重的地区之一,1959 年干涸的青土湖所形成的 13 公里风沙线,曾是民勤绿洲北部最大的风沙口。2007 年开始正式

---

① 孙强强、张平、孙丹峰:《甘肃民勤土地退化治理政策效果分析》,《土壤通报》2018 年第 5 期。

② 王红霞、任建波、王龙:《基于 TM 影像的民勤县土地利用变化研究》,《测绘与空间地理信息》2016 年第 6 期。

③ 颉耀文、陈发虎:《民勤绿洲的开发与演变》,科学出版社,2008。

④ 吴孔森、杨新军、尹莎:《环境变化影响下农户生计选择与可持续性研究——以民勤绿洲社区为例》,《经济地理》2016 年第 9 期。

实施《石羊河流域重点治理规划》，至2010年9月，青土湖已初步形成3平方公里的湖面，^① 到2019年，青土湖水域面积已经恢复到26.7平方公里，^②充分显示了民勤在防沙治沙方面的显著成效，在有效阻隔巴丹吉林和腾格里两大沙漠的合拢方面做出了巨大贡献。近年来，民勤的森林覆盖率持续增长，由20世纪50年代的3%提高到2010年的11.5%，2019年提高到17.9%；^③ 通过构建"外围封育、边缘治理、内部发展"的生态建设体系，在408公里风沙线上建成了300多公里的防护林带。^④ 根据国家林业局第五次荒漠化和沙化监测结果，民勤的沙化及荒漠化土地面积与2009年相比累计减少13万亩，荒漠化和沙化趋势已在整体上处于遏制及逆转阶段，^⑤ 这充分显示了民勤治沙防沙的整体工作成效。与此同时，民勤也充分发掘"沙"的资源特性，探索做好"沙产业"的大文章，试图将环境限制要素转化为独特的区域发展要素。近年来，通过发展以红枣、枸杞以及梭梭接种肉苁蓉、白刺接种锁阳等特色沙植产业，沙区的发展，逐步由以往的被动式防沙固沙向如今的主动式治沙用沙转变，逐渐形成包含沙植产业、沙旅游产业等在内的多层次、多品种、多效能的沙产业体系，并直接或间接向11.4万人提供就业机会，沙产业实现总产值3.32亿元，来自沙产业、工程压沙的收入在农村居民人均可支配收入中的比重达到36%。^⑥ 民勤沙产业示范园、治沙防沙与沙植协同发展，如图2、图3所示。

（二）水资源管理更趋规范，生态生产生活用水调配更加均衡

继续强化水资源管理的顶层设计工作，先后制定并印发《民勤县城区

---

① 丁思：《甘肃民勤青土湖干涸50余年碧波重现　地下水位回升》，中国新闻网，2013年5月26日。

② 聂建江：《甘肃青土湖：湖沙相映》，人民网—四川频道，2019年9月2日。

③ 张小芳：《民勤：生态文明建设造就绿水青山》，民勤政府网，2020年10月16日。

④ 湿地中国：《甘肃省民勤县实施三北防护林工程助推生态绿色发展纪实》。

⑤ 《民勤治沙之变（美玉中国·和谐共生）》，《人民日报》2018年6月4日。

⑥ 《遏止两大沙漠合拢，不让民勤成为第二个罗布泊》，中国治沙暨沙业学会网站，2018年6月15日。

图 2　民勤沙产业示范园

（颉耀文供图）

图 3　治沙防沙与沙植协同发展

（颉耀文供图）

集中式饮用水水源保护区环境保护专项督察行动工作方案》①，出台《水权水市场建设实施方案》《水权交易管理办法》等管理办法，建立了县、乡、

---

① 《民勤县环境保护局关于呈报 2018 年上半年工作总结和下半年工作打算的报告》（民环发〔2018〕113 号），2018 年 7 月 20 日。

村三级水权交易平台，推进农业、工业、城镇等"六大节水行动"；① 坚持以水为绳，定规模、定产业、定结构，实现对用水总量、用水效率和水功能区限制纳污等"三条红线"的严格控管，② 设定了农田灌溉用水标准（410立方米/亩）、生活用水标准［40升/（人·天）］、畜禽用水标准及人均水权上限（1068 立方米）等若干标准；③ 城区污水收集处理率达到 93%，再生水利用率达到 96%，用水总量和民勤盆地地下水开采量两大约束性指标均控制在石羊河流域重点治理目标范围之内。同时，通过关闭机井、压减耕地、淘汰高耗低效作物、发展日光温室等具体措施，推进社会及生产领域的节水示范点建设，新增高效节水灌溉面积 6 万亩，实现农业用水的精细化及灌溉的精准化、用水效益的最大化，节水型社会达标工作通过省级验收，并于 2015 年被认定为"国家高效节水灌溉示范县"，实现农业节水技术全覆盖。同时，民勤注重推进"沙""水"协同治理，通过"治水"巩固"治沙"，以青土湖为核心，连续 9年向青土湖下泄生态用水，累计下泄生态水量 2.5 亿立方米，地下水位由 4 米（2007 年）上升为 2.9 米（2017 年）④ （见图 4），围绕青土湖形成旱区湿地106 平方公里，进一步巩固了治沙和防沙效果。

（三）形成了良好的生态经济产业发展势头，生态文明建设进入新阶段

高起点、高标准编制了《民勤生态建设示范区规划》，着力构建以"一心一区一带两路三块四片百园"为主体的生态保护与建设示范区；⑤ 坚持绿色有机和转型升级，同步推动以生态产业化和产业生态化为主体的生态经济体系，在持续推动经济高质量发展方面取得了显著成效。例如，随着"贮藏加工＋运

---

① 裴艳春：《民勤：多管齐下做好"节水文章"》，民勤政府网，2020 年 5 月 12 日。
② 王兆武：《民勤绿洲水资源综合治理现状与可持续发展建议》，《农业科技与信息》2018 年第 11 期。
③ 姜新文：《民勤：打好生态牌　走好节水路》，《武威日报》2018 年 7 月 20 日。
④ 赵明瑞、徐天军、彭祥荣、刘蓉、李超超：《石羊河流域综合治理前后民勤水资源变化特征》，《沙漠与绿洲气象》2018 年第 5 期。
⑤ 马爱彬：《民勤着力推进生态文明示范区建设》，民勤政府网，2016 年 10 月 3 日。

图4　重现碧波的青土湖

资料来源：耿国彪：《甘肃民勤　将荒漠化防治进行到底》，《绿色中国》2018年第20期。

输销售"现代农产品营销体系的建设、农副产品精深加工产业和生态文化旅游产业的快速发展，民勤县的绿色发展潜力得到进一步释放。国家有机产品认证示范区和农产品质量安全示范县创建进程加快，累计认定"三品一标"农畜产品67个，推出了"民清源"区域公共品牌，打造了西渠食珍绿色甜瓜、蔡旗官沟韭黄、薛百更名芦笋、大坝八一沙葱等一批特色农产品种植基地。收成镇被农业农村部认定为"一村一品"示范镇，苏武现代农业产业园列入粤港澳大湾区"菜篮子"生产基地。生态文化旅游产业起步良好，旅游资源得到初步挖掘，特色旅游品牌更加响亮，2019年接待游客100万人次，实现旅游综合收入5.2亿元，比2018年增长将近60%。同时，坚持把有限可用和上级支持资金优先投向民生事业，顺利通过了脱贫摘帽验收。2019年，民勤实现生产总值72亿元，同比增长3%；全年城镇居民人均可支配收入25902元，比2018年增长8.5%；城镇居民人均消费支出20752元，同比增长5.6%。农村居民人均可支配收入14414元，比2018年增长9%；农村居民人均消费支出13216元，同比增长6.6%。在生态文明建设过程中，民勤也积极推动国际合作，成功承办"一带一路"生态治理民间合作国际论坛，发出"民勤倡议"，向全社会大力弘扬民勤防沙治沙精神，使民勤生态治理与生态经济发展同时赢得社会各界的高度关注、肯定和支持。民勤农业生态新景观，如图5所示。

图 5　民勤农业生态新景观

（颉耀文供图）

三　民勤环境生态治理的主要经验

"一部民勤志，半部治沙史"。① 民勤在环境生态治理尤其是治沙方面所取得成效，得益于几代人日复一日坚持的新愚公移山精神，是全社会共同努力的绿色回报，更是践行"绿水青山就是金山银山"的发展理念的生动典型。在新的时期，进一步总结民勤环境生态治理的基本经验，对于推进民勤—祁连山的协同保护，实现由"点"及"面"的推广普及，特别是祁连山内陆河流域的生态保护与高质量发展具有重要的意义。在综合研究及实地调研并结合各方面工作的基础上，本报告初步总结了民勤环境生态治理的主要经验如下。

（一）坚决贯彻落实"两山理论"，科学做好区域生态保护与高质量发展的顶层设计

山水林田湖草沙是一个生命共同体，人则是自然的一部分。高起点、

① 姜新文：《民勤县防沙治沙工作综述》，《武威日报》2018 年 6 月 14 日。

高标准的顶层设计规划，是统筹推进环境生态治理的重要保障，尤其是对于生态环境脆弱区，以生计为主要表现形式的人类活动与区域自然要素演化变迁融合交错，彼此相互响应并形成正负反馈机制。在民勤的环境生态治理中，坚决贯彻落实"两山理论"、科学做好区域生态保护与高质量发展的顶层设计是最基本也是最核心的经验启示。2013 年 2 月，习近平总书记在甘肃视察时作出"八个着力"重要指示，并特别强调要实施好流域综合治理、防沙治沙及生态恢复项目，确保民勤不成为第二个罗布泊。可以说，习近平总书记高屋建瓴的指示和党中央的殷切关怀为民勤环境生态治理的顶层设计提供了明确的方向。在具体实施过程中，兰州大学、中国科学院、中国林业科学研究院、甘肃省治沙研究所等省内外科研院校充分发挥科学智库与决策参谋作用，探索开发了若干治沙治水模式及城镇化发展模式，形成了关于民勤连古城国家级自然保护区及石羊河流域的综合治理及可持续发展方案，全面提升了民勤生态环境治理顶层规划设计的科学性、前瞻性及可操作性，形成了治沙新技术、生态治理新技术乃至绿色发展新技术等对于社会经济发展与环境保护的创新驱动，既体现了"两山理论"在民勤的科学落实，也体现了民勤在环境生态治理中坚持创新驱动的重要特质。

（二）坚持弘扬先进价值精神，建立了全民参与的工作机制体制

环境生态系统具有复杂、开放、动态的基本特点，必须"点""线""面"全面结合并形成立体化的治理网络，才能实现对生态破坏和环境恶化的遏制乃至逆转，进而实现对环境生态系统的根本改善和生态系统服务的长效维持机制，而在人地系统视角下，"人"扮演了极为关键的角色。习近平总书记强调，生态保护需要持续用力、久久为功，并强调构建生态环境保护社会行动体系，坚持建设美丽中国全民行动。[①] 在民勤的环境生态治理中，涌现了诸多先进典型，如大炕沿农业合作社、红柳园铁姑娘治沙队，以及薛

---

① 《关于全面加强生态环境保护　坚决打好污染防治攻坚战的意见》，2018 年 6 月 16 日。

万祥、杨可畅、石述柱等，① 逐步形成了"勤朴坚韧、众志成城、筑牢屏障、永保绿洲"的民勤防沙治沙精神，其中，"勤朴坚韧"与"众志成城"是对全体民勤人意志和民勤干群的最大肯定，充分尊重和反映了依靠人民的工作历练，在全社会范围内促进了生态保护良好氛围的形成。同时，通过把治沙节水等日常生态环境保护工作纳入教育体系和培训体系，推进防沙治沙纪念馆等生态环境教育设施及场所建设，不定期开展主题教育等活动，有效建立全民参与的工作机制体制。

（三）抓住关键要素推进系统治理，建立特色化生态文明体系

环境生态治理是个复杂的工作，在人地系统视角下，环境生态的治理对象覆盖山水林田湖草等具体要素，治理的主体则是政府、企业、公众以及科研机构等多元组织或个人，在治理方法上则有近自然、人工干预、主动预防、末端治理等多种形式，因此，唯有从系统视角才能实现对环境生态的有效治理。系统治理不是眉毛胡子一把抓，生态文明建设是个复杂过程，除了环境生态治理，还涉及区域发展方式转变、经济结构调整、体制机制改革、治理文化建构等若干重要内容，因此，唯有抓住系统发展过程中所面临的主要矛盾，才能实现高效有效治理。在民勤的区域实践中，通过紧抓"沙"和"水"这两个核心要素，将"人—沙—水"的矛盾只作为主要矛盾对待，通过"人—沙""人—水""沙—水"的矛盾破解实现对人地系统的整体优化，例如，具体设定水资源消耗的多重指标、② 推进青土湖的水位恢复实现风沙口治理、③ 发展节水农业和沙植产业促进生计的可持续转型④等举措，实现了对系统治理的主要矛盾的精准把握，并取得了事半功倍的效果。同时，坚持制度创新是关键保障，例如通过出台《民勤县沙漠承包治理管理办法》《民勤县沙

---

① 《风雨兼程四十载 防沙治沙树丰碑——民勤县防沙治沙纪实》，《甘肃日报》2018年11月27日。
② 姜新文：《民勤：打好生态牌 走好节水路》，《武威日报》2018年7月20日。
③ 聂建江：《甘肃青土湖：湖沙相映》，人民网—四川频道，2019年9月2日。
④ 《沙窝窝里也能"淘宝"民勤"沙漠明珠"华丽蜕变》，凤凰网，2019年10月15日。

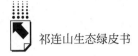

区及治沙生态林承包治理经营的实施意见》等若干政策，促进了林业工程由生态防护型向生态经济兼用型的转变，实现了生态效益与经济效益的双赢；对破坏生态等违法犯罪活动保持高压态势，严格执行"五禁"决定，① 从政策制度上切实加强了自然资源管护与生态经济发展，促进建立具有民勤特色、体现民勤资源禀赋特征的生态文明体系。

四 推进民勤—祁连山生态协同治理的对策建议

环境生态治理，重在保护，要在治理。新时期，在协同推进民勤—祁连山生态系统综合治理上，应坚持以习近平新时代中国特色社会主义思想为指导，贯彻落实习近平生态文明思想，落实习近平总书记视察甘肃及关于祁连山保护的系列重要讲话精神，坚持生态优先、绿色发展，着力加强生态保护治理、构建绿色安全屏障、促进区域高质量发展、创新和提升生态产品供给能力、加强绿色政府示范建设，科学、全面、扎实推进生态治理工作。

（一）加强生态保护的立体化空间治理

贯彻落实主体功能区战略，推进祁连山国家公园建设，坚持"山、水、林、田、湖、草、沙、雪"与"大气、土壤"及"乡村、城镇"的统筹研究与系统规划，进一步加强对区域地形地貌、水系湖库、沙害侵蚀、土地利用类型、自然保护区等自然现状要素的数据建设及分析，统筹考虑区域经济社会发展、产业布局和人口集聚趋势，进一步优化区域经济发展布局，实施更高精度下的差异化空间开发管控措施。综合运用环境大数据等手段，科学有序统筹布局生态、农业、城镇等功能空间，改进规划方法，提升规划科学性。进一步推进生态系统研究，确定主要生态系统对气候变化和人类活动的响应规律及其阈值，为推进空间精准治理提供科学依据。

---

① 《风雨兼程四十载 防沙治沙树丰碑——民勤县防沙治沙纪实》，《甘肃日报》2018 年 11 月 27 日。

（二）扎实构建区域生态安全的多重屏障

坚持生态治理与生态惠民相结合，进行统一保护、统一修复，实施重要生态系统保护和修复工程。构筑民勤北部防风固沙生态屏障，阻断两大沙漠汇合，推进石羊河流域综合治理，恢复流域生态系统，形成点、线、面结合的绿洲安全网，将民勤建成沙漠中的美丽绿洲。加强区域内各主要人类活动影响区域的林草植被修复、湿地生态系统重建、地下水开采治理以及城镇化区域的生态监控，在三区三线的基础上，加强科学研究，建立以祁连山为主线、以民勤等绿洲为功能点的区域生态安全多重屏障。

（三）创新推进水资源总量利用控制的 2.0 版本

继续把水资源利用作为最大的刚性约束，合理规划祁连山内陆河流域内的产业发展规模、人口增长规模及城市发展规模，结合民勤的水资源控制指标，研究建立符合祁连山内陆河流域特色、面向不同对象的水资源利用的上下限，实施全社会节水行动，推动用水方式由粗放型向集约型转变。统筹建立水资源联合研究中心，推进以提高水资源利用效率为核心的节水 1.0 版本向以水资源承载力为约束条件的 2.0 版本转型升级，并将节水 2.0 版本作为高质量发展核心指标和内容，强化顶层设计、及时归纳总结经验。开展以水为核心的资源环境承载力本底调查，通过科技手段，构建更加合理的产业体系和城镇空间体系。

（四）构建区域高质量发展的动力系统

探索在"绿水青山"的保护、修复、重建过程中，实现区域生态恢复与产业高质量发展的协同，推动整个社会生态系统的革新与优化。统筹当前和未来一段时期的扶贫政策、产业政策、生态政策，并通过政策之间的整合、融合实现机制与模式的创新，突破目前在发展中存在的、由政策不协同而导致的发展环境桎梏。综合考量生态服务、政策干预、发展愿景、资源禀赋、社会文化等不同发展和政策要素的行为实施主体、变化阈值、功能影

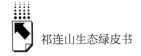
响，并通过关键参数调控和技术统筹，促进环境—资源—产业要素在不同空间尺度上的科学组织，构建高质量发展的动力系统。①

（五）全面创新和提升生态产品供给能力

习近平总书记明确指出，"生态功能重要的地区，就不宜发展产业经济，主要是保护生态，涵养水源，创造更多生态产品"。因此，要进一步挖掘和发挥祁连山公园内地理环境多样、生态功能重要、旅游文化资源丰富的先天优势，加强在生态产品方面的创新能力、供给能力和服务能力建设，为全国同类区域提供生态产品开发样本。充分摸清区域生态产品家底，制定现阶段的生态产品清单，打好生态产品组合拳，通过生态产业化、产业生态化战略，着力构建精准化的生态产业体系；树立"有生态产品才有生态产业体系，有生态产业体系才有高质量发展"的逻辑体系，要在生态产品开发、管理、增值上强化创新研究、突出地方特色、明确目标导向。

（六）推进空间决策支持技术与应用

开展空间决策支持系统的理论、方法和技术等方面的研究，进一步集成空间决策支持技术、大数据与可视化技术等关键技术方法，开发以资源环境承载力动态评价和过程模拟、政策效用评估等为主要功能模块的资源环境监测预警和决策支持系统。建立以数据为中心的集采集、存储、分析、可视化查询、决策支持等功能于一体的解决方案，实现对地域资源环境的快速精准诊断并实施调控及示范，指导环境优化方案并监测治理效果，提升环境监管、预警和应急能力，提高部门协作管理效率，为各项环境政策的制定提供更为科学、更为坚实的数据和技术支撑。

（七）强化组织保障，提高决策施策水平

增强"四个意识"、坚定"四个自信"、做到"两个维护"，提升党政

---

① 《习近平在黄河流域生态保护和高质量发展座谈会上的讲话》，新华网，2019年10月15日。

干部对于环境生态系统治理的认知水平及决策施策水平。坚持在科学研究基础上，尊重自然规律，注重保护和治理的系统性、整体性、协同性，统一保护理念，制定切实可行的保障措施。尽快会同有关方面专家、技术团队等编制顶层规划，有组织、有步骤地开展生态建设；针对荒漠化问题、以水为核心的资源承载力问题和高效型产业体系问题等重大问题，开展深度研究，形成系统性解决方案。加快形成创新人才引进模式和人才引进机制，强调"不为我有、但为我用"的观念。基于自上而下的方式建立多层统一的组织管理体系，将生态环境保护示范工作落实到位；通过自下而上的方式，总结和推广公众、社区、社会组织和企业在农村生计多样化、社区生态环境治理和生态产业发展等方面的有益经验。树立底线思维，设定并严守资源消耗上限、环境质量底线、生态保护红线，将各类开发活动限制在资源环境承载能力之内。开展全民生态文明宣传教育，倡导绿色消费、绿色生活方式，引导公众自觉开展节能、节水、节粮、节材，坚决抵制和反对奢侈消费、不合理消费。开展绿色社区、绿色学校、节约型公共机构、生态村等示范创建。建立环境公益诉讼制度，维护公众环境权益。充分发挥民间组织和志愿者积极作用，组织环保宣传，监督环境执法，形成全社会参与环境保护的良好社会风尚。

G.12
祁连山生态环境保护与民生福祉协调
发展研究：以天祝藏族自治县为例

杨海江　勾晓华　尹定财　丁文广　杨开轩*

摘　要： 甘肃天祝藏族自治县位于祁连山东段，境内天祝三峡国家森林公园被列入祁连山国家公园范围，是西部生态安全屏障的重要区域。本报告以天祝县为例，通过社会调研和模型模拟分析了天祝县《祁连山自然保护区农牧民生态搬迁工程及资金补偿方案（天祝县）》（简称 ERCCP 方案）。建立了 ERCCP 方案对不同利益相关者收益的影响框架，利用 InVEST 模型、Probit 计量模型、成本效益法对天祝县土地利用/覆被变化（LULC）、不同利益相关者综合成本效益进行研究分析，并根据研究结果，提出了可行性建议。研究发现，ERCCP 方案对天祝县的 LULC产生较大的影响，预计未来 10 年生态系统将持续向好发展，进一步提高草地生态系统服务的价值；对于参与生态搬迁农牧民家庭来说，短期内生计将会受到一定的影响，但是一定的生态补偿将会大大缩短负收益年限（由 6 年缩短至 3 年）；对于生态付费的天祝县政府来说，投资回收期预计在计划结束后延长 7～8 年；对于区域其他受益者来说，预计 2022 年后每年将增加 5500 万元的生态系统服务价值。总体而言，研究发现

---

* 杨海江，兰州大学资源环境学院自然地理学专业博士研究生；勾晓华，兰州大学资源环境学院教授、院长，西部环境教育部重点实验室主任，祁连山研究院院长，主要研究方向为树木年轮与全球变化；尹定财，兰州大学资源环境学院自然地理学专业博士研究生；丁文广，兰州大学资源环境学院教授、博士生导师，甘肃省人民政府参事；杨开轩，西北师范大学旅游学院。

ERCCP 方案对生态系统服务和区域福祉均具有双重影响，必须将短期的负面影响积极纳入政府未来的生态决策，这将会提升区域生态和民生福祉发展的稳定性。

关键词： 祁连山　天祝县　生态环境善治　生态移民　可持续发展

天祝县位于祁连山东段，素有河西走廊"门户"之称，具有较高的生态地位，全县土地面积的 61.4% 位于祁连山国家级自然保护区内，是石羊河流域 6 条内陆河（金塔河、杂木河、黄羊河、古浪河、大靖河、西营河）和黄河流域 2 条外流河（大通河、金强河）的重要水源涵养和水源补给区。天祝县作为全国"四省藏区"贫困片区县、国定"三区三州"和省定"两州一县"深度贫困县，生态保护和扶贫是当地政府面临的重大挑战之一。在落实生态保护和高质量发展的背景下，构建天祝县高质量发展动力系统，推动生态效益和经济效益同步增加，可为甘肃省"十四五"高质量发展提供重要示范支撑。

习近平总书记在甘肃省调研时强调，"要加强生态环境保护，正确处理开发和保护的关系，加快发展生态产业，构筑国家西部生态安全屏障"。[①] 祁连山国家公园管理局挂牌，标志着祁连山生态环境保护工作步入新的建设阶段，西部生态安全的重要屏障至此实现生态跨区域统一保护管理。在祁连山国家公园建设和生态文明建设的关键时期，围绕习近平总书记的讲话精神和甘肃省委、省政府的关切及社会各界的广泛关注，探索解决跨地区、跨部门体制性问题，进行祁连山国家公园新型管理机制研究和政策建议研究迫在眉睫。因此，开展天祝县祁连山生态环境适应性管理办法研究是深入贯彻习近平总书记对甘肃的重要讲话和重要指示精神的具体体现，具有深刻的政治、生态、社会和经济等多重战略意义及实践指导意义。

---

① 《习近平甘肃之行，三个重点贯穿其中》，新华网，2019 年 8 月 23 日。

一 天祝县生态环境保护与经济社会协调发展成效

在祁连山生态环境问题整改工作中，天祝县始终坚持"绿水青山就是
金山银山"发展理念，周密部署、精心组织，在生态环境治理及经济社会
发展过程中取得了显著的成效，特别是生态环境持续有效改善，生态移民脱
贫攻坚成效显著，生态移民迁出区生态修复建设稳步推进，生态产业培育成
效初显。

（一）生态环境持续有效改善

截至 2019 年，天祝祁连山自然保护区 134 项生态环境问题和中央环保
督察反馈的 23 项问题已全部完成整改。同时，深入实施山水林田湖草生态
修复保护工程，搬迁移民 707 户 2846 人，营造安置区、迁出区防护林网，
造林 2.02 万亩，绿化移民安置点 454.5 亩，复绿废旧宅基地 1.63 万亩，完
成水土保持综合治理 242.74 平方公里，保护水源地 55 处。大力推进绿地倍
增行动，造林 4.6 万亩、封山育林 6.7 万亩、义务植树 100 万株，建成 2000
平方米以上的森林小游园 28 个，生态环境和人居环境得到显著改善。①

（二）生态移民脱贫攻坚成效显著

为贯彻落实甘肃省经济社会发展主要指标和重点工作任务，加快推进祁
连山自然保护区核心区农牧民生态搬迁，天祝县于 2018 年启动祁连山国家
级自然保护区核心区农牧民生态搬迁工程建设，并制订出台资金补偿方案。
充分尊重核心区农牧民意愿，创新实施祁连山自然保护区内移民搬迁，对天
祝县核心区 59 户 217 名农牧民进行扶贫搬迁、生态修复搬迁，通过提供直
接的财政援助、城镇购房安置补贴、培育后续产业过渡补偿、草原禁牧补

---

① 丁文广、勾晓华、李育主编《祁连山生态绿皮书：祁连山生态系统发展报告》，社会科学
文献出版社，2018。

助、差异化奖励补偿等进行生态搬迁工程建设，以获得更好的公共服务。确保核心区 59 户农牧民搬得出、稳得住、收入有保障、生活有改善、发展有前景。

（三）生态移民迁出区生态修复建设稳步推进

一是着力开展造林绿化。认真组织实施山水林田湖草林生态保护修复项目，近两年在移民迁出区完成造林 1.3 万亩、封山育林 7.5 万亩，通过造林和封山育林工程实施，可新增造林绿化面积 2 万亩，使移民区域生态环境得到较好的修复和恢复，植被盖度进一步提高。二是加强森林防火。严格落实保护发展森林资源等目标管理责任制，靠实森林防火责任制，在移民迁出区严格实行林区野外火源管理和野外用火审批制度，加强巡查管护，大力整治火灾隐患，有效防范森林火灾发生。三是维护生物多样性，定期组织开展禁止非法采挖、购销野生植物和破坏植被专项治理行动，采取设立检查站、设置举报电话、巡护检查、综合执法等多种措施，持续加大移民迁出区资源监管和执法力度，有效遏制乱采滥挖野生植物和破坏植被等违法行为发生。四是切实减少人为干扰。各自然保护站依法加强保护区游客管理，采取路口设卡、入山巡查等措施，坚决制止和劝导游客及其他人员随意进入保护区核心区、缓冲区，减少了环境污染和生态破坏。

（四）生态产业培育成效初显

为进一步加大产业培育力度，确保脱贫攻坚产业到户项目落实到地块，天堂镇深入推行"专业合作社＋基地＋农户"产业发展模式，着力构建合作社负责提供生产原料、栽培技术，收购产品，农户承担生产管理的互利共赢联结机制；哈溪镇以建设"扶贫车间"的方式，助力增进区域民生福祉。贫困户们将采摘的野蘑菇、鹿角菜等"野山珍"卖给加工车间，通过电子商务服务站点销售实现"零成本"生产经营；打柴沟镇给岔口驿马养殖户培训，把提高农牧民整体素质，培养懂技术、会经营的新型农牧民作为深化脱贫攻坚、乡村振兴的重要举措，实现农牧区产业发展由"输血式"扶持

向"造血式"自力更生转变；天祝县规定了禁牧区域和面积，采取圈养和散养相结合的新型养殖方式来实现草畜平衡，进一步发展养羊产业，做大养殖产业。积极鼓励群众发展农家乐和乡村旅游，并积极筹备举办第一届油菜花观赏旅游节，以此发展村集体经济，增加家庭收入。

二 天祝县生态移民实践途径

（一）核心区生态移民的必要性和重要性

1. 生态环境极为脆弱

核心区拥有天然状态的生态系统，生态环境极为脆弱。天祝县核心区共居住 59 户 217 名牧民，他们长期以来从事放牧活动，随着牲畜数量的增长，天然草场负担加重，出现了过度放牧引起的草地退化、水土流失等生态环境问题，深刻地影响着区域生态环境以及社会经济的发展。"绿水青山就是金山银山"，[①] 为了区域高质量可持续发展，非常有必要进行生态移民。

利用 InVest 模型进行土地利用变化模拟（见图1），在人类农牧活动过度的情况下，原有的草地生态系统将会发生严重的变化，模拟量化草地退化 40000 公顷时，草地生态系统将会出现严重退化现象。相反，在减少人类农牧活动的情况下，草地生态系统逐渐趋好发展，模拟量化草地恢复 20000 公顷时，草地生态系统将会稳定发展，人地矛盾将得到进一步缓解。因此，减少人类活动对祁连山核心区的干扰，将有利于生态环境恢复，更有利于区域高质量可持续发展。

2. 民生福祉改善任重道远

2020 年是全面建成小康社会目标实现之年，是全面打赢脱贫攻坚战收官之年。[②] 天祝属全国"四省藏区"贫困片区县、国定"三区三州"和省

---

① 《绿水青山就是金山银山——关于大力推进生态文明建设》，《人民日报》2014 年 7 月 11 日。
② 《收官之年如何攻克脱贫攻坚战最后的堡垒》，《重庆日报》2020 年 2 月 6 日。

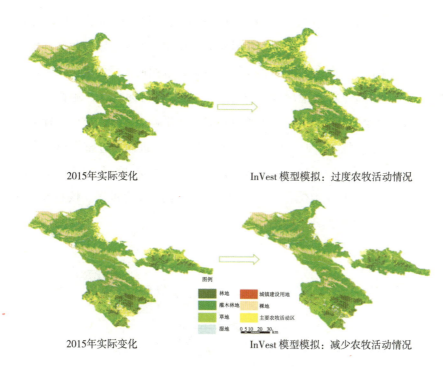

图1 天祝祁连山功能区生态环境变化与人类活动模拟

资料来源：本报告图表如无特殊说明，均由作者整理计算。

定"两州一县"深度贫困县。① 2014 年贫困发生率为 33.8%；至 2018 年底，贫困发生率下降至 1.79%；2019 年计划减贫 0.27 万人，剩余 14 个贫困村全部退出，贫困发生率下降到 0.16%，实现全县整体脱贫摘帽，是甘肃打赢脱贫攻坚战的典型区域。核心区农牧民以藏族为主，其生计和福祉问题关系区域经济社会的可持续发展，在保护祁连山生态环境时，核心区农牧民的民生福祉改善也迫在眉睫。

3. 生态治理与脱贫攻坚双重目标的可行途径

生态搬迁工程首先会影响移民区的土地利用和土地覆盖，进一步会提高草原森林系统的服务功能，生态环境质量由脆弱逐渐趋于稳定，区域生态环

---

① 《法安天下德润人心——天祝县创新开展法治扶贫助力脱贫攻坚系列报道之三》，《武威日报》2019 年 11 月 4 日。

境成为最大的受益者；移民补贴将会使移民区的农牧民成为最直接的受益者，政府的高额补贴将使个人家庭生计首先发生明显变化，随着生活环境的变化，家庭生产和生活方式也将发生重大变化，进而使人民的生活得到极大改善，最终政府资助的生态系统服务付费也将获得目标收益；随着时间推移，生态环境保护与社会经济发展逐渐达到一个平衡点，将促进区域社会可持续发展，[①] 达到生态保护与脱贫减贫的双重目标，进而增进整个祁连山区域社会福祉。因此，核心区农牧民生态搬迁的成效将更加凸显祁连山的生态价值以及经济发展战略地位，最终受益者将是全国乃至全世界。核心区农牧民生态搬迁民生效益模式，如图2所示。

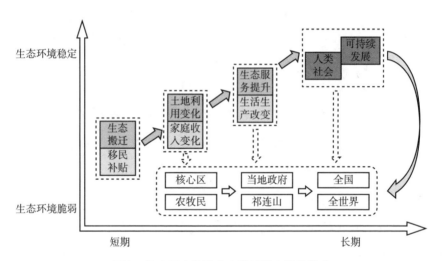

图2 核心区农牧民生态搬迁民生效益模式

（二）核心区生态移民概况

充分尊重核心区农牧民意愿，创新实施祁连山自然保护区内移民搬迁，计划对天祝县核心区59户217名（见图3）农牧民进行扶贫搬迁、生态修

---

① 欧阳志云：《保护和人类发展政策对利益相关者和规模的影响》，《美国科学院院报》（PNAS）2015年第24期。

复搬迁。其中扶贫搬迁是将核心区农牧民迁移至平原城镇地区，通过畜牧业生产方式转变、技能培训、就业指导、安排公益性岗位等方式全面落实扶贫减贫；生态修复搬迁是全部拆除核心区的房屋、棚圈、围墙及附属设施，彻底清理建筑垃圾，拆除房屋总面积7100.78平方米，拆除棚圈面积12116.49平方米，同时开展拆除区的生态恢复工程，生态恢复总面积118亩，以恢复和提高生态系统服务功能。

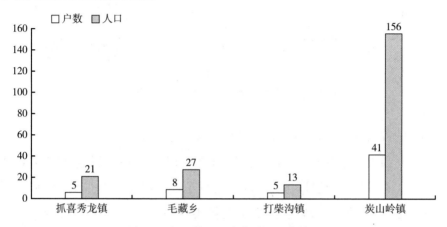

图3　天祝县核心区生态移民分布情况

为妥善安置核心区生态移民，稳步推进核心区生态恢复工程，天祝县制订并出台资金补偿方案，总投入达3126.06万元（见图4），通过提供直接财政援助、城镇购房安置补贴、培育后续产业过渡补偿、草原禁牧补助、差异化奖励补偿等，确保核心区59户农牧民搬得出、稳得住、收入有保障、生活有改善、发展有前景。

（三）核心区生态移民调研基本情况

以祁连山生态环境与人类活动关系为研究对象，通过野外调研和文献研究等掌握保护区内生态环境与人类社会经济活动之间的关系，运用生态环境善治理论和生态系统管理理论，构建祁连山生态环境善治管理模式；应用人类社会学和环境社会学理论，系统研究当地居民（裕固族、哈萨克族和藏族等）传统的生态自然观，将当地居民作为保护区保护的核心力量，以生

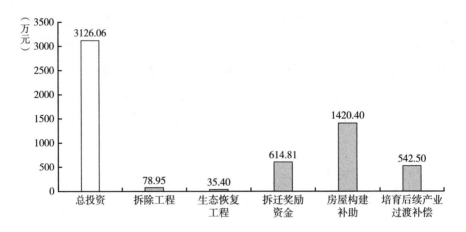

图4　核心区生态移民总投资及各项补助情况

态移民的机制激发当地居民与政府形成协调治理模式。

　　针对天祝县于 2018 年启动的祁连山国家级自然保护区核心区农牧民生态搬迁工程计划，对牧民生计和环境进行了一次家庭调查。本次调研计划对从核心区搬迁出的 59 户农牧民进行实地走访问卷调研，调研小组于2020 年 1 月 6 日至 2020 年 1 月 12 日在天祝县抓喜秀龙镇、打柴沟镇、毛藏乡和炭山岭镇（实验区）、华藏寺镇调研（见表 1），所有选定的乡镇都有核心区移民，并有安置区。调研分为两部分：第一部分主要针对 59 户核心区移民，进行逐户走访调研；第二部分主要针对核心区农牧民移民前后的当地居民，进行随机抽样走访调研，目的是与核心区移民进行比较说明。

　　问卷总共回收 90 份，有效问卷 90 份，其中核心区移民问卷 50 份，当地居民问卷 40 份，比例基本持平，有很强的参照对比性。其中核心区移民问卷总计 50 份，全部为有效问卷，占总搬迁户数量的 84.7%，具有很强的代表性。当地居民问卷获得 40 份，有效问卷 40 份，其中深入实验区获得11 份，全部有效。该调查侧重于家庭层面：社会和人口特征；生计资产（家庭转移性收入）；生计活动（例如，畜牧生产、林业、当地非农产业等家庭经营性收入）；劳动时间；以及消费和支出。

表 1　核心区生态移民及当地居民问卷统计

单位：份

调研地点	核心区移民	当地居民	总计
抓喜秀龙镇	4	3	7
打柴沟镇	4	7	11
毛藏乡	7	7	14
炭山岭镇（实验区）	0	11	11
华藏寺镇	35	12	47
总　计	50	40	90

（四）天祝县生态移民可持续发展调查

1. 核心区移民基本情况

通过调研问卷分析发现，50 户核心区生态移民中，藏族牧民占 88%，他们世代以放牧为生，传统放牧思想较深；汉族与土族牧民较少，各占 8% 和 4%；核心区生态移民的受教育水平普遍较低，与外界交流较少，小学及以下受教育程度的牧民占 78%，有初中、高中文化水平的牧民分别占 12% 和 10%；此外，核心区生态移民的年龄普遍较大，40 ~ 60 岁的占 74%，30 ~ 40 岁的占 18%，20 ~ 30 岁的占 8%（见图 5）。

2. 核心区移民生计变化情况

（1）基础调研

从核心区生态移民首年家庭收入变化情况发现（见图 6），搬迁前，牧民主要从事畜牧业，年收入普遍较高；搬迁后，在排除补贴的情况下牧民年收入普遍降低，这说明生态搬迁对牧民的年收入会产生较大的影响。因此，天祝县在启动祁连山国家级自然保护区核心区农牧民生态搬迁工程建设的同时，制订并出台了生态搬迁资金补偿方案，在保护生态环境的同时确保核心区牧民搬迁后生活收入有保障。搬迁后加上生态搬迁补贴，核心区生态移民首年家庭收入发生巨大变化（见表 2）；从核心区生态移民首年家庭消费支出变化情况统计发现（见图 7），搬迁前，牧民主要生活在祁连山核心区，生活质量以及各类生活需求相对较低，因此，年家庭消费支出

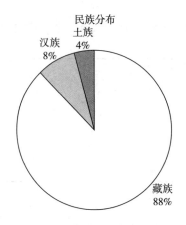

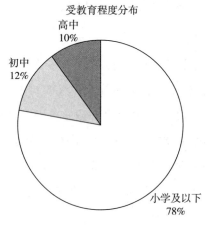

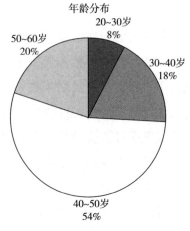

图5 核心区移民基本情况

相对较低；搬迁后，在排除购房成本的情况下牧民户均年家庭消费支出普遍增高（见表3）。

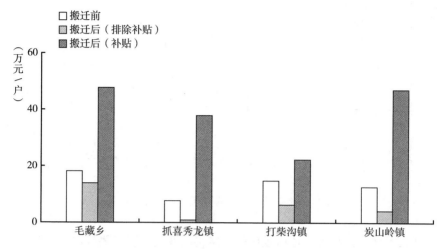

图6　核心区生态移民首年家庭收入变化情况

表2　核心区生态移民首年家庭收入变化情况统计

单位：户，万元/户

收入类型	移民区	户数	搬迁前	搬迁后（排除补贴）	搬迁后（含补贴）
经营性年收入	毛藏乡	7	18.4	13.4	47.4
	抓喜秀龙镇	4	8	1.75	37.6
转移性年收入	打柴沟镇	4	15	6	22.1
	炭山岭镇	35	12.6	4.2	47.1

表3　核心区生态移民首年家庭消费支出变化情况统计

单位：户，万元/户

收入类型	移民区	户数	搬迁前	搬迁后（排除购房成本）
年生活消费支出	毛藏乡	7	7.88	9.64
	抓喜秀龙镇	4	3.84	5.33
年生产支出	打柴沟镇	4	3.9	6.85
	炭山岭镇	35	3.87	5.49

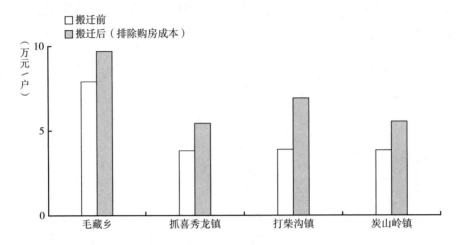

图7　生态移民首年家庭消费支出变化情况

从长远来看，解决搬迁后牧民的稳定再就业是关键，要确保未来生活也有保障，所以在"搬得出"的基础上，要高度重视祁连山核心区牧民搬迁安置及后续产业培育工作。

（2）Probit计量模型模拟生态搬迁首年的家庭生计变化研究

为更科学地分析《祁连山自然保护区核心区农牧民生态搬迁工程建设及资金补偿方案》对天祝县核心区移民生计的影响问题，本报告对率先从核心区搬出的农牧民的初期家庭生计进行Probit计量模型分析。研究发现，该方案积极的方面表现在，实施初期将显著提高人均转移性收入（不包括补贴）、新能源利用率、生活质量、信息化程度，并降低人均生产支出、薪柴利用率、自然灾害损失、贫困率（见表4）。

较不积极的方面表现在，该计划初期将明显增加人均消费支出，减少总收入（不包括补贴）、人均收入（不包括补贴）、草原种植收入占比、农业种植收入占比、放牧收入占比（见表4）。因此，从首年的家庭生计变化来看，生态搬迁会对农牧民的生计产生较大的影响，所以，一定要确保各项生态资金补偿落实到位，以弥补短期内生态搬迁对农牧民带来的负面影响。

表4　方案实施初期对核心区生态移民的生计影响

家庭生计指标	PMER	家庭生计指标	PMER
总收入(不包括补贴)	-1.63**	放牧收入占比	-2.17*
人均收入(不包括补贴)	-1.71**	生活质量指数	2.24**
人均转移性收入(不包括补贴)	2.44***	薪柴利用率	-1.55**
人均支出	1.87**	新能源利用率	2.44**
人均生产支出	-1.55*	信息化程度	2.21**
草原种植收入占比	-1.81*	贫困率	-1.45*
农业种植收入占比	-0.87*	自然灾害损失	-1.89**

注：PMER 表示 Probit 模型估计结果；*、**、*** 分别表示在 $p < 0.1$、$p < 0.05$ 和 $p < 0.01$ 时有显著差异。

（3）利益相关者的成本效益分析

首先，利用利益相关者的成本效益分析法对参与生态移民计划的农牧民家庭以及附近的常住城镇居民进行家庭收益分析及预测（见图8）。研究发现，农牧民家庭在搬迁前以放牧为主，家庭收益较高，而且家庭年收入高于附近的常住城镇居民。但是搬迁后，放弃了放牧生活，家庭年收入出现下滑并逐渐低于常住城镇居民。家庭年收入下滑让农牧民家庭产生生计担忧，这也是部分农牧民家庭搬迁后想重新返回核心区继续放牧生活的一个重要原因。因此，政府需确保各项生态补偿资金稳步到位，妥善做好农牧民再就业工作。

其次，利用利益相关者的成本效益分析法对参与生态移民计划的农牧民家庭收益进行分析及预测（见图9），来分析政府生态补偿对农牧民家庭收益带来的影响。

排除政府生态补偿。研究发现农牧民生态搬迁的前期成本较高，在没有政府财政补贴或极少补贴的情况下，短期内生态搬迁可能不会给农牧民家庭带来明显的净收益，预计从搬迁开始，搬迁户家庭收益开始降低，并会出现负收益。因此该阶段需要特别引起政府部门的重视，确保各类生态补偿资金落实到位，加大其他相关社会福利的支持。

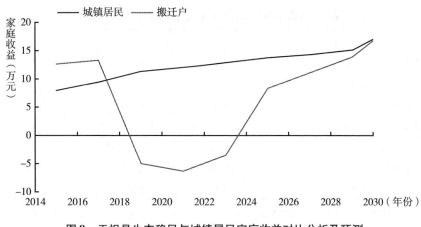

图8　天祝县生态移民与城镇居民家庭收益对比分析及预测

政府生态补偿。在政府的生态补偿计划中，政府通过给予搬迁户金额较大的一次性生态补贴以及后续生态搬迁补偿来保障搬迁户的家庭收益，户均约38万元，计划2019年搬迁户家庭收益开始降低并持续到2021年，但仍处于正收益，2021～2023年出现短暂的负收益，大大缩短了农牧民家庭的负收益周期（约3年）。

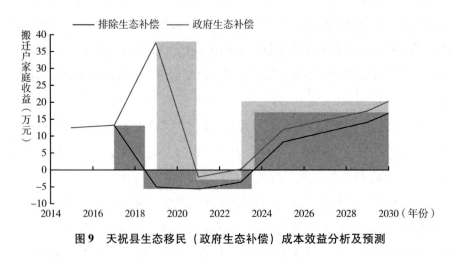

图9　天祝县生态移民（政府生态补偿）成本效益分析及预测

从长远来看，完善的生活服务设施、便捷的交通、良好的医疗卫生条件、完善的教育体系、通畅的通信和市场通道等将使家庭在经济上更富裕。

本报告估计补贴或收入的增加将会使家庭在将来变得更好，从而产生正的净收益现值。

因此，政府的生态补偿对搬迁后的农牧民家庭来说是巨大的生计保障。所以，在确保生态补偿资金到位的情况下，需要通过后续特色产业培训、畅通再就业市场通道等手段，构建更加和谐稳定的再就业环境，以确保"稳得住"。

（五）生态移民后续问题

1. 搬迁区生态环境需要较长恢复期

由过度放牧引起的草地退化、水土流失等生态环境问题，虽然经过祁连山国家级自然保护区核心区农牧民生态搬迁及生态恢复工程，有了一定的改善，但是短时间内的一系列生态恢复措施并不能完全改善已破坏的生态环境。搬迁区的生态系统仍然处于下极限状态，尚未根本改变，生态环境刚性约束压力持续存在，仍需后期持续修复与维护。

2. 搬迁区生态环境恢复初期依然存在人为活动干扰

搬迁区牧民虽然全部移出，房屋、棚圈设施也全部有效拆除，但是调研发现，以毛藏乡的 8 户移民为例，虽然从核心区搬出，但是安置区仍然位于核心区边缘，放牧生活仍在继续，牲畜数量也并没有有效缩减，仍然影响着核心区生态环境。另外，在炭山岭镇、打柴沟镇以及华藏寺安置点调研发现，80% 的牧民反映，核心区牧民搬迁出，位于实验区的牧民便将牛羊赶入核心区从事放牧活动，对恢复初期的核心区生态环境仍然产生较大影响。因此，搬迁区生态环境恢复初期依然遭到潜在破坏，需要加强有效监管体系建设，避免群众因不公平内心产生不满情绪。

3. 搬迁区生态恢复后，森林草原防火风险隐患加大

通过 InVest 模型进行土地利用变化模拟发现，在减少人类农牧活动的情况下，天祝县核心区已破坏的森林草地生态系统逐渐趋好发展，未来其生态系统服务功能也将进一步提升，从而产生更加积极显著的生态服务价值。但是，随着草原生态建设力度的加大，禁牧休牧等管理措施的不断强化，未

225

来人类活动的减少，特别是牲畜的啃食和践踏频率降低，将加快草地的生长速率，特别是在枯草期，枯草等可燃物存量逐渐增加，加之草原枯落物着火点低，极易燃烧，在秋冬干燥多风的季节，草原火险将进一步加大。此外，从长远来看完全禁牧不利于草地生态系统恢复。因为放牧是草原生物多样性变化的重要驱动力，放牧活动会在物理上（土壤压实）和化学上（动物粪便）直接干扰土壤，从而影响植物的生产力和生态系统功能，长时期的完全禁牧可能在一定程度上引起生态退化。因此，短期的禁牧后，仍需对轮牧计划的必要性进行探讨。

4. 不同程度地存在生态移民 "搬得出但是稳不住"问题

利用 Probit 计量模型以及成本效益法发现，农牧民家庭在生态搬迁前期成本较高，如果没有政府生态补偿，短期内生态搬迁可能不会给农牧民家庭带来任何净收益，预计会出现负收益；但是，在 ERCCP 方案中，政府通过生态补偿来保障搬迁后的家庭收益，户均约 5.6 万美元，预计搬迁户家庭的收益将从 2019 年开始降低并持续到 2021 年，并在 2021～2023 年出现短暂的负收益（预计至少持续 3 年）。所以，需要重视短期内负收益对民生福祉的影响。

进一步调研发现，目前 59 户搬迁区移民均已在城镇购房得到妥善安置，政府妥善发放拆迁补贴（抓喜秀龙镇户均补贴 46.4 万元，打柴沟镇户均补贴 20.2 万元，毛藏乡户均补贴 46.4 万元，炭山岭镇户均补贴 45.6 万元），确保了"搬得出"；但是调研发现，59 户核心区移民中 48 户移民对目前的生活状况不满，对未来的生活担忧，占总搬迁户的 81.4%，"稳得住"面临挑战。主要表现在：第一，后续产业发展困难，主要是由于一些保障性政策措施没有落实到位，政府提供的部分公益性安置岗位未能得到有效落实，移民户在政策补贴期满后，对未来没有增收渠道而担忧；第二，缺乏就业培训，由于牧民受教育水平低，且年龄普遍较大，且常年从事单一的放牧生活，较难接受一些新知识，再就业充满压力，即使有部分搬迁农户想要创业也缺乏资金和技术，发展后续产业的能力不强，这样也直接影响了移民的后续稳定性。

如果在新安置点长期得不到生活保障并陷入生存困境，移民会选择返迁，这无疑违背了生态移民工程的初衷。因此，潜在的"搬得出但是稳不住"问题需要引起高度重视。

三 对策建议

解决祁连山生态环境问题在于治本，治本则首在治人，生态环境与人类社会经济活动之间的关系是祁连山绿色可持续发展的关键问题。探究新时代天祝——祁连山生态环境善治及民生福祉可持续发展问题，可以有效地促进祁连山生态保护与民生改善协同联动建设，形成人与自然和谐发展新格局。针对核心区生态移民搬迁后存在的问题，本报告提出以下对策建议。

（一）生态修复及管理视角

1. 生态修复初期，因地制宜加强植被恢复

植被恢复需要切实根据当地生态环境条件，制订科学合理的方案。但天祝县生态环境相对脆弱，草本植物常常出现出苗率低、成活率不高等现象，不仅不能起到恢复地表植被的作用，而且常常导致地表覆土被冲刷，影响生态系统的稳定性。因此，在生态修复初期，植被选择及修复要严格遵循因地制宜的原则，根据海拔、地形、光照等自然因素进行生态恢复，例如，海拔3000米以下的山前倾斜平原、低山丘陵宜播种旱生克氏针茅、芨芨草、冰草等；在海拔2700～3200米的坡地、滩地、河谷阶地、低洼地及夷平面地带宜种植藏蒿草、线叶蒿草等；阴坡、半阴坡地带宜种植藏异燕麦、火绒草等。因地制宜的生态恢复原则既可以改善土壤结构与养分状况，也有利于植物的快速生长、改善被人为干扰后的生境条件。

2. 生态修复中期，加强管控，减少人类活动干扰

对于封育区域，需要加强严格管理，减少人类活动干扰。过多的人为介入也是破坏植被和生态环境的一个重要因素，对搬迁区的道路进行封拦，保证植被可以得到自然恢复。建议生态修复后，尽量减少人类活动的过多介

227

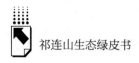

入，增加空间遥感技术运用，加强对整改区植被恢复效果的监控、监测和管护。

3. 生态修复后期，加强林草生态系统防火监管

火灾对于生态系统以及地方社会经济发展都能带来严重的后果，生态修复后期随着人类活动的减少，特别是牲畜的啃食和践踏频率降低，草地的生长速率加快，使枯草等可燃物存量逐渐增加，加之草原枯落物着火点低，极易燃烧，在秋冬干燥多风的季节，草原火险将进一步加大，必须加强林草生态系防火监测和管控。

首先，加强宣传教育。采取多种形式，加强对广大群众的宣传引导，倡导安全用火、文明用火，增强草原防火意识，提高避灾防灾和自救互助能力。强化火源管理，坚持人防、物防、技防并重，加强对进入草原的牧民、游人、药草采集人员、施工人员等的用火管理。在高火险时段，对重点路口、地段严防死守，严格开展火灾隐患排查，把火灾杜绝在萌芽状态。

其次，提升装备设施水平，完善应急反应机制。加强草原防火物资保障系统和信息系统建设，加强防火隔离带建设，提高防扑火器具、交通工具和通信网络等装备水平。同时全面提升应急处置能力，做好防控工作，完善应急反应机制，做到一切防患于未然。

4. 适度放牧，科学利用草地

牲畜的啃食和践踏将减缓草地的生长，在一定程度上可以有效减少草原火灾的发生。因此，在生态修复后期，不宜完全禁牧，应根据当地草原的载畜量，科学制定放牧管理措施，实施轮牧或休牧。在开展祁连山生态环境问题整改过程中，应积极考虑后期植被恢复后的管护和利用，适度科学利用也是一种保护。

（二）民生福祉与可持续发展视角

1. 畅通生态移民再就业渠道，稳定民生

生态移民的再就业问题是祁连山生态环境治理与保护成效的重要指标之一，是祁连山生态环境治理与保护工作稳步推进的关键，也是弱化人地关系

矛盾问题的关键。生态移民普遍存在放牧时间久、年龄大、受教育水平低等问题，解决他们在转移和搬迁之后的生计问题尤为重要，[①] 因此，政府亟须组织转业培训，提升移民再就业能力，同时要畅通生态移民再就业渠道。

从短期来看，简单的实用技术培训，可以为移民尽快融入社会做好"预热"准备；但是长期来看，只有通过全方位的再就业培训，才能加速核心区移民融入社会。因此，政府部门应坚持"实际、实用、实效"的培训原则，通过调研，制订符合大多数生态移民需求的培训计划，从而提高其参与培训的积极性。通过调研发现，核心区生态移民长期以来在山区从事放牧活动，对于城市新工作很难适应，约80%的移民希望从事与畜牧相关的职业，例如牲畜养殖、屠宰加工、饲料加工等工作。

此外，需要政府部门提供良好的就业咨询和服务措施。对于搬迁移民而言，文化水平限制了再就业能力，需要良好的就业咨询和服务加以引导，例如建立公共咨询平台、劳务信息网络平台，提供志愿者上门宣传教育服务等。要建立移民就业双重保险机制，从法律层面切实保障生态移民的权益。综上所述，有效推动移民就业、社会化，可更好地促进祁连山生态环境适应性管理工作稳步推进。

2. 充分利用传统文化优势发展民生

天祝县是少数民族聚居地区，藏族、土族等的民族传统文化一直是国家保护的非物质文化遗产，移民可以利用独特的少数民族传统文化优势，开发资源，创造财富。天祝藏族的传统节会——赛马会、本康文化、唐卡艺术，土族传统歌舞和轮子秋等，每年都会吸引成千上万的国内外游客，在少数民族聚居地开展传统文化体验活动，既可以为访客提供当地生活与劳作体验项

---

① 才让拉措：《马克思主义生态观的地域性发展——论藏族传统生态伦理观的当代价值》，《西藏发展论坛》2019年第1期；黄婷：《贵州省生态移民就业适应性研究》，贵州财经大学硕士学位论文，2017；王恩涌：《关于三峡库区移民就业问题的几点看法》，《地理学报》1996年第2期；管雪梅、王立明：《甘肃河西生态移民就业问题初探——以酒泉市"两西"移民区为例》，《甘肃高师学报》2014年第3期；王承云：《三峡库区移民就业及相关影响因素研究》，武汉大学博士学位论文，2012；解彩霞：《三江源生态移民的社会适应研究》，兰州大学硕士学位论文，2009。

目，使之感受传统文化魅力，又可以促进生态旅游的发展，为移民的生活增加经济保障。所以移民可以利用自身文化的独特性来提高其就业适应性。

3. 构建生态文化村，推进乡村振兴战略

天祝县赛什斯乡先明峡村、天祝县天堂镇等，作为祁连山国家公园的生态文化村镇，景色优美，同时具有深厚的民族文化。因此，需要结合乡村振兴战略，对这些村庄的基础设施、村容村貌进行提升与改善，设置可供访客参与的民族文化体验项目，开展文化体验活动，规范经营者的经营行为，稳步推进区域经济社会发展。

4. 推进生态移民与发展富民产业的实践

天祝县作为世界白牦牛唯一产地、中国高原藜麦之都、中国高原食用菌之乡、中国高原夏菜之乡，需要充分发挥独具特色的地理区位优势，发展龙头企业带动作用，通过示范推广，发展"合作社 + 贫困户"模式，加快推进种养结合的小区建设，最终形成种植—养殖—加工—销售一体化产业链基地，进而推进生态移民与发展富民产业的实践。

5. 将当地居民作为生态环境保护的核心力量

祁连山生态环境问题，重在保护，要在治理。祁连山生态环境修复及保护非一己之力，一日之功就可以完成，需要各级政府部门以及广大人民群众齐心协力、久久为功才能有所成效。祁连山生态环境适应性管理必须发挥我国社会主义制度的优越性，牢固树立"一盘棋"思想，尊重客观规律，注重保护和治理的系统性、整体性、协同性。

祁连山内当地居民（藏族、裕固族、蒙古族、哈萨克族、土族等）人口众多，游牧文化历史悠久，世代繁衍生息，对生态环境资源的利用和保护有丰富的经验，形成了独特的传统生态自然观，即自然观与环境态度以"顺应自然"为核心，并蕴藏于生计与生活方式、资源管理体系、禁忌与习俗之中，是维系人与草原生态环境平衡的重要影响因子。① 以牧区的藏族牧

---

① 张涛、王国新：《浅论藏民族传统生态文化及其现代转换》，《贵州民族研究》2013 年第 3 期。

民为例，藏族的传统生态观与生态保护实践，表现出对雪域高原的地理和自然环境的准确把握，对特殊人文环境的能动调解。藏族人在始终不渝地追求人与自然的和谐、统一，恪守"保护自然，相依相存"的民族承诺。[①] 调研发现，牧民对草原的利用总是持尊重敬畏的态度，对于同一草场，会选择按季节、分区域轮流放牧，以保证草场的健康；此外，通过冷暖季牧区迁移保证牧草的稳定生长。

祁连山生态环境适应性管理需要积极动员当地居民，政府部门应出台相关奖励补贴政策，激励当地居民投入祁连山生态环境保护。此外，可以提供一些护林员、森林检疫协管员、森林消防协管员等职位，充分利用当地居民经验，发挥其生态治理及保护作用。将当地居民作为保护区保护的核心力量，以生态移民的机制激发当地居民与政府形成协调治理模式，推动祁连山生态保护和高质量发展。

（三）政府工作视角

1. 进一步加强生态保护与民生改善协同联动建设

生态环境保护是重大民生问题，是保障和改善民生的迫切需要，保障和改善民生是环境保护的根本宗旨，关系经济社会的绿色高质量可持续发展。坚持生态治理与生态惠民相结合，以天祝祁连山核心区农牧民生态搬迁工程为例，在保护治理核心区生态环境的同时，制订出台资金补偿方案，确保民生改善工作同步进行。只有妥善解决好民生问题，人地矛盾问题才能得到有效缓解，所以，后期仍需进一步强化开放大通道建设，加强生态保护与民生改善协同联动建设，实施重点生态工程，继续大力推进祁连山、渭河源区、"两江一水"等生态工程和绿化工程，大熊猫祁连山国家公园体制试点等举措，筑牢祁连山西北生态保护屏障。[②] 进一步确保各项生态惠民政策以及补

---

① 张翠叶：《藏民族传统文化生态观的形成研究》，《林业调查规划》2013 年第 4 期；南文渊：《藏族传统文化与青藏高原环境保护和社会发展》，中国藏学出版社，2008；刘宇：《藏人·生态·和谐——从〈第三极〉读取青藏高原藏族的生态观》，《民族论坛》2018 年第 2 期。

② 《祁连山生态环境治理由"破"到"立"》，中国新闻网，2019 年 12 月 18 日。

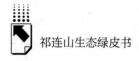

贴资金落实到位,让老百姓切实感受到生态移民措施带来的巨大效益,形成人与自然和谐发展新格局。

2. 加强生态环境监督管理体系建设

开展空间决策支持系统的理论、方法和技术等方面的研究,进一步集成空间决策支持技术、大数据与可视化技术等关键技术方法,开发以资源环境承载力动态评价和过程模拟、乡村政策效用评估等为主要功能模块的资源环境监测预警和决策支持系统;充分运用大数据、云计算、互联网等先进技术,进一步提升环保工作的科学化、精细化、信息化水平;下大力气建设智慧环保监管系统,实现对祁连山的实时监测、动态分析、不间断管控。建立以数据为中心的集采集、存储、分析、可视化查询、决策支持等功能于一体的解决方案,实现对乡村地域资源环境的快速精准诊断与实施调控及示范,并制订环境优化方案,提升监测治理效果,提升环境监管、预警和应急能力,提高部门间协作管理效率,为各项环境政策的制定提供更为科学、更为坚实的数据和技术支撑。

G.13
祁连山国家级自然保护区典型矿山
生态修复研究：以张掖段为例

尹 政　张成文　姜夫彬*

摘　要： 祁连山生态环境问题主要是由气候变化因素和人类活动影响
造成的，本报告着重研究矿山开采引起的祁连山国家级自然
保护区地质环境问题和地质灾害隐患，以及生态修复工作。
近年来，张掖市通过实施祁连山山水林田湖草生态修复工程，
已完成了祁连山国家级自然保护区12个片区117个矿山生态
修复工程，实现祁连山生态保护由乱到治，大见成效。本报
告总结了祁连山矿山生态环境现存问题和生态修复经验，并
对生态修复和保护中存在的问题进行了研究，为今后对保护
区外围历史遗留和废弃矿山以及相关流域、湿地等的生态修
复和保护工作提供了思路。

关键词： 祁连山自然保护区　生态修复　矿山

祁连山是我国西部重要的生态安全屏障，拱卫着千里河西走廊，涵养着
黑河、疏勒河、石羊河等内陆河，是河西走廊人民的"母亲山"。近年来，

---

* 尹政，甘肃省地质矿产勘查开发局水文地质工程地质勘察院正高级工程师，主要从事水资源、
水环境及水生态相关方面的研究工作；张成文，甘肃省地质矿产勘查开发局水文地质工程地
质勘察院水工环地质工程师，主要从事水文地质勘查、地下水监测相关方面的研究工作；姜
夫彬，甘肃省地质矿产勘查开发局水文地质工程地质勘察院水工环地质工程师，主要从事地
质灾害防治、矿山生态修复相关方面的研究工作。

祁连山生态保护与治理引起了国家、地方政府以及当地居民的高度关注，也是当前甘肃生态修复工作的重中之重。祁连山国家级自然保护区（以下简称"保护区"）现有面积 $198.72 \times 10^4 hm^2$，其中张掖段 $151.91 \times 10^4 hm^2$，占保护区总面积的 76.44%，占张掖市土地面积的 36.20%，为祁连山生态环境保护与修复的主战场。

一 保护区基本情况

（一）自然地理

1.自然地理位置

保护区位于甘肃省西北部，东起兰州市永登县，西至肃北县境内石油河，南与青海省的互助、门源、祁连县接壤，北依河西走廊，地理坐标为东经 $97°25' \sim 103°46'$、北纬 $36°43' \sim 39°36'$。行政区划包含酒泉市、张掖市、金昌市、武威市、兰州市永登县、白银市景泰县，区内设自然保护站 22 处。保护区张掖段主要位于张掖市西南部的肃南县，东北部的龙首山、东大山一带和东南部的大黄山一带，地理坐标为东经 $97°25' \sim 102°15'$，北纬 $37°40' \sim 39°36'$，行政区划隶属张掖市。

2.气象

保护区深居内陆，远离海洋，属大陆性高寒半湿润山地气候，根据海拔高度的不同可分为高寒半湿润山地气候、冷温带半干旱和干旱气候区。其中南部高山区为大陆性高寒半湿润山地气候，降水量较大，一般在 200mm 以上，寺大隆林区可达 539.7mm，平均气温低，海拔 $2000 \sim 2400m$，年平均气温 4.0℃，海拔 2800m 以上，年平均气温小于 2.0℃，季节不分明；山前平原区则属冷温带半干旱和干旱气候区，具有典型的大陆性气候特征，降水量少，一般少于 200mm，平均气温相对较高，一般较南部山区高 4℃，最高可达 8℃，四季分明。浅山区气候处于高山区和平原区二者过渡区间。

3. 水文

保护区张掖段河流大部分属于内陆河流域黑河水系。其中黑河水系的黑河干流发源于青海省境内的走廊南山南麓，流经祁连县黄藏寺后汇入八宝河，向北进入甘肃境内，在祁连山浅山带莺落峡出山口流入河西走廊张掖盆地，一部分供工农业生产、城乡居民生活和生态用水消耗，余水通过黑河正义峡排泄至下游内蒙古额济纳盆地。流域集水面积 $2.49 \times 10^4 km^2$，山区多年平均径流量 $37.492 \times 10^8 m^3$。

4. 土壤

保护区处于我国西部季风区、西北干旱区和青藏高原区三大自然区的交会处，受水文、气候、地形地貌、地质条件、植被等因素的综合影响，土壤呈现较明显的垂直分带性。主要土壤类型有山地灰钙土和棕钙土、山地栗钙土、山地灰褐色森林土、山地黑钙土、亚高山灌丛草甸土、高山草甸土和高山荒漠石质土。

5. 动植物

保护区野生动物资源丰富，有两栖纲1目2科2种、爬行纲2目3科5种、鸟纲17目39科206种、哺乳纲69种等。

保护区植物以阴生、湿生、寒生、寒旱生、中生、旱生植物为主，共有高等植物1311种。植物类型齐全，种类繁多，且大部分为多用途资源植物。

（二）地质环境

1. 地形地貌及地层

保护区山势陡峻，山体由中新生代断裂隆起的一系列沿 NWW – SEE 方向展布的高大山系和山间谷（洼）地组成。区内整体地势特征是西高东低，且由南向北倾斜。海拔一般在 2500～4500m，最高峰冷龙岭主峰海拔5254m，沟谷切割剧烈，相对高差一般在1000m以上，沟谷均呈 V 字形，山区角峰、冰斗、冰槽（谷）发育，基岩裸露，水系众多。区内主要地貌类型有极高山、高山、中山和低山丘陵。极高区内地层主要由下元古界、古生界变质岩及中生界碎屑岩及加里东期、海西期侵入岩组成，区域褶皱、断裂

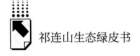

发育。中低山区浅山带广大地区分布有新生界第四系的冲洪积物、坡积物等，岩性为黄土状亚砂土、砂砾石、含碎石亚砂土等。

2. 地质构造

祁连山横亘于青藏高原的东北边缘，地处柴达木盆地与河西走廊断陷盆地之间，由一系列沿 NWW–SEE 方向延伸的褶皱带形成的平行山脉组成，大地构造属北祁连褶皱，其山体由石英岩、云母片岩等变质岩及花岗岩构成。古生代时期，祁连山为地槽，在加里东运动和海西运动后，岩体褶皱变形，形成褶皱带山脉，后经昆仑运动形成现代的高山地貌。

3. 水文地质条件分区

根据地下水类型、赋水介质分布及气候、地貌等差异，保护区水文条件可分为高山区冻结层水、中高山区基岩裂隙水、中高山区碳酸盐类裂隙岩溶水、中低山区碎屑岩孔隙裂隙水和山间盆（谷）地松散岩类孔隙水。

4. 工程地质条件分区

根据地层岩性、结构、组合关系、工程地质性质，保护区岩土体可划分为岩体和第四系松散岩类土体两大类型。依据岩体建造类型、岩体结构、岩相组合及其力学性质，调查区可划分出两类工程地质岩组，即较坚硬—较软岩组和软弱岩组。保护区内土体按成因类型可划分为砂砾卵石单层土体，亚砂土、砂砾卵石双层土体，砂砾（碎）石及砂砾卵石夹粉土四类土体。

二　保护区生态环境存在的突出问题

本报告所指的保护区生态环境问题主要指 2017 年 6 月祁连山山水林田湖草生态修复项目实施以前的生态环境退化状况，矿山生态环境问题包括矿山开采引起的地质环境问题和地质灾害隐患。

（一）矿山地质环境问题

矿山开采引起的矿山地质环境问题主要包括引发或加剧地质灾害、地形地貌景观和植被破坏、地下含水层破坏、土地资源的压占破坏等。

1. 引发或加剧地质灾害

采矿引发或加剧的地质灾害类型主要包括：地面塌陷、地裂缝、滑坡、崩塌和泥石流等。其中以地面塌陷、地裂缝最为严重，其次为滑坡、泥石流。据不完全统计，保护区共有地面塌陷 7 处，集中分布于肃南、山丹等地的煤矿开采区，滑坡、崩塌主要分布于地面塌陷区外围及矿山道路沿线，泥石流主要分布于肃南县境内，近年来均有明显的加剧趋势。地质灾害不仅造成土地、植被的毁坏，加剧了对区内生态环境的破坏，对矿山企业及周边居民生命财产也造成较大威胁与危害。如 2010 年 8 月，肃南县祁丰乡西柳沟矿区白尖南沟发生泥石流，造成 3 人死亡、7 人失踪的严重后果。①

2. 地形地貌景观和植被破坏

保护区矿山开采对地形地貌景观均有不同程度的破坏。工业场地、尾矿库、废石场、矿山道路、开采面、地面塌陷区等不仅对地形地貌景观的连续性、完整性、观赏性造成破坏，引起植被消失，造成大量基岩裸露，从而出现地表景观的"视觉污染"；同时也使水土流失加剧，造成地区荒漠化的发生发展，影响着祁连山区旅游业发展、地质遗迹和人文景观资源的保护。②

3. 地下含水层破坏

保护区矿山开采破坏地下含水层系统主要表现为以下三个方面。一是大规模开采地下水，改变了地下水的补、径、排条件，导致地下水位大幅度下降，致使地下水形成大范围的降落漏斗或使含水层疏干，使地下水资源枯竭；二是采矿引发较大规模的地面塌陷，使井巷采掘面顶板以上的隔水层遭到破坏，变为透水层，致使地表水（河流）、松散岩类孔隙水、基岩裂隙水原有水循环系统的平衡状态改变，使矿区范围近地表地下水位大幅度下降，形成局部漏斗，引起矿区范围浅层水资源大面积枯竭，周边河水断流，泉水枯竭，进而造成许多矿井采掘面顶板出现大量突水或渗水现象，增大了采掘难度和成本，少部分矿山甚至发生了严重的矿井突水事故；三是矿山生产过

---

① 甘肃地质工程勘察院：《张掖市矿山地质环境详细调查报告》，2018 年 5 月。

② 蒋兴国、郑杰、许登奎：《祁连山山水林田湖草保护修复调查研究之二》，《边疆经济与文化》2018 年第 3 期。

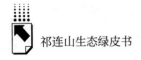
程中直接排放于地表的矿坑废水、矿渣和固体废弃物渗滤液污染了地表河流或地下水。

4. 土地资源的压占破坏

在矿山建设和生产过程中，开挖填方、建露天采石场、建筑砂石料场、砖厂生产压占挖损耕地、林地、草地等土地资源，固体废弃物和废水排放对土壤造成污染，矿山集中分布区域尤为严重。矿山工业场地、尾矿库、废石场、矿山道路、开采面、地面塌陷区等不仅对植被资源造成破坏，也直接形成了大量松散堆积物，加剧了水土流失和土地荒漠化，导致区内地质环境问题突出，水源涵养能力减弱，生态环境逐步恶化。

（二）地质灾害隐患

保护区地处祁连山山地和走廊北山山地，山高谷深，地形陡峻，是滑坡、崩塌和泥石流高易发区，现状发育地质灾害隐患点 31 处，稳定性较差，但由于远离人类活动区域，对人员和财产损失的威胁相对较小。①

1. 滑坡、崩塌

据调查统计，保护区范围内有矿山滑坡、崩塌隐患点 23 处，面积为 1.38hm²，其规模均为小型。主要分布于龙首山南麓、锯条山、临泽县板凳沟一带低山区，均系人类工程活动（采矿）引发。滑坡、崩塌体岩性多为灰岩、板岩、石英岩，岩体表层风化强烈，岩石破碎，节理裂隙发育，在内外动力作用影响下容易形成灾害。经评价，滑坡、崩塌发生的可能性较大，但造成的损失小，现状条件下危险性小。

2. 泥石流

保护区内发育泥石流隐患点 1 处，位于张掖远达公路材料有限公司山丹县红崖子东岔河建筑石料用灰岩矿区，属稀性沟谷型泥石流，规模为小型。沟谷呈北东—南西向展布，流域面积 8.31km²，沟谷纵比降 21‰，相对高差 280m，沟道岩性主要为冲洪积砂砾卵石层。经评价，该泥石流沟隐患点易

---

① 甘肃地质工程勘察院：《张掖市矿山地质环境详细调查报告》，2018 年 5 月。

发程度属低易发，发生灾害造成的损失分级为损失小，现状条件下，危险性小。

3. 采矿导致的塌陷和地裂缝

据调查，保护区内矿山开采引发的地面塌陷、地裂缝隐患共 7 处，塌陷目前趋于稳定，裂缝无继续扩大的趋势，且发生部位远离人类活动区域，无威胁对象，可不作治理，自然恢复。

三 典型矿山生态修复与建设

（一）典型矿山选取的条件

本次研究选取的典型矿山为肃南县白泉门砂金矿区、民乐县扁都口煤矿，分别位于保护区中西部的肃南县中部和民乐县南部。选取此两座矿山作为典型进行研究的理由主要有以下几点。

1. 生态环境问题较为突出

两座典型矿山产生的生态环境问题主要为弃渣和采坑引起的压占和挖损破坏，也是保护区较为突出的生态环境问题，具体表现有以下几方面。①肃南县白泉门砂金矿区：一是矿山开采引发了地质灾害（不稳定斜坡）；二是弃渣和河道采坑以及废弃建筑物造成了地形地貌景观、植被及土地资源的压占和挖损破坏；三是乱采滥挖致使河流频繁改道，很大程度上造成了水土流失。②民乐县扁都口煤矿：一是矿山开采引发了地质灾害（崩塌）；二是弃渣和采坑造成了地形地貌景观、植被及土地资源的压占和挖损破坏。

2. 所处位置和自然地理条件较为典型

一是两座典型矿山分别位于肃南县中部和民乐县南部，对本次综合研究起到了一定的地域控制作用；二是两座矿山基本囊括了保护区的地形地貌特征，即构造侵蚀高山、中高山、中低山及山间河谷地貌；三是两座矿山矿区土壤和植被在保护区均较典型，即土壤以高山草甸土为主，植被以低矮草本

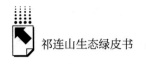

（蒿类、禾本类）和天然森林（针叶林、混交林、灌木林）为主。

3. 生态修复措施相对全面

此两座典型矿山所采取的生态修复措施基本涵盖了保护区所有矿山生态环境恢复治理所采取的措施，具体为：危岩清理、采坑回填、渣堆刷坡整平、斜坡支挡、建筑物拆除、河道清淤、疏导稳固河床、覆土、植草、植树、绿化养护、围栏、标识牌建立。

4. 投入的生态修复资金数额较大

保护区自 2017 年开始生态环境整治以来，张掖段矿山生态修复累计投入资金 2.00 亿元，其中肃南县白泉门砂金矿区投入资金 5988.00 万元，民乐县扁都口煤矿投入资金 1453.90 万元，两者投入资金总额占总投资的 37.13%，可见此两座典型矿山投入的生态修复资金数额之大。

（二）典型矿山生态环境问题

1. 肃南县白泉门砂金矿区

（1）矿区地质灾害

矿区原发育 1 处不稳定斜坡，规模为小型。斜坡位于隆畅河段右岸的月牙台子地带，平面形态呈东西向条带状，东西宽 486.15m，坡向 355°，坡高 10.0～15.0m，坡面形态呈近直立状，坡度 70°～80°，属于人工开挖形成的土质斜坡。

（2）地形地貌景观破坏

矿区位于隆畅河和白泉河河谷地带，开采范围大，所占河谷流域较长，由于乱采滥挖，河道内弃渣堆、采坑凌乱不堪，致使河谷地貌发生改变，对河谷地形地貌景观造成破坏。

隆畅河段（大湾—白泉门）：该段原有弃土、弃渣堆共 13 处，渣堆多沿河道长条状展布，长轴一般 29～311m，短轴 14～78m，高 1.5～8.0m；采坑有 5 处，采坑长轴一般 100～550m，宽 15～75m，深 2～20m。

白泉河段（白泉门—草达板）：该段原有弃渣堆 5 处，长轴 160～380m，短轴 7～30m，高 2～8m；采坑有 1 处，长轴约 200m，短轴约 40m，深 2～5m。

（3）土地资源破坏

弃渣和采坑压占、挖损破坏土地资源。隆畅河段（大湾—白泉门）13处弃土弃渣压占土地资源总面积4.50hm²，5处采坑挖损破坏土地资源面积3.34hm²，现状评估弃渣和采坑对土地资源影响程度为严重；白泉河段（白泉门—草达板）5处弃土弃渣压占土地资源总面积1.65hm²，1处采坑挖损破坏土地资源面积0.71hm²，现状评估弃渣和采坑对土地资源影响程度为较严重。

废弃建筑物压占土地资源。矿区开采临时修建办公室、宿舍等，建筑物主要位于河岸台地处，矿区停采后，这些废弃建筑物未拆除，对土地资源造成压占，致使植被不能生长。

（4）植被破坏，加剧草场沙化

保护区内为高寒草原草甸带，壤土厚度一般小于1m，且分布不均，矿区范围内随着砂金矿的无序开采，大面积的河谷漫滩、阶地等草地被挖损破坏，且堆放大规模的弃土弃渣，矿区内河谷地带0.3km²的草地被破坏。大面积草地、植被破坏，诱发土地沙化，加剧了草场退化，使保护区内生态环境受到严重破坏。

（5）水土流失

由于乱采滥挖，河道频繁发生改变，变淤幅度逐步加大，受采坑和弃渣堆的影响，加之矿区内河道局部位置底蚀和侧蚀现象严重，部分区段河岸高陡近于直立，进而发生坍塌。局部地段河道回水处形成底蚀回水坑，受河岸坍塌以及河道内大量松散固体物质的影响，矿区的水土流失加剧，周围草场面积萎缩，最终导致草场退化。

2. 民乐县扁都口煤矿

（1）矿区地质灾害

矿区范围内发育1处崩塌危岩体，位于矿区采场的西南侧，为矿区前期开采时的开采面，因对坡体的持续开挖而形成。危岩体分布高程3158～3176m，相对高差10～18m，宽65m，厚0.3～1.0m，危岩体规模约295m³，属小型岩质滑移式崩塌。根据实地调查和赤平投影图中坡面、岩层层面以及

主控结构面三维空间组合对危岩体进行稳定性分析得出，现状条件下危岩体处于欠稳定状态。

（2）地形地貌景观及土地资源破坏

狼洞沟区段。根据现场调查统计，狼洞沟煤矿范围内分布大小渣堆共5处，多呈鼓包状，沿坡体或采坑周边分布，长轴一般 50～110m，短轴 30～70m，堆积厚度 3～6m，渣堆总面积 1.04hm²，总体积 32672m³。开挖坡体形成的采坑有 3 处，采坑平面形态呈长条状或椭圆状展布，采坑长轴一般 45～140m，宽 25～45m，深 2～6m，采坑总面积 0.46hm²，采坑体积 14734m³。

梁舟坡区段。根据现场调查统计，梁舟坡煤矿范围内分布大小渣堆共 32 处，多呈鼓包状或扇状，沿坡体、采坑周边分布，顶部多为尖棱或平顶状，其成分主要为煤矸石风化物和坡体表层剥离物的混合，长轴一般 15～130m，短轴 10～60m，堆积厚 0.5～5.0m，渣堆总面积 2.81hm²，总体积 63578m³。开挖坡体形成的采坑有 4 处，采坑平面形态多呈长条状展布，采坑长轴一般 45～140m，短轴 40～70m，深 2～8m，采坑总面积 1.37hm²，总体积 28323m³。

（三）已实施的生态修复措施

这两处典型矿山的生态修复措施分为两大类：一是工程类措施，包括挖运回填采坑、削坡整平、设置挡墙、排导堤等，主要目的是整平被挖损、压占的土地资源，稳定由矿山堆渣、矿山采坑等形成的不稳定边坡、崩塌危岩体等，消除地质灾害隐患；二是生物措施，包括覆土、种草、种树和相应的肥料施撒、绿化灌溉、围栏封育等措施。

1. 采坑回填工程

采坑回填包括两种方式：一是利用邻近弃渣就近回填；二是从排土场或废料场拉运回填。回填后地面高程与相邻地形基本保持一致，以利于后续绿化工程能最大限度地修复原有地貌。

2. 渣堆刷坡整平工程

渣堆就近回填采坑，剩余弃渣削高填低，根据渣堆施工图设计高程、比降进行机械或人工整平，使其基本与周边地貌保持协调一致，刷坡时应尽量减少对植被的破坏。

3. 挡墙工程

对渣堆进行刷坡整平后，为了防止出现再次滑塌以及季节性水流对渣堆底部和表面造成侧蚀和面状侵蚀，在渣堆坡脚布设铅丝石笼挡渣墙，以达到稳固渣堆坡脚及沟岸的目的。在不稳定斜坡坡脚布设挡土墙，稳固坡脚，增强坡体的稳定性，从而防止发生崩（滑）塌灾害。

4. 河道清淤及排导堤布设工程

为使河道保持畅通，对河道淤埋处进行机械清淤，将清理后的砂石填埋至就近采坑或地势低洼处，使其与周边地形相协调。为了进一步稳固河床，在河床两侧布设排导堤。

5. 覆土及绿化工程

覆土：对回填后的采坑、刷坡整平后的渣堆以及矿区内其他有植被破坏的区域全部进行覆土；覆土厚度为 20 ~ 30cm，基本能满足草本植物的生长所需。

绿化：保护区典型矿山采取的绿化措施以植草植树为主，白泉门砂金矿区主要为植树；绿化主要从"草种和树种的选择、种植方法及养护"三个方面着手。

6. 封育围栏及标志牌工程

保护区生态修复大部分区域位于牧区，为防止放牧及其他人为活动破坏植被生长，将已实施植草、植树绿化的区域进行刺丝围栏封育，使之形成一个完整的闭合保护圈，促使植被更好、更快生长，并定期进行设施维护，保证工程设施稳定地发挥作用。在封育围栏外设置"生态修复标示牌"。

（四）生态修复成果及效益分析

1. 生态修复成果概述

保护区是祁连山生态环境整治、保护和修复的主战场。2017 年 12 月，

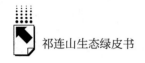

甘肃省政府制定并出台了《甘肃祁连山国家级自然保护区矿业权分类退出办法》。截至2019年8月，保护区内144宗矿业权全部分类退出，各级政府大力实施祁连山山水林田湖草生态修复项目。经过艰苦努力，祁连山生态保护实现了由乱到治，大见成效，也被国家督导组称为自然保护区生态环境问题整改的"博物馆"。

此两座典型矿山2017年8月开始恢复治理，目前已通过竣工验收。利用近两年遥感影像对比分析得出，项目的实施使矿山生态系统斑块密度显著降低，植被覆盖率逐步增加，截至2019年5月，矿山挖损及压占草地和林地的现象基本得到遏制，生态环境状况得到明显改善，生态恶化趋势得到有效遏制，生态环境整体稳中向好。

2. 生态修复效益分析

保护区矿山生态修复所产生的减灾效益、社会效益、生态效益是十分明显和突出的。

（1）减灾效益

通过系统的生态修复，保护区存在的突出矿山地质环境问题和地质灾害隐患基本得到了整治，有效遏制了生态环境恶化趋势，减灾效益较为可观。

据统计，保护区自20世纪90年代以来，共发生地质灾害30余次。其中大型地质灾害2次、中型5次，其余均为小型，虽未造成人员伤亡，但造成的直接经济财产损失约5亿元。自实施矿山地质环境治理及生态修复以来，保护区累计治理大、中、小型地质灾害及各类隐患点54处，前后投入治理资金累计达8800万元，基本解除地质灾害及其隐患对保护区的威胁，有效保护了近6000人的安全和近1.5亿元经济财产，减灾效益较为可观。

（2）社会效益

从战略地位上讲，保护区地处青藏高原与走廊平原的过渡地带，是西部重要的生态安全屏障和重要水源补给区，是通往藏区的重要战略经济通道和连接藏区的前沿阵地。保护区山水林田湖草生态修复项目的实施，极大限度上保护了区内的生态环境，充分体现了党和国家对广大群众的关怀和保护，极大地提高了党和政府在人民群众中的威信。对密切党群、干群关系，维护少数民族地区社会稳定，构建和谐社会有重要意义。

习近平总书记在视察张掖时说："这些年来祁连山生态保护由乱到治，大见成效"，"体现了新发展理念的要求，希望继续向前推进。"这是对祁连山生态环境修复工作的肯定，也为今后张掖市生态保护和生态文明建设指明了方向。近几年，据有关报道，国家一、二级重点保护野生动物在保护区内频繁出现，这也生动反映了祁连山大规模禁牧、关闭矿山企业、矿山生态修复、生态移民搬迁、恢复林草植被等措施所取得的显著成效。

（3）生态效益

甘肃省是国家西部生态屏障建设的实施省份，同时也是我国西部沙尘暴的修复治理基地。通过连续三年祁连山山水林田湖草生态修复项目的实施（含矿山生态修复），保护区的植被覆盖度和水源涵养能力得到提升，草原生态逐步恢复，植被平均总覆盖度从 67.00% 上升为 77.60%。与 2000 年相比，生态环境保护工程的实施使保护区林地面积增加 28.68 万 km^2，非天保工程森林覆盖率达到 22.6%，森林蓄积量、林木和林地保有量稳步增长。保护区内的生态环境得到了明显改善，同时也提升了河西走廊丝绸之路经典旅游线路沿途景观的观赏性和美观性，对国家西部生态安全屏障的形成及"一带一路"建设具有重要意义。

四 生态修复工作中存在的差距

祁连山保护区生态系统是一个功能多样、结构复杂、不断演化的复杂生态系统，生态修复应综合考虑地质、地形地貌、气象水文等自然因素和人为因素的双重影响及其相互之间的耦合关系。[1] 事实已经证明，保护区张掖段自 2017 年 6 月山水林田湖生态环境综合整治项目实施以来，生态环境恶化趋势得到了有效遏制，生态环境总体向好发展，以"危岩体清理＋采坑回

---

① 鲁国瑜、张万科：《祁连山生态保护与修复的思考》，《现代园艺》2020 年第 2 期。

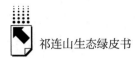
填 + 渣堆刷坡整平 + 斜坡支挡 + 河道清淤 + 排导堤、导流渠布设 + 覆土 +
植草植树、养护 + 围栏封育、标识牌建立"为主的一套完整的矿山生态修
复体系已经形成，为后续保护区外围矿山以及河流、湿地、林地、耕地等
人类活动密集区的生态环境修复积累了经验。但随着生态修复进程的逐步
完结，保护区张掖段经济发展与生态环境保护的一些新矛盾与问题也随之
而来。

（一）尚未建立长效、稳固的监管机制

主要体现在以下两个方面：一是存在职能交叉的问题，常会有各机构重
复处罚的情况发生，导致矿山生态修复工作效率低；二是监管模式无法适应
当今形势，执法和监管力量的配置不科学，极大地影响了保护区的综合监管
效能。[①]

（二）修复范围相对局限

"山水林田湖草是一个生命共同体"，生态修复注重从全流域、全系统
进行一体化修复。受相关政策和生态修复资金支持力度的制约，保护区只是
注重从自然保护区本身进行生态修复，在一定程度上淡化和削弱了对保护区
外围一些历史遗留和废弃矿山及相关水域、湿地等的生态环境治理力度，造
成了生态修复的相对局限性和不彻底性。

（三）缺乏健全的生态补偿机制

张掖市的肃南县是祁连山的主要守护者，为祁连山生态环境保护投入了
较多的人力、物力和财力，但目前国家对保护区的转移支付偏少，该地区缺
乏生态环境治理经费的问题十分突出。再加上受祁连山保护区内大量矿山、
水电企业关停的影响，肃南县乃至张掖市财政收入大幅度减少，尤其市县级
财政入不敷出、收支矛盾愈加尖锐，需要国家和甘肃省政府高度关注，并在

---

① 张文昌：《祁连山生态修复现状及对策分析》，《现代园艺》2018 年第 6 期。

政策优惠、项目审批、资金投入上给予大力扶持，加大生态功能区转移支付和专项转移支付力度。①

（四）产业转型的困难较多

保护区主要分布在张掖市南部的肃南县境内，肃南县包括 8 个乡（镇）102 个行政村，其中有 6 个乡（镇）88 个行政村直接涉及自然保护区，保护区外发展空间不足 5%。目前，肃南县经济总量偏小，矿业经济下滑严重，其他产业发展基础薄弱，科技含量不高，产业结构不尽合理，产业培育尚存在很多困难和问题，农牧民致富技能弱。肃南县处黑河流域，但没有初始水权，难以解决后续产业发展的用水问题，舍饲养殖业缺乏饲草料基地的支撑和设施投入的保障。

（五）自然保护区管护任务繁重

祁连山自然保护区张掖段管护范围大、海拔高，管护任务十分艰巨。目前，区域内肃南县承担管护任务的在职林业职工仅 500 多名，也聘用了部分牧民身份的生态管护员，人均管护面积已达 5 万多亩，而国家人均管护标准面积为 0.5 万~1 万亩，管护人员不足的问题十分突出，现有人力远无法满足保护区管护工作的需要。

（六）缺少生态修复和后期维护资金

生态修复是一项系统的长期性工程，需要投入大量的经费来支撑，从现有已经进行的生态修复项目可以看出，资金不足已成为祁连山自然保护区一些历史遗留和废弃矿山生态环境修复工程无法彻底实施的主要原因之一。另外，生态修复监管制度缺失、针对破坏与污染行为的惩罚制度不完善，因而生态修复过程中所需的生态修复费用仅以财政拨款为主，缺乏主体责任者的投入，资金来源过于单一。

---

① 辛秀琴：《祁连山肃南段生态环境整治保护现状调查与对策研究》，《绿色科技》2019 年第 4 期。

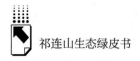
（七）保护区群众的生态环境修复意识尚需加强

据访问，目前保护区内农牧民生态环境修复意识缺乏，为了自身的利益个别企业或个人不注重生态环境保护，在生产和生活中肆意破坏生态环境，造成环境污染，没有保护生态环境的意识，不重视生态环境的系统修复，缺乏对生态环境保护的支持。[①]

五 基本思路与对策建议

（一）加快保护区矿山生态修复的基本思路

保护区张掖段为甘肃省重要的矿产资源产地，四十多年来，大规模的采矿活动，严重破坏了矿区及周围地质环境。2017 年山水林田湖草综合修复项目实施以来，由于资金等其他因素，尚有大量历史遗留、废弃矿山未得到治理。据调查，保护区内历史遗留及废弃矿山（矿区）共计 44 个，其中高台县 1 个，民乐县 2 个，临泽县 9 个，山丹县 25 个，肃南县 7 个。这些矿山多为煤矿，其次为砖瓦黏土矿、砂石料矿、石灰石矿等，开采年代久远，现均已关闭。

矿山生态系统是一个整体，其生态问题不只包括采矿的区域，还包括矿山周围的地形地貌破坏区域、水土污染区域等。矿山生态修复的主要内容包括：开展矿山地质灾害隐患消除、地形地貌重塑、土地复垦与综合利用、植被恢复、矿区生态系统功能恢复、工程后期管护、生态修复效果监测评价等。

矿山生态修复思路是[②]：第一，对于废弃煤矿，其修复的关键是封填采空区，整平煤矸石堆，并进行覆土和绿化等；第二，对有色金属矿山，如治理铜矿、铅锌矿，除了回填采坑外，还要对废弃渣堆、固废进行化学处理，

---

① 辛秀琴：《祁连山肃南段生态环境整治保护现状调查与对策研究》，《绿色科技》2019 年第 4 期。

② 段雯娟：《国外废矿的成功"涅槃"之路》，《地球》2017 年第 12 期。

防止废渣堆等在雨水的淋漓作用下，污染周围的土壤和地下水；第三，废弃采石场的修复主要是滑坡、泥石流等地质灾害的治理，采坑主要是弃渣回填后的覆土及植被的恢复。

依据矿山所处的地理位置和周边环境，确定了七个修复原则：一是根据矿山的破坏程度，分轻重缓急、分年度推进修复的原则；二是以生态环境和社会影响为主，经济利益次之的原则；三是统一规划，优先实施"三区两线"范围的废弃矿区修复的原则；四是以生态措施为主、工程措施为辅，最少资金投入的原则；五是重复利用废弃的矿渣，多采用生物修复；少采用工程修复，杜绝非法采矿行为的原则；六是在远离人烟的区域，实行矿山到期关闭，封闭管理，利用祁连山天然气候特征进行自然修复；七是在靠近城市周边的废弃矿山，进行土地复垦、土地改造、工业利用，以及湿地公园、矿山公园建设等为城市生态服务。①

（二）对策建议

1. 依法落实生态保护责任，建立长效保护机制

建立祁连山生态环境保护的长效机制，采用法治手段，严格按已有的法规政策管理祁连山自然保护区，促使祁连山生态环境管理常态化和规范化，坚决关停违规采矿点和非法矿山，避免生态环境问题增量。加大对违法企业和环境污染等的惩罚力度。强化矿山修复科技人才培训，积极促进规范化和科学的生态环境治理，不断提升治理水平。

2. 加大保护区外围生态修复项目及资金支持力度

将保护区外围历史遗留和废弃矿山以及相关流域、湿地等的生态环境修复统筹考虑，进一步拓宽生态修复资金来源。在"谁污染谁买单，谁破坏谁治理"的基本原则下，首先建议各级政府协同社会公共组织、民间环保组织、相关职能部门等进行多元化融资，筹集资金，使生态修复项目顺利进

---

① 甘肃地质工程勘察院：《张掖市矿山地质环境详细调查报告》，2018 年 5 月。

行;① 其次建议政府拨付专项资金开展祁连山国家公园生态本底调查，实施祁连山生态环境保护与修复工程和自然资产确权发证，疏通生态廊道，拆除不合理的围栏等。吸收保护区核心区、缓冲区搬迁下来的 60 岁以下的农牧民成为正式生态管护人员，并落实相应的管护费用，为管护人员配备工作所需的交通工具，彻底解决农牧民搬迁后存在的长远生计问题。

3. 进一步健全生态补偿机制

第一，建立健全生态服务价值体系，开展生态服务适应性管理研究，进行生态资产核算及生态工程效益评估。

第二，坚持"谁受益、谁补偿"的原则，科学识别保护者与受益者，按照区域内利益相关者行为，明确生态环境保护的补偿主体和补偿对象，研究不同资源类型和补偿对象生态补偿标准的核算方法，统一生态补偿标准。以祁连山国家公园的建立为契机，建议出台生态保护补偿政策，将自然保护区内的冰川、冻土、湿地、荒漠、高山草甸、林地、草原等全部纳入生态补偿范围，并适当提高生态补偿标准。

第三，积极争取各类投资生态保护项目，通过财政补贴、技术补偿、税费改革、人才技术投入等方式，建立多元化生态补偿机制。实施核心区游牧民生态移民搬迁项目，落实重大生态工程建设和各项生态补偿政策。

第四，建立可量化的生态绩效考核指标体系，开展生态补偿评价，完善生态绩效考核。

4. 出台政策，在经济结构调整和产业转型升级方面给予支持

建议国家有关部委出台政策，支持祁连山民族地区发展全域旅游，创建全国生态旅游示范区、国家级旅游业改革创新先行区和国家级旅游产业融合发展示范区，充分发挥旅游业绿色富民惠民作用，支持发展经济带绿色工业。②

---

① 孙桦：《生态环境修复存在问题及对策建议》，《现代化农业》2019 年第 5 期。

② 辛秀琴：《祁连山肃南段生态环境整治保护现状调查与对策研究》，《绿色科技》2019 年第 4 期。

5. 创新管理体制机制

首先，积极推进祁连山国家公园建设。整合自然保护区及周边区域资源，建立"大保护区"，完善保护区的功能区划；设立综合管理机构，健全省际联席会商机制；设立国家生态文明体制改革试验区，探索实施"山长制"，成立跨区域统一管理的执法机构。

其次，优化产业结构。以祁连山国家公园建设为契机，按照可持续发展的原则和保护区资源状况，引导各类功能区的产业和区域特色模式发展，稳步有序地退出不利于生态环境保护的产业，积极争取国家相关配套资金，加快产业结构优化转型和区域生态产业建设。

最后，构建系统、科学的生态保护科研平台。设立专项研究基金，整合科研力量，加强祁连山生态保护的基础性科学研究，加强与国内外科研机构的合作，注重技术创新；成立祁连山生态保护专家委员会，建立科技智库，加强科学决策的支撑作用；充分调动省内生态环境资源科研力量，组织多学科开展联合攻关。

6. 争取在保护区的实验区实施差别化项目准入政策

对实验区内的旅游、参观、扶贫、农牧业项目和基础设施建设项目（道路、水利、通信基站等），制定差别化准入条件，在开展环境影响评价，并严格落实生态环境保护措施的前提下有条件准入。分类论证审批生态治理修复项目、森林草原防火项目以及国家战略性项目，加快推进该类项目的建设，坚守生态底线，努力实现生态优势转化为发展优势，促进经济发展与民生改善的双赢。

7. 加强生态修复技术研究与应用示范

第一，因地制宜制订祁连山山水林田湖草生态保护与修复方案，科学实施，加强修复效果监测，把保护区打造为高海拔高寒地区生态保护与修复示范区。

第二，遵循"山水林田湖草是一个生命共同体"的先进理念，加强森林、草地、湿地、冰川、冻土的保护和修复，实施生态系统的整体保护。

第三，科学实施人工增雨雪、退耕还林、退牧还草、保护天然林工程及

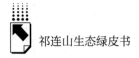
灭鼠等措施，逐步恢复和增强水源涵养能力，减少水土流失。

第四，积极开展病虫害及入侵物种的防治和监测预警研究，适度干预人工林郁闭度和草地覆盖度。

第五，科学实施地质灾害施工工程，合理利用生态植被和土壤基质修复技术，因地制宜开展祁连山自然保护区的生态修复，同时实现生态修复与景观再造的有效融合，增加社会经济效益。

附　录

Appendices

G.14
祁连山生态环境保护大事记[*]

2019年

9月9日　《祁连山国家公园自然资源本底调查技术方案》通过专家评审。

9月18日　黄河流域生态保护和高质量发展座谈会由中共中央总书记、国家主席、中央军委主席习近平在郑州主持召开，其间总书记发表重要讲话。

9月29日　生态环境部部长李干杰，副部长黄润秋、翟青在庆祝中华人民共和国成立70周年活动新闻发布会上，就"提升生态文明，建设美丽中国"中外记者提问时答道，会积极推进山水林田湖草试点工程，包括将

---

* 李田田整理。李田田，兰州大学资源环境学院。

三江源、祁连山纳入支持范围，同时还将组织黄河流域 9 个省份开展生态保护红线划定。

10 月 17 日　国家林业和草原局于北京发布并启用祁连山国家公园标识。

11 月 25 日　祁连山国家公园甘肃省管理局张掖分局野生动物调查队在甘肃省张掖市肃南县祁青地区布设的 40 多部红外摄像机回收后，在七一冰川区域获取到雪豹活动的珍贵画面，其中一台摄像机还记录到两只雪豹追逐嬉戏和在同一地点标记领地的场景。雪豹在《国家重点保护野生动物名录》中被列为国家一级保护野生动物，常年在雪线附近活动。由于处于祁连山生态系统食物链的顶端，通过对雪豹生存环境的分析监测，可以为研究祁连山野生动物的种群数量、分布及栖息地提供重要的科学依据。

11 月 29 日　大熊猫祁连山国家公园（甘肃片区）科技创新联盟在兰州隆重成立，成为全国唯一以国家公园为服务对象的创新联盟，标志着大熊猫祁连山国家公园（甘肃片区）体制试点工作迈入了一个新的阶段。大熊猫祁连山国家公园甘肃省管理局、中国科学院西北生态环境资源研究院、中国科学院三江源国家公园研究院、兰州大学、西北师范大学等 24 个联盟理事和成员单位代表，联盟专家委员会 20 位专家参加会议。

12 月 23 日　祁连山国家公园首座冰川生态定位观测站建成投用：大熊猫祁连山国家公园甘肃省管理局张掖分局在祁丰自然保护站利用无人机和移动信号监测设备，对七一冰川野外生态定位观测站数据进行最后的调试，这标志着祁连山国家公园首座冰川生态定位观测站建成并投入使用。

2020年

2 月 20 日　甘肃省生态环境厅通过"陇政钉"平台召开 2020 年全省生态环境系统深化全面从严治党暨生态环境保护工作会议。

3 月 4 日　甘肃省委书记林铎主持召开省委常委会会议，传达学习习近平总书记的有关重要讲话和指示精神，研究提出甘肃省贯彻意见。他强调要坚决打赢污染防治攻坚战，同时，抓好中央生态环保督察反馈问题整改工作，巩固祁连山生态环境问题治理成效，稳步推进祁连山国家公园体制试点建设。

3月20日 甘肃祁连山国家级自然保护区管理局发布《甘肃祁连山国家级自然保护区科技项目管理办法》。

3月23日 祁连山国家公园甘肃省片区标识系统设置工作推进会在省林草局召开，大熊猫祁连山国家公园甘肃省管理局专职副局长高建玉出席会议并讲话，要求相关单位充分认识祁连山国家公园甘肃省片区标识系统设置的重大意义，高度重视、扎实做好甘肃省片区的标识系统设置，确保2020年10月底前高质量完成所有标识物的埋设工作，2020年12月底前完成项目验收工作。

3月31日 祁连山国家公园管理局梳理体制试点任务清单。

4月9日 大熊猫祁连山国家公园甘肃省管理局张掖分局祁丰保护站辖区现特大野生白唇鹿群。

4月10日 青海省海北州祁连山国家公园体制试点暨祁连山生态环境整治工作推进会在祁连县祁连山国家公园冰沟基地召开。

4月20日 由青海省林业和草原局和祁连山国家公园青海省管理局主办，青海省林业和草原项目服务中心、UNDP – GEF 青海湖—祁连山景观区保护地体系保护协会承办的《读本》系列第一课"我的家乡祁连山"在青海省自然资源博物馆开课。

4月23日 经过近年生态治理和信息化建设，祁连山已建成"天地空一体化"生态环境监测网络体系：祁连山生态定位观测网络体系、智能化巡护监管信息系统、遥感及无人机监测系统、林业有害生物数据库等，智慧化手段全方位、无死角地守护中国西部生态安全屏障，祁连山生态日趋好转，野生动植物种类和数量持续增长。

4月28日 大熊猫祁连山国家公园甘肃省管理局3个综合执法局挂牌成立。大熊猫祁连山国家公园甘肃省管理局张掖综合执法局、酒泉综合执法局、白水江片区综合执法局分别在甘肃省森林公安局祁连山分局、盐池湾分

局、白水江分局相继挂牌成立。

5 月 17 日 《中共中央 国务院在关于新时代推进西部大开发形成新格局的指导意见》中指出，要大力推进青海三江源生态保护和建设、祁连山生态保护与综合治理、岩溶地区石漠化综合治理、京津风沙源治理等。

5 月 22 日 由祁连山国家公园青海省管理局、青海省环境教育协会联合开展的"祁连山国家公园（青海）环境教育课堂项目"暨《祁连山国家公园青海片区中小学生环境教育读本（试行版）》自然教育体验活动，第一次实践课程在西宁市野生动物园雪豹馆开课。

6 月 2 日 据青海省发布的《2019 年青海省生态环境状况公报》显示，2019 年"祁连山区山水林田湖草生态保护修复试点"项目已取得阶段性进展。

6 月 3 日 祁连山国家公园青海省管理局组织开展"祁连山国家公园（青海）环境教育课堂项目"自然教育体验活动，海西州自然教育课堂开课。

6 月 5 日 由青海省林业和草原局、祁连山国家公园青海省管理局主办，祁连山国家公园青海省管理局办公室、青海省林业和草原项目服务中心、海西州林业和草原局、青海柴达木梭梭林国家级自然保护区服务中心、青海省环境教育协会和德令哈青少年活动中心等单位联合承办的"祁连山国家公园（海西片区）自然教育实践课堂"在德令哈市正式启动。

6 月 5 日 由青海省林业和草原局、祁连山国家公园青海省管理局主办，天峻县委宣传部、青海省祁连山自然保护协会承办，天峻县林业和草原局、天峻县自然资源局、天峻县生态环境局、天峻县教育局、天峻县摄影协会联合协办的"影像祁连山"生态摄影大赛精选作品展暨"祁连山下我的家"祁连山国家公园青海片区自然教育主题活动在青海省海西州天峻县启动。

6 月 16 日 青海省林业和草原局、祁连山国家公园青海省管理局与西宁市行知小学共同举办了"祁连山下我的家"祁连山国家公园青海片区自然教育主题活动暨生态学校挂牌仪式，这是祁连山国家公园青海片区挂牌成立的第一所自然教育生态学校。

6月17日 甘肃省省长唐仁健主持召开专题会议，研究如何推进黄河流域生态保护和高质量发展。其中，他强调要抓好生态保护治理，推进甘南黄河上游水源涵养、陇中陇东黄土高原区域水土流失治理工作和祁连山保护等重大项目和重点工程建设，结合中央环保督察反馈问题加快整改以解决突出问题。

6月18日 甘肃省林业和草原局组织开展的草原生态保护全媒体采访活动在甘肃省合作市启动。活动将通过甘南草原、河西走廊、黄土高原3条路线，深入甘肃省草原重点县区，宣传草原在黄河流域生态保护和高质量发展中的重要作用。

6月18日 以"走进大自然 感受家乡美"为主题的祁连山国家公园青海片区自然学校揭牌仪式在祁连山国家公园青海片区黄藏寺管护站举办。这是祁连山国家公园青海片区挂牌成立的首个管护站自然教育生态学校。

6月21日至27日 兰州大学资源环境学院丁文广教授团队前往祁连山国家公园青海片区进行了考察。通过本次考察了解了青海省在国家公园建设管理体制机制改革试点、生态补偿、社区共管、自然教育、生态旅游等方面的措施，为下一步研究、推动祁连山国家公园甘肃片区建设提供思路和参考依据。

6月23日 祁连山国家公园青海省管理局制定并印发了《祁连山国家公园（青海片区）自然教育体系建设实施方案》，旨在进一步加快祁连山国家公园青海片区自然教育规范化、体系化步伐，不断提升自然教育工作质量和水平，建立开放共享、科学系统的自然教育发展模式。

6月27日至28日 由青海省林业和草原局、祁连山国家公园青海省管理局办公室、青海省环境教育协会和青海省祁连山自然保护协会共同举办的2020年祁连山国家公园青海片区青少年自然教育科考营"花儿与少年守护祁连山"中小学生夏令营正式启动。此次活动，共有来自西宁市、祁连县的中小学生约100名师生参与。

7月23日 首批大熊猫国家公园自然教育基地和生态体验小区名单公

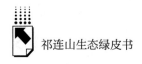

布。经综合评审，大熊猫国家公园管理局决定授予大熊猫国家公园唐家河自然教育基地等 6 个自然教育基地为首批大熊猫国家公园自然教育基地，将龙溪—虹口等 4 个生态体验小区列为首批大熊猫国家公园生态体验小区。

8 月 10 日 祁连山国家公园青海片区完成首次黑颈鹤卫星跟踪和环志工作。

8 月 18 日 自 2019 年启动的"黑颈鹤等迁徙水鸟专项调查"（为期 5 年）工作以来，祁连山国家公园青海片区现已初步掌握了青海片区黑颈鹤等迁徙水鸟的种类、数量及其分布格局，为今后深入研究旗舰物种黑颈鹤的繁殖策略、迁徙路线，开展珍稀濒危水鸟研究与保护等工作奠定了扎实基础。

8 月 18 日 祁连山国家公园青海片区荒漠猫专项调查取得阶段性成果。2017 年 8 月，祁连山国家公园青海省管理局联合北京大学持续开展荒漠猫专项调查。专项调查以来，在祁连山国家公园范围内频繁记录到荒漠猫活动画面，此次监测到一只雌性荒漠猫成功抚育 4 只幼崽，5 只荒漠猫同框十分罕见。

8 月 18 日 祁连山国家公园青海片区全面完成界桩界碑野外设置工作，设立界桩界碑 1749 块。

8 月 19 日 国家林业和草原局召开国家公园建设座谈会，加快推进国家公园体制试点工作。

8 月 20 日 为了确保祁连山国家公园体制试点评估验收迎检工作顺利进行，祁连山国家公园德令哈管理分局率先开展自检自查工作。

8 月 20 日至 21 日 祁连山国家公园青海省管理局赴海北海西两州林草局召开生态环境教育大会。

8 月 22 日至 23 日 2020 年野性祁连越野跑开启。由于比赛时间调整，根据天气特点、保障难度和风险控制等原因，调整了赛事日程，取消了原定的所有赛前人群聚集活动，仅保留尊重山脉活动小规模举行。

8 月 24 日 中国首批访客进入祁连山国家公园青海片区参加生态体验活动。此次开放的生态体验活动为试运营，访客按照园区内的特许线路了解生态系统和动植物、体验传统文化、亲身参与国家公园保护活动，活动完成后将获得证书（由祁连山国家公园青海省管理局授予）。

8 月 26 日 祁连山国家公园青海片区首次开展水环境及水生生物调查。

9 月 8 日 由青海省林业和草原局与祁连山国家公园青海省管理局共同主办的"祁连山国家公园百名记者青海行"系列活动，在青海海北藏族自治州祁连县启动。

9 月 17 日 国家林业和草原局公布首批国家草原自然公园试点建设名单。国家林业和草原局批准在内蒙古敕勒川等 39 处草原开展国家草原自然公园试点建设。强调国家草原自然公园试点建设应坚持"生态优先、绿色发展、科学利用、高效管理"的原则，把生态保护放在第一位。

G.15
2019～2020年环境保护政策名录汇编

层级	政策名	颁布或印发时间
国家与 中央部委	关于印发《生态保护红线勘界定标技术规程》的通知（环办生态〔2019〕49号）	2019年8月30日
	关于进一步深化生态环境监管服务推动经济高质量发展的意见（环综合〔2019〕74号）	2019年9月10日
	关于印发《国家生态文明建设示范市县建设指标》《国家生态文明建设示范市县管理规程》和《"绿水青山就是金山银山"实践创新基地建设管理规程（试行）》的通知（环生态〔2019〕76号）	2019年9月11日
	关于统筹做好疫情防控和经济社会发展生态环保工作的指导意见（环综合〔2020〕13号）	2020年3月3日
	中共中央办公厅 国务院办公厅印发《关于构建现代环境治理体系的指导意见》	2020年3月3日
	国务院办公厅关于生态环境保护综合行政执法有关事项的通知（国办函〔2020〕18号）	2020年3月9日
	国家发展改革委 司法部印发《关于加快建立绿色生产和消费法规政策体系的意见》的通知（发改环资〔2020〕379号）	2020年3月11日
	关于印发《生态环境保护综合行政执法事项指导目录（2020年版）》的通知（环人事〔2020〕14号）	2020年3月12日
	关于实施生态环境违法行为举报奖励制度的指导意见（环办执法〔2020〕8号）	2020年4月22日
	关于印发《支持引导黄河全流域建立横向生态补偿机制试点实施方案》的通知（财资环〔2020〕20号）	2020年5月9日
	关于启用自然保护地人类活动监管系统的通知（环办生态函〔2020〕229号）	2020年5月14日
	关于以生态振兴巩固脱贫攻坚成果 进一步推进乡村振兴的指导意见（2020–2022年）（环办科财〔2020〕13号）	2020年6月9日
	国务院办公厅关于印发自然资源领域中央与地方财政事权和支出责任划分改革方案的通知（国办发〔2020〕19号）	2020年7月10日

层级	政策名	颁布或印发时间
国家与 中央部委	关于印发《关于推进生态环境损害赔偿制度改革若干具体问题的意见》的通知（环法规〔2020〕44号）	2020年9月3日
	国家林业和草原局关于公布首批国家草原自然公园试点建设名单的通知　　林草发〔2020〕85号	2020年9月27日
甘肃省	甘肃省环境保护条例（2020年1月1日起施行）	2019年11月12日
	甘肃省生态环境厅关于举办2019年全省生态环境保护执法大练兵活动的通知（甘环执法发〔2019〕13号）	2019年11月21日
	甘肃省环境保护厅关于印发《甘肃省自然保护区建设项目环境保护事中事后监督管理办法（试行）》的通知	2019年12月5日
	甘肃省生态环境厅关于印发《甘肃省生态环境保护红黄牌管理制度》的通知	2019年12月5日
	甘肃省环境保护厅关于推进环境监测服务社会化的实施意见	2019年12月5日
	关于印发《甘肃省关于环境保护行政执法与刑事司法衔接工作实施细则（试行）》的通知	2019年12月5日
	甘肃省环境保护厅　甘肃省质量技术监督局关于印发《甘肃省加强生态环境监（检）测机构监督管理工作实施方案》的通知	2019年12月5日
	甘肃省环境保护厅关于印发《进一步加强生态环境保护监管执法的实施方案》的通知	2019年12月5日
	甘肃省环境保护厅关于加强重点企业清洁生产审核咨询服务机构管理工作的通知（甘环科发〔2017〕1号）	2019年12月5日
	甘肃省石油勘探开发生态环境保护条例	2019年12月23日
	甘肃省环境保护厅关于进一步加强全省自然保护区综合管理的意见（甘环发〔2017〕57号）	2020年1月3日
	甘肃省生态环境厅生态环境保护投资项目管理办法（试行）	2020年1月3日
	甘肃省林业和草原局　关于保护野生动物　坚决拒食野味倡议书	2020年2月11日
	甘肃祁连山国家级自然保护区科技项目管理办法	2020年3月20日
	甘肃省生态环境厅甘肃省财政厅关于印发《甘肃省生态环境违法行为举报奖励办法（试行）》的通知（甘环发〔2020〕44号）	2020年5月19日
	清洁生产审核技术指南（DB62T4114－2020）	2020年5月19日
	甘肃省人民代表大会常务委员会关于全面禁止非法野生动物交易、革除滥食野生动物陋习、切实保障人民群众生命健康安全的决定	2020年6月8日

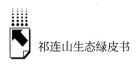

续表

层级	政策文件	颁布或印发时间
青海省	青海省生态环境损害修复监督管理办法	2020 年 1 月 3 日
	青海省生态环境损害赔偿磋商办法	2020 年 1 月 3 日
	2019 年青海省生态环境状况公报	2020 年 6 月 2 日
	青海省企业环境信用评价管理办法(试行)	2020 年 7 月 7 日
	青海省社会生态环境监测机构生态环境监测监督管理办法	2020 年 7 月 7 日
张掖市	张掖市人民政府关于进一步加强农田废旧地膜污染治理的通告(张政发〔2019〕25 号)	2019 年 4 月 2 日
	张掖市人民政府办公室关于印发 2019 年张掖市推进农村炕烟炉烟污染治理工作方案的通知(张政办发〔2019〕65 号)	2019 年 5 月 28 日
	张掖市人民政府办公室关于印发张掖市水电站生态环境问题整治工作实施方案的通知(张政办发〔2019〕66 号)	2019 年 5 月 30 日
	中共张掖市委办公室 张掖市人民政府办公室 关于印发张掖市贯彻落实省级环境保护督察反馈意见整改工作方案的通知(市委办发〔2019〕6 号)	2019 年 6 月 13 日
	张掖市人民政府办公室关于印发张掖市推进公共机构生活垃圾分类工作实施方案的通知(张政发〔2019〕96 号)	2019 年 9 月 16 日
	张掖市人民政府办公室关于印发 2019～2020 年度冬季大气污染防治工作方案的通知(张政办发〔2019〕104 号)	2019 年 10 月 28 日
	张掖市人民政府 2020 年度森林草原防火命令(张政发〔2020〕8 号)	2020 年 2 月 25 日
	张掖市人民政府办公室关于印发《张掖市城市绿线及绿地建设管理办法》的通知(张政办发〔2020〕15 号)	2020 年 4 月 24 日
	张掖市人民政府办公室关于印发张掖市集中式饮用水水源地突发环境事件等五项应急预案的通知(张政办发〔2020〕47 号)	2020 年 7 月 9 日
金昌市	金昌市人民政府办公室关于印发金昌市市区闲置土地清理处置工作方案的通知(金政办发〔2018〕127 号)	2019 年 6 月 20 日
	金昌市人民政府关于印发金昌市林木绿地认建认养实施办法的通知(金政发〔2019〕74 号)	2019 年 12 月 14 日
	金昌市人民政府 2020 年度森林草原防火命令(金政发〔2020〕7 号)	2020 年 2 月 28 日
武威市	武威市生态环境局关于甘肃省武威市天梯山生态文化旅游区总体规划环境影响报告书审查意见的函(武环函〔2019〕193 号)	2019 年 9 月 20 日

Abstract

Green Book of Qilian Ecosystem: Annual Report on Development of Qilian Ecosystem (*2020*) is a Qilian Mountain Environmental Annual Report compiled by an interdisciplinary research team which is composed by Professor Ding Wenguang, Professor Gou Xiaohua and Professor Li Yu of Lanzhou University.

This Book consists of six sections: General Report, Sub-Reports, Special Articles, Policy Articles, Case Articles, and Appendices. It summarizes Qilian Mountain's ecosystem functions in 2019 – 2020, and the scientific progress and effectiveness of national park construction. Comprehensive application of new technologies and new concepts for forest, field, lake and grass system management, and suggestions for good governance of Qilian Mountain's ecological environment protection and socio-economic coordination and high-quality development are included. The ecological environment, human history and development status, community sector trends, and a warning on the urgency and importance of ecological environmental protection and governance of Qilian Mountains are also included.

"Ecological prosperity leads to civilized prosperity, and ecological decline leads to civilized decline." Qilian Mountains, an important water source of the Yellow River Basin, is a priority area for biodiversity protection in China. However, due to over-development, local ecological damage has been very prominent, and Xi Jinping has issued important instructions on many occasions, demanding that "we should promptly resolve outstanding problems, take effective measures to rectify environmental violations, and promote the environmental protection and restoration of Qilian Mountains".

Recently, local governments in the Qilian Mountains region have attached high importance to the implementation of the Qilian Mountain National Park system pilot work, and through establishment and improvement, developed a

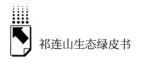

coordination and promotion mechanism. This includes speeding up planning system construction, focusing on improving the level of natural resource information monitoring, strengthening ecosystem restoration, establishing and improving management of comprehensive law enforcement institutions, actively strengthening scientific and technological support and other construction measures, gradually completing some key work such as establishment of a new model for the coordinated development of mining rights withdrawal, promoting ecological protection and improvement of people's livelihood, the formation of an integrated monitoring network of "space, earth and air", the creation of a national park publicity platform, and the restoration of the Qilian Mountains ecological environment.

The book through in-depth analysis of the ecological environmental problems in Qilian Mountains area, and systematic summation of the work in the Qilian Mountains ecological environment system was carried out by government departments and people from all sectors of the community. It comprehensively evaluates the research effectiveness of the national park system and mechanism construction, and concludes that Qilian Mountain National Park should actively build a new management mechanism, promote "community co-management" and "ecological citizen" governance models, research and initiate ecotourism, establish and improve the ecological compensation mechanism, introduce the concept of green management, establish a long-term mechanism for sustainable development of the Qilian Mountains National Park, transform from "green water and green mountains" to "golden mountains and silver mountains", and explore a new path of protection development.

Green Book of Qilian Ecosystem examines and considers the ecological environment of the Qilian Mountains from a public interest perspective, and emphasizes objectivity, authenticity and professionalism with real data and facts, and will provide support for environmental decision makers.

Keywords: Qilian Mountain; Ecosystem; Function Assessment; Sustainable Development

Contents

I General Report

Abstract: On June 26, 2017, the Qilian Mountains National Park System Pilot Program was considered and passed, and Qilian Mountains National Park has since become one of the first 10 national park system pilots established in China. The Qilian Mountains National Park covers 50, 200 square kilometers, and extends over Gansu and Qinghai provinces. As a major political task entrusted by the Party Central Committee to Gansu and Qinghai Provinces, the provincial governments attach great importance to the implementation of the pilot projects of the Qilian Mountains National Park system. Through construction initiatives such as establishing a sound coordination and promotion mechanism, accelerating the construction of planning institutions, focusing on raising the level of information-based monitoring of natural resources, strengthening ecosystem restoration, establishing sound management and comprehensive law enforcement agencies, and actively strengthening scientific and technological support, key tasks such as the withdrawal of mining rights, the construction of a new model of coordinated development for ecological protection and livelihood improvement, the formation of an integrated monitoring network for "heaven, earth and air", the creation of a

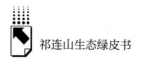
publicity platform for national parks, and the restoration of the ecological environment of the Qilian Mountains will gradually be completed. Currently, 41 of the 44 tasks of the Gansu pilot system in the Qilian Mountains National Park have been completed, as have 23 of the 33 tasks of the Qinghai pilot system, and 10 tasks are being accelerated to completion. In the future development of Qilian Mountains National Park, it is suggested that the park should actively build a new management mechanism, promote the governance model of "community co-management" and "ecological citizen", research and initiate ecotourism, establish a sound ecological compensation mechanism, and introduce the green management concept, to explore a construction path that meets the protection needs of the Qilian Mountains National Park system.

Keywords: Qilian Mountains National Park; Construction Progress; Problems and Countermeasures; Development Trends

II Sub-Reports

G. 2 Evaluation of Ecosystem Water Conservation and its Countermeasures in the Qilian Mountains

Wang Pei, Wu Xiuchen, Hu Xia and Li Xiaoyan / 018

Abstract: In the context of global climate change, understanding the water budget and water conservation functions of typical ecosystems in the Qilian Mountains is of great significance for ecological protection and ecological security barrier construction in the west of China. Based on a long-term eddy covariance and hydrologic meteorological observation dataset in Heihe River Basin and Qinghai Lake Basin, we analyzed water budget changes and their characteristics in typical ecosystems (alpine meadow, alpine swamp meadow, *Kobresia myosuroides* meadow, *Potentilla fruticosa* shrubland, *Stipa purpurea* grassland, *Achnatherum splendens* grassland, desert, farmland, *Tamarix chinensis* shrubland, and *Populus euphratica* riparian forest) along an environmental gradient. The effects of biotic and abiotic factors on the water budget were analyzed and it showed that the budget varied significantly in different ecosystems in Qinghai Lake basin over a year. In all ecosystems, precipitation was greater than evapotranspiration during the growing season, while in the non-growing season it was the opposite. The average annual evaporation ratio (ET/P) of different ecosystems in Qinghai Lake basin in 2014 ~ 2015 was as follows: *Kobresia myosuroides* meadow (0.83) < *Potentilla fruticosa* shrubland (0.97) < *Achnatherum splendens* grassland (1.02), indicating that with increasing altitude, a declining trend was observed. The typical ecosystems of Heihe Basin had differences in water budgets, and different degrees of water deficit. In wet years, the upper alpine meadow water budget was basically balanced, while in dry years, the water deficit was about 134mm. The observed water deficit of the upper alpine meadow varied from 83 to 204mm over three years. The water deficit in the upper alpine meadow mainly comes from water supply outside the system (e. g., glacier snow melt water, soil flow). The farmland ecosystem water deficit is mainly charged by irrigation amount, which was 512 mm, 554 mm and 560 mm, respectively, from 2014 to 2016. Groundwater and deep soil water are the replenishment sources of water deficit of desert, *Populus euphratica* forest and *Tamarix chinensis* shrubland. Drought index ($DI = ET_0/P$) and evaporation ratio ($EI = ET/P$) are both high for low altitude ecosystems. Evapotranspiration is mainly limited by water, and the proportion of precipitation runoff is very small. With increasing altitude, DI gradually decreases and EI rapidly decreases along the Budyko curve. Evapotranspiration gradually shifts from water limiting to energy limiting. The proportion of runoff to precipitation increases, and rapidly so with elevation, thus making the high-altitude area an important flow producing area of the basin. Recommendations are to: (1) improve water production capacity, and sustain the water conservation function of the basin, the alpine meadow ecosystems higher than 3600m should be vigorously protected, by reducing overgrazing and preventing damage of the mattic epipedon; (2) reduce soil erosion and improve water and soil conservation functions, the degraded *Myricaria laxiflora* valley wetlands should be restored through natural enclosure; and (3) optimize the spatial pattern and utilization of wetland in the life community of

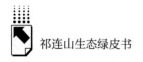

"mountain, forest, farmland, lake and grass system" using the concept of "mountain, water, forest, field, lake and grass" as the life community, combined with the construction of Qilian Mountain National Park.

Keywords: Qilian Mountain Region; Typical Ecosystem; Water Budget; Water Conservation; Heihe River Basin; Qinghai Lake Basin

G. 3 Problems and Solutions for Qilian Mountain National Park Grassland Management

Hou Fujiang, Peng Zechen, Zhang Yuwen, A De Luji, Ning Jiao, Ma Zhouwen, Hu An, Li Guofan, Li Lan, Wang Zhen, Shi Liyuan / 044

Abstract: There are various grassland types in Qilian Mountains National Park, of which alpine meadow is the largest and most widely distributed. In recent decades, grassland conditions have been generally stable, but local deterioration trends have not been fundamentally reversed. Under favorable circumstances of global climate change, ecological restoration of degraded grasslands remains under great pressure. Therefore, strategies and suggestions for grassland ecological protection and restoration in Qilian Mountain National Park were formulated to construct a scientific, rational grassland management strategy to ensure ecological security, the stability of the regional grassland ecosystem, and its coupling to forests and shrublands.

Keywords: Ecological Restoration; Grassland Health; Grassland Types; Grazing; Grazing Prohibition; Ecological Security

G. 4 Effects of Seed Diffusion and Renewal Ability on Plant Community Structure and Species Diversity in the Qilian Mountains

Peng Zechen, Hu An / 063

Abstract: The relationships between seed diffusion, plant reproduction, self-renewal and competitive abilities were studied by model derivation and computer simulation. Plant community structure and species diversity were not only affected by seed diffusion ability, but also sensitive to self-renewal ability and seed quantity. Therefore, it is suggested that the non-degraded grassland in the Qilian Mountains should be grazed appropriately to benefit the dynamic balance of the plant community. For degraded and potentially degraded grasslands, summer and autumn grazing should be discontinued, while uninhibited grazing allowed in winter and spring.

Keywords: Seed Diffusion; Community Structure; Species Diversity; Model Simulation

G. 5　Qilian Mountain Ecosystem Function and Health Evaluation

Chen Ning, Long Yaocheng / 077

Abstract: As an important function of arid and semi-arid ecosystems, water conservation is the foundation for regional economic and social development. Qilian Mountain is located in the arid and semi-arid region of northwest China, at the intersection of the Qinghai-Tibet, Loess and Mongolia-Xinjiang plateaus. It has high species diversity, an obvious vertical band spectrum, and it belongs to a typical "landscape, forest, field, lake and grass" ecosystem. Therefore, studying the water conservation function of the Qilian Mountain ecosystem is of great significance for maintaining regional biodiversity and establishing an ecological security barrier in the west of China. Seven vegetation types (alpine cushion, alpine meadow, subalpine shrubland, dark coniferous forest, mountain shrub grassland, mountain desert grassland, and temperate desert) along an elevational gradient in the Qilian Mountains were investigated. In each of these vegetation types, soil water content, field water holding capacity, soil bulk density and other indicators are used to evaluate the water conservation function of the regional ecosystem. Compared with other ecosystem types, forest ecosystems, especially evergreen dark coniferous forests, had the strongest water conservation capacity,

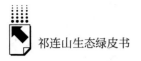
and therefore, concerted efforts should be made to strengthen their protection.

Keywords: Qilian Mountains; Water Conservation Function; Soil Nutrients

G. 6　Ecological Function Assessment of "Mountain-River-Forest-

Field-Lake-Grassland" System in the Qilian Mountains in 2019

Huang Yongmei, Chen Xiyun, Zhu Zhongli and Liu Shaomin ∕ 092

Abstract: Qilian Mountain is an important ecological security barrier of Western China, and also an important water conservation area for the Yellow River and many inland rivers. Based on monitoring data of the sky-ground integrated monitoring system of the Qilian "mountain-river-forest-field-lake-grassland" system in 2019, an ecological function assessment was conducted. The main results were: (1) The proportion of forest, grassland, farmland and water bodies in the Pan-Qilian mountain area was 1: 32: 1: 3, with the proportion of bare land the largest; the proportion of forest, grassland, farmland and water bodies in the Qilian mountain area (important for water conservation and carbon sequestration in the Pan-Qilian mountains area) was 6: 107: 1: 12; (2) Mean net primary productivity (NPP) in the Qilian Mountains was about 84.42 gC/m2/a, of which forest was the highest, reaching 274.54 gC/m2/a, followed by farmland, wetland, grassland and bare land; (3) Total carbon sequestration in the whole region was c. 152 TgC, with the highest carbon sequestration per unit area in Datong River- Huangshui watershed and Qinghai Lake Basin (high carbon sequestration function); total carbon sequestration in the Qilian mountain area was about 32.45 TgC, of which the grassland ecosystem accounted for about 50.8% ; total carbon sequestration in Qilian Mountain National Park was about 7.48 TgC, also mainly from grassland; (4) Mean annual precipitation in the whole Qilian Mountains region was 318.8mm, making it a dry year. Annual evapotranspiration of different ecosystems ranged from 128 to 916 mm, the highest was in reed wetland and the lowest in *Reaumuria songarica* desert. Soil moisture over the whole region was in deficit. These results provide a scientific basis and data support for further understanding of the ecological function of the Qilian Mountains "mountain-river-forest-field-lake-grassland" system, and can assist green development of the Pan-Third Pole.

Keywords: Qilian Mountain; Net Primary Productivity; Carbon Sequestration; Soil Moisture; Evapotranspiration

Ⅲ   Special Articles

G. 7   Development and Application of 3D visualization GIS in
　　　Qilian Mountain National Park

Jiao Jizong , Liu Jiamin and Dong Jingru / 115

Abstract: 3D visualization systems have clear advantages in data management and Geographic Information System application. We utilized Cesium Earth and B/S frameworks to develop a WebGIS. The system exploits Vue code for component-based development to invoke online remote sensing images and locally published terrain service source data. The thematic atlas of " Qilian Mountain National Park" is superimposed for display, realizing the application functions of measurement marking, transparency comparison, attribute visualization, panoramic tour, and 2D and 3D linkage. Through the application, we found that the system was highly stable, safe and reliable, and intuitively expressed user demands on thematic maps in all directions, multiple angles and in high dimensions. The system does not only serve Qilian Mountain National Park construction and ecological environment renovation work, but also meets the needs of the second Qinghai-Tibet scientific research initiative.

Keywords: Qilian Mountain National Park; 3D Visualization; Geographic Information System Development

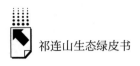
祁连山生态绿皮书

G. 8　Wildlife Conservation in Qilian Mountain National Park

Ding Wenguang , Li Weili / 141

Abstract: Biodiversity provides humans with a basic living environment and abundant material resources. It is the basis for human survival and also affects ecosystem stability and sustainability. The abundant wild animal resources in Qilian Mountain National Park have created favorable conditions for biodiversity. Effective protection and management of wild animals in Qilian Mountain National Park is the focus of attention from all walks of life. We present the general situation of wild animals in the Qilian Mountains, their protection and management status, and wildlife protection actions under the new crown initiative. Our analysis shows that there are still many problems in the protection and control of wild animals in Qilian Mountains National Park, including issues such as imperfect laws, fragmented habitats, excessive use of wildlife resources, and insufficient publicity for wildlife protection. Reasonable suggestions in response to the above issues, include perfecting wildlife protection-related laws and management regulations, improving wildlife protection management mechanisms, protecting the wildlife living environment, and increasing public participation.

Keywords: Qilian Mountain National Park; Wild Animals; Biodiversity

Ⅳ　Policy Articles

G. 9　Protecting the Qilian Mountains and Promoting the Sustainable Development of Hexi Corridor (Part I): Qilian Mountains Protection Research and Development

Status of the Corridor　　　　　　　　　　　*Li Hong , Du Shuqi* / 153

Abstract: Qilian Mountain is the "mother mountain" of the Hexi corridor, without it, there would be no Hexi corridor. After years of development and construction, the economic and social development of Hexi Corridor has made great achievements. These are at the forefront of the province and include: the building of an important metallurgical industrial base; highlighting the comparative advantages of agricultural products production and processing bases; introducing a new way to vigorously develop a circular economy; developing new energy and energy equipment manufacturing industries; and achieving remarkable results in the comprehensive Shiyang River Basin management. The corridor has become an important growth hub for regional economic development in the province. However, the sustainable development of Hexi Corridor is also facing severe challenges. Global warming has led to glacier retreat, and a rising snow line and frozen soil retreat in the Qilian Mountains, which has produced a huge water resources crisis in the Hexi Corridor. Moreover, woodland and grassland degradation has reduced soil and water conservation functions. With a rapid population increase, and large-scale expansion of oases and related excessive exploitation and utilization of water resources, the contradiction between water supply and demand in Hexi Corridor is becoming increasingly prominent. The extensive management and inefficient allocation of water resources make the output rate of water resources far lower than the average level of the whole province. Furthermore, the fragile natural ecological environment makes it more difficult to restore the Hexi corridor ecosystem. The contradiction between regional development and ecological carrying capacity is prominent due to long-term overdevelopment and construction. Damage to the Qilian Mountain National Park ecological environment exposes short-term problems and threatens the sustainable development of the Hexi Corridor.

Keywords: Qilian Mountains; Hexi Corridor; Resource Utilization

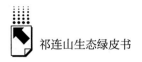
祁连山生态绿皮书

G. 10 Protecting the Qilian Mountains and Promoting the Sustainable
Development of Hexi Corridor (Part II): Thoughts and
Suggestions on Sustainable Corridor Development

Li Hong, Du Shuqi / 171

Abstract: Hexi corridor is not only a fertile location for Gansu's development, but also an important ecological security barrier in the west, bearing the "One Belt And One Road" construction and the important task of opening Gansu to the west. Water resource shortages are the main factor restricting current and future sustainable corridor development, and so successful water management and protecting the Qilian Mountains are key. To realize Hexi Corridor sustainable development, the focus should be on compiling a regional development plan, which includes efficient utilization of water resources, ecological industrial system construction, implementing three protections (Qilian Mountain, oasis ecological environment, historical and cultural), building four economic zones (Jinwu, Zhangye, Jiujia, Dunhuang), and implementing green development.

Keywords: Qilian Mountains; Hexi Corridor; Ecological Environment

V Case Articles

G. 11 Promoting Ecosystem Protection and Governance of the
Qilian Mountains by Introducing Minqin Experiences

Gou Xiaohua, Xue Bing, Jie Yaowen, Li Yu, Ye Weifeng,
Li Yongjin, Zhang Yongjiao and Yan Chunhua / 193

Abstract: Qilian Mountain is a significant ecological security barrier in China and the core water source area of the inland river basin in the Hexi Corridor is a biodiversity conservation priority area. Minqin geographically belongs to the

"Qilian Mountain glacier and water conservation ecological function zone" under the "The National Eco-Functional Zoning" category. It is an essential ecological barrier ensuring the security of the Hexi Corridor and also a specific area in the battle against poverty in Gansu. Environmental governance of the Minqin oasis provides vital guidance to promote ecological protection and optimize regional human activities in the Qilian Mountains. Recently, especially in the last 2 years, Minqin has adopted desertification control and ecological construction as primary tasks for sustaining regional economic and social development. Taking the city as a whole system to integrate the governance of water, sand, forest, grass, and agriculture, top-level design was strengthened, and central conflicts were addressed, leading to remarkable achievements in ecological protection, social development, and ecological civilization construction. Minqin has accumulated valuable experiences in overall scientific planning and systematic promotion of environmental management, and now provides scientific guidance for promoting future regional environmental protection and high-quality development of the Qilian Mountains.

Keywords: Minqin Oasis; Qilian Mountain; Ecosystem Protection; Environmental Governance

G. 12 Coordinated Development of Ecological Environment
Protection and Human Well-Being in the Qilian
Mountains: Tianzhu Tibetan Autonomous County

Yang Haijiang, Gou Xiaohua, Yin Dingcai,
Ding Wenguang and Yang Kaixuan / 210

Abstract: Tianzhu Tibetan Autonomous County is located in the eastern Qilian Mountains. Tianzhu Three Gorges National Forest Park is part of Qilian Mountains National Park, which is an important area of ecological security barrier in the west of China. Taking Tianzhu County as an example, and using social

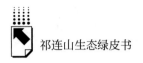

research and model simulation, we analyzed the "the Ecological Relocation and Capital Compensation Program of Qilian Mountains Nature Reserve" (hereafter referred to as the ERCCP scheme). We established the ERCCP influence framework on the benefits of different stakeholders using the InVEST model, Probit measurement model and cost-benefit method, to analyze the comprehensive cost-effectiveness of Land Use / Land Cover (LULC) and different stakeholders in Tianzhu County, and provide feasible suggestions according to the research results.

ERCCP had a significant impact on LULC in the study area, and the value of grassland ecosystem services will be further improved in the next 10 years. For households participating in ecological relocation, livelihoods will be affected to a certain extent in the short-term, but ecological compensation will greatly shorten the negative benefit (from 6 to 3 years). For the Tianzhu County Government, the investment recovery period is expected to be extended by 7 −8 years after the end of the plan. After 2022, for other beneficiaries in the region, the value of ecosystem services will increase by approximately 55 million yuan annually. Generally, we found that ERCCP had a dual impact on ecosystem services and regional well-being. Short term negative impacts must be actively incorporated into the government's future ecological decision-making, which will improve regional ecological stability and people's livelihood/well-being.

Keywords: Qilian Mountain; Tianzhu Tibetan Autonomous County; Good Ecological Governance; Ecological Migration; Sustainable Development

G. 13   Ecological Restoration of a Typical Mine in Qilian Mountains National Park: Zhangye Section as an Example

Yin Zheng, Zhang Chengwen and Jiang Fubin / 233

Abstract: Ecological environment problems in the Qilian Mountains are mainly caused by climate change factors and human activities. We focus on geological environment problems and hidden dangers of geological disasters caused by mining in Qilian Mountains National Park, as well as ecological restoration work. In recent years, 117 mine ecological restoration projects in 12 areas of Qilian Mountains National Park which have achieved ecological protection have been completed in mountains, rivers, forests, fields, lakes and grasslands. We summarize the existing problems of mine ecological environments and the experience of ecological restoration in the Qilian Mountains, and investigate some of these such as historical remains and abandoned mines, as well as relevant basins and wetlands, to provide guidelines for ecological restoration and protection in the periphery of the protection area.

Keywords: Qilian Mountain Nature Reserve; Ecological Restoration; Mine

Ⅵ Appendices

社会科学文献出版社

皮 书

智库报告的主要形式
同一主题智库报告的聚合

❖ 皮书定义 ❖

皮书是对中国与世界发展状况和热点问题进行年度监测，以专业的角度、专家的视野和实证研究方法，针对某一领域或区域现状与发展态势展开分析和预测，具备前沿性、原创性、实证性、连续性、时效性等特点的公开出版物，由一系列权威研究报告组成。

❖ 皮书作者 ❖

皮书系列报告作者以国内外一流研究机构、知名高校等重点智库的研究人员为主，多为相关领域一流专家学者，他们的观点代表了当下学界对中国与世界的现实和未来最高水平的解读与分析。截至2020年，皮书研创机构有近千家，报告作者累计超过7万人。

❖ 皮书荣誉 ❖

皮书系列已成为社会科学文献出版社的著名图书品牌和中国社会科学院的知名学术品牌。2016年皮书系列正式列入"十三五"国家重点出版规划项目；2013~2020年，重点皮书列入中国社会科学院承担的国家哲学社会科学创新工程项目。

中国皮书网

（网址：www.pishu.cn）

发布皮书研创资讯，传播皮书精彩内容
引领皮书出版潮流，打造皮书服务平台

栏目设置

◆ **关于皮书**

何谓皮书、皮书分类、皮书大事记、
皮书荣誉、皮书出版第一人、皮书编辑部

◆ **最新资讯**

通知公告、新闻动态、媒体聚焦、
网站专题、视频直播、下载专区

◆ **皮书研创**

皮书规范、皮书选题、皮书出版、
皮书研究、研创团队

◆ **皮书评奖评价**

指标体系、皮书评价、皮书评奖

◆ **互动专区**

皮书说、社科数托邦、皮书微博、留言板

所获荣誉

◆ 2008 年、2011 年、2014 年，中国皮书
网均在全国新闻出版业网站荣誉评选中
获得"最具商业价值网站"称号；
◆ 2012 年，获得"出版业网站百强"称号。

网库合一

2014 年，中国皮书网与皮书数据库端口
合一，实现资源共享。

权威报告·一手数据·特色资源

皮书数据库
ANNUAL REPORT(YEARBOOK)
DATABASE

分析解读当下中国发展变迁的高端智库平台

所获荣誉

- 2019年，入围国家新闻出版署数字出版精品遴选推荐计划项目
- 2016年，入选"'十三五'国家重点电子出版物出版规划骨干工程"
- 2015年，荣获"搜索中国正能量 点赞2015""创新中国科技创新奖"
- 2013年，荣获"中国出版政府奖·网络出版物奖"提名奖
- 连续多年荣获中国数字出版博览会"数字出版·优秀品牌"奖

成为会员

通过网址www.pishu.com.cn访问皮书数据库网站或下载皮书数据库APP，进行手机号码验证或邮箱验证即可成为皮书数据库会员。

会员福利

- 已注册用户购书后可免费获赠100元皮书数据库充值卡。刮开充值卡涂层获取充值密码，登录并进入"会员中心"—"在线充值"—"充值卡充值"，充值成功即可购买和查看数据库内容。
- 会员福利最终解释权归社会科学文献出版社所有。

数据库服务热线：400-008-6695
数据库服务QQ：2475522410
数据库服务邮箱：database@ssap.cn
图书销售热线：010-59367070/7028
图书服务QQ：1265056568
图书服务邮箱：duzhe@ssap.cn

S 基本子库
UB DATABASE

中国社会发展数据库（下设 12 个子库）

　　整合国内外中国社会发展研究成果，汇聚独家统计数据、深度分析报告，涉及社会、人口、政治、教育、法律等 12 个领域，为了解中国社会发展动态、跟踪社会核心热点、分析社会发展趋势提供一站式资源搜索和数据服务。

中国经济发展数据库（下设 12 个子库）

　　围绕国内外中国经济发展主题研究报告、学术资讯、基础数据等资料构建，内容涵盖宏观经济、农业经济、工业经济、产业经济等 12 个重点经济领域，为实时掌控经济运行态势、把握经济发展规律、洞察经济形势、进行经济决策提供参考和依据。

中国行业发展数据库（下设 17 个子库）

　　以中国国民经济行业分类为依据，覆盖金融业、旅游、医疗卫生、交通运输、能源矿产等 100 多个行业，跟踪分析国民经济相关行业市场运行状况和政策导向，汇集行业发展前沿资讯，为投资、从业及各种经济决策提供理论基础和实践指导。

中国区域发展数据库（下设 6 个子库）

　　对中国特定区域内的经济、社会、文化等领域现状与发展情况进行深度分析和预测，研究层级至县及县以下行政区，涉及地区、区域经济体、城市、农村等不同维度，为地方经济社会宏观态势研究、发展经验研究、案例分析提供数据服务。

中国文化传媒数据库（下设 18 个子库）

　　汇聚文化传媒领域专家观点、热点资讯，梳理国内外中国文化发展相关学术研究成果、一手统计数据，涵盖文化产业、新闻传播、电影娱乐、文学艺术、群众文化等 18 个重点研究领域。为文化传媒研究提供相关数据、研究报告和综合分析服务。

世界经济与国际关系数据库（下设 6 个子库）

　　立足"皮书系列"世界经济、国际关系相关学术资源，整合世界经济、国际政治、世界文化与科技、全球性问题、国际组织与国际法、区域研究 6 大领域研究成果，为世界经济与国际关系研究提供全方位数据分析，为决策和形势研判提供参考。

法律声明

　　"皮书系列"（含蓝皮书、绿皮书、黄皮书）之品牌由社会科学文献出版社最早使用并持续至今，现已被中国图书市场所熟知。"皮书系列"的相关商标已在中华人民共和国国家工商行政管理总局商标局注册，如LOGO（ ）、皮书、Pishu、经济蓝皮书、社会蓝皮书等。"皮书系列"图书的注册商标专用权及封面设计、版式设计的著作权均为社会科学文献出版社所有。未经社会科学文献出版社书面授权许可，任何使用与"皮书系列"图书注册商标、封面设计、版式设计相同或者近似的文字、图形或其组合的行为均系侵权行为。

　　经作者授权，本书的专有出版权及信息网络传播权等为社会科学文献出版社享有。未经社会科学文献出版社书面授权许可，任何就本书内容的复制、发行或以数字形式进行网络传播的行为均系侵权行为。

　　社会科学文献出版社将通过法律途径追究上述侵权行为的法律责任，维护自身合法权益。

　　欢迎社会各界人士对侵犯社会科学文献出版社上述权利的侵权行为进行举报。电话：010-59367121，电子邮箱：fawubu@ssap.cn。

社会科学文献出版社